日本图解
生产管理
实战丛书

图解实务轻松学

双色图解
生产现场
管理实务

図解入門ビジネス 生産現場
のリーダーの実務がよ～くわかる本

［日］菅间正二 著

何晓磊 译

机械工业出版社
CHINA MACHINE PRESS

本书根据作者在日本企业实际生产现场中的经验，围绕生产现场必需的管理技术进行编写。本书首先对生产现场及其管理的基础知识进行了介绍，然后围绕生产现场的生产率管理、质量管理、现品管理、作业管理、设备管理、人才培养等方面，以图解的形式，进行了全面的解析。

本书特别适合我国企业在创建生产现场管理的图表、制定相关办法等过程中参考。

ZUKAI NYUMON BUSINESS SEISANGENBA NO LEADER NO JITSUMU GA YOKU WAKARU HON by Shoji Sugama
Copyright © Shoji Sugama, 2018
All rights reserved.
Original Japanese edition published by SHUWA SYSTEM CO., LTD
Simplified Chinese translation copyright © 2022 by China Machine Press
This Simplified Chinese edition published by arrangement with SHUWA SYSTEM CO., LTD, Tokyo, through HonnoKizuna, Inc., Tokyo, and Shanghai To-Asia Culture Co., Ltd.
This edition is authorized for sale in the Chinese mainland(excluding Hong Kong SAR, Macao SAR and Taiwan).

本书由中文版权所有者授予机械工业出版社出版与发行，未经出版人事先书面许可，对本出版物的任何部分不得以任何方式或途径复制或传播，包括但不限于复印、录制、录音，或通过任何数据库、信息或可检索的系统。

此版本仅限在中国大陆地区（不包括香港、澳门特别行政区及台湾地区）销售。

北京市版权局著作权合同登记　图字：01-2020-1313号。

图书在版编目（CIP）数据

双色图解生产现场管理实务 /（日）菅间正二著；何晓磊译. —北京：机械工业出版社，2022.12（2025.3重印）
（日本图解生产管理实战丛书）
ISBN 978-7-111-72091-1

Ⅰ.①双⋯　Ⅱ.①菅⋯②何⋯　Ⅲ.①企业管理—生产管理—图解　Ⅳ.①F273-64

中国版本图书馆CIP数据核字（2022）第219652号

机械工业出版社（北京市百万庄大街22号　邮政编码100037）
策划编辑：李万宇　　　责任编辑：李万宇　王永新
责任校对：陈　越　刘雅娜　封面设计：马精明
责任印制：单爱军
北京虎彩文化传播有限公司印刷
2025年3月第1版第2次印刷
148mm×210mm・9.625印张・248千字
标准书号：ISBN 978-7-111-72091-1
定价：75.00元

电话服务　　　　　　　　　　网络服务
客服电话：010-88361066　　　机　工　官　网：www.cmpbook.com
　　　　　010-88379833　　　机　工　官　博：weibo.com/cmp1952
　　　　　010-68326294　　　金　书　网：www.golden-book.com
封底无防伪标均为盗版　　　　机工教育服务网：www.cmpedu.com

前　言

　　当下，随着技术的发展，工业产品正变得越来越复杂化和专业化，受益于此，我们的生活也变得越来越丰富和便捷。在工业产品不断国际化的同时，企业间的竞争变得越来越国际化，竞争的程度也越来越激烈。

　　其中，日本汽车产业正如众人所了解的那样，克服了因2011年日本大地震和泰国洪水等原因导致的工厂停工等多重困难，在推进新车的研发、销售和高效、经济性生产的同时，与世界汽车产业间的激烈竞争也在不断地扩大。

　　日本汽车产业能发挥如此强大作用的源泉，除了能够应对环境政策和社会需求的新车研发、销售之外，制造现场特别是生产现场相关人员通过坚持不懈的创意所构建的能够制造良好QCD（质量、成本、交付期）车辆的生产现场是关键因素。以丰田汽车为代表，其被称为日本强大的制造型企业，拥有强大的生产现场，"理所当然的事被理所当然"地实行，并且实践着"忠于根本"的制造，再加上永不间断的改善活动，才构建了稳固的业务基础。像这样能够严格管理生产现场的企业，也就是能认真贯彻生产现场管理的企业，即使处于严峻的市场环境下，也能使企业业绩得以提升。除此之外，还有大量辛辛苦苦建立了最新的生产线而还没有发挥其功能的厂商，就像手中握着宝贝却只能眼睁睁地看着它腐烂一样。

　　为了更高效、更经济性地发挥这些生产线的功能，作为生产现场关键人物的生产现场负责人，应通过与以作业人员为首的相关部门进行合作互助，切实地执行恰当的管理，从而为提升企业业绩做出贡献。

本书以上述情况为背景，以能够更好促进日本制造的发展为目的，针对生产现场所必需的管理技术，以笔者在生产现场实际经验总结的拙作《浅显易懂的生产现场的管理方法（第2版）》为基础，面向生产现场的负责人进行了内容修改，将其整理成更加有实践性的丛书。对于生产现场的负责人和有望成为下一代生产一线的负责人，以及想对生产本身和生产现场加深了解的同仁而言，本书内容浅显易懂、容易实践。书中加入了大量生产现场使用的术语、解释和注释，以便刚接触生产现场管理的人员能切身了解业务和方法。

希望各位读者将书中所介绍的内容作为生产及生产现场管理的业务指南进行实践，并以本书为基础进一步发展，取得比现在更加卓越的制造业成果。如果本书可以为制造业取得新进展贡献一份力量，对于笔者也是一件喜出望外的事。

最后，对给予我这次执笔机会的秀和系统编辑部的同仁表示由衷的感谢。

菅间正二

目 录

前言

第 1 章 生产现场负责人与生产管理

1.1 了解生产环境……………………………………………002
1.2 知晓生产现场周边环境…………………………………004
1.3 知晓生产现场的作用……………………………………006
1.4 了解生产现场的组织……………………………………008
1.5 知晓生产现场的负责人及其定位………………………010
1.6 知晓生产现场负责人的任务……………………………012
1.7 了解作业人员任务的不同………………………………014
1.8 生产现场的负责人应做什么……………………………016
1.9 知晓制造成本的构成……………………………………018
1.10 最大限度运用生产 4M…………………………………020
1.11 提升产品的 QCD…………………………………………022
1.12 现场管理是什么…………………………………………024
1.13 根据生产指示理解管理的不同…………………………026
1.14 知晓上级方针并使其具体化……………………………028
1.15 知晓应该管理的内容并进行计划和控制………………030
1.16 PDCA 循环…………………………………………………032
1.17 确定并实现生产现场的目标……………………………034
1.18 营造遵守规则的职场风气………………………………036
1.19 适当地进行日常管理……………………………………038
1.20 适当地进行异常处理……………………………………040
1.21 推进 4M 的变更管理……………………………………042
1.22 消除浪费、不均衡、超负荷……………………………044

1.23	推进 5S	046
1.24	推进可视化管理	048
1.25	通过车间巡检提升管理水平	050
1.26	在自主监察中强化生产体系	052
小专题	总是活动频繁的生产现场	054

第2章 生产现场负责人的生产率管理

2.1	生产率是什么	056
2.2	推进生产率管理	058
2.3	推进产量管理	060
2.4	推进提升生产率的活动	062
2.5	提升附加价值生产率	064
2.6	推进工序管理	066
2.7	推进交付期管理和个别管理	068
2.8	彻底实施问题对策的三直三现法	070
2.9	实现顺利生产	072
2.10	增加直接时间	074
2.11	掌握不合格产品的发生原因并采取对策	076
2.12	通过工序分析减少损失	078
2.13	使用人机图提升生产率	080
2.14	构建高效的布局	082
2.15	缩短瓶颈工序的周期	084
2.16	推进缩短工时	086
2.17	推进改善活动	088
2.18	推进成本改善	090
2.19	运用 VA/VE 等方法	092
2.20	推进交付期改善	094
小专题	生产现场负责人进行生产率管理的关键	096

第3章 生产现场负责人的质量管理

3.1 质量管理是什么……098
3.2 了解控制图的种类并运用于管理中……100
3.3 通过工序 FMEA 将质量问题防患于未然……102
3.4 制作与运用 QC 工序表……104
3.5 掌控工序能力指数并应用于管理中……106
3.6 管理并提升组装生产线中的直行率……108
3.7 尽早取消指定初期流动管理……110
3.8 不发生市场投诉……112
3.9 推进 ppm 管理……114
3.10 使用适合的测量仪器确保质量的可靠性……116
3.11 打造高水准的质量保证生产线……118
3.12 预防不合格产品的发生……120
3.13 推进防错（FP）设置与质量危险预知（QKY）活动……122
3.14 表彰质量缺陷品的发现者并进行再发防止……124
3.15 遵守特别采用的规则并进行再发防止……126
3.16 推进质量改善……128
3.17 确保工序能力……130
3.18 通过 QC 思路解决问题……132
3.19 熟练使用 QC 的七个工具（旧与新）……134
3.20 注意新品（第一批产品）的生产……136
小专题　生产现场负责人进行质量管理的关键……138

第4章 生产现场负责人的现品管理

4.1 现品管理是什么……140
4.2 现品管理的位置、数量和流程……142
4.3 在位置管理中提升生产效率……144
4.4 推进小批量生产……146

4.5 推进单件流生产……148
4.6 通过库存管理增强生产体质……150
4.7 彻底实行先进先出……152
4.8 减少原材料……154
4.9 减少在制品……156
4.10 减少成品库存……158
4.11 通过 ABC 管理提升管理效率……160
4.12 事先确定生产必要零件的保管场所……162
4.13 按照使用频率确定保管场所……164
4.14 妥善处理不合格产品……166
4.15 保证工厂内的现品便于移动……168
4.16 通过运用物料搬运（MH）实现顺利生产……170
4.17 实施高效盘点……172
小专题 生产现场负责人进行现品管理的关键……174

第 5 章 生产现场负责人的作业管理

5.1 作业管理是什么……176
5.2 理解并运用作业研究的手段……178
5.3 设定合理的标准作业……180
5.4 在标准作业中加入动作经济的原则……182
5.5 合理设定标准时间……184
5.6 缩短生产周期……186
5.7 缩短切换时间……188
5.8 理解并协助生产体制的确定方式……190
5.9 指导并遵守标准作业……192
5.10 切实执行定时检查……194
5.11 提取重要工序进行重点管理……196
5.12 提升作业编排的效率……198
5.13 消除等待时间……200

5.14　推进动作（作业）改善……202
5.15　分配工作并均衡负荷……204
5.16　将作业人员的隐性知识转化成显性知识……206
5.17　通过切换改善缩短生产周期……208
5.18　缩短每次的切换时间……210
5.19　将内部切换转化为外部切换……212
5.20　实现一次性良品化……214
5.21　事先确定最佳生产模式……216
小专题　生产现场负责人进行作业管理的关键……218

第6章　生产现场负责人的设备管理

6.1　设备管理是什么……220
6.2　工装管理是什么……222
6.3　高效运用设备类……224
6.4　把握设备能力……226
6.5　提升设备综合效率……228
6.6　缩短设备停机时间……230
6.7　推进TPM活动减少设备损失……232
6.8　将设备履历表运用至设备管理……234
6.9　提出改造成易于使用的设备的建议……236
6.10　提升可动率……238
6.11　确保实施日常点检……240
6.12　确认实施定期点检和定期清扫……242
6.13　消除设备的漏油和漏气……244
6.14　推进设备等的节能对策……246
6.15　推进连续自动运转……248
6.16　消除小停机……250
6.17　推进设备故障对策……252
6.18　推进设备改善……254

6.19 有效利用 MP 信息和工序信息 ……………………… 256
6.20 将技术信息反馈给设备设计部门 …………………… 258
6.21 与产品设计部门进行合作互助，推进设备共通化…… 260
小专题 生产现场负责人进行设备管理的关键 ……………… 262

第7章 生产现场负责人关于安全卫生及人才培养的管理

7.1 安全管理是什么 ……………………………………… 264
7.2 遵守劳动安全卫生法及其相关法律 ………………… 266
7.3 利用海因里希法则对工伤防患于未然 ……………… 268
7.4 消灭隐患 ……………………………………………… 270
7.5 确保操作机械时的作业人员安全 …………………… 272
7.6 通过新 KYT 优先保证车间安全 …………………… 274
7.7 推进职场（环境）改善 ……………………………… 276
7.8 记录实施的安全卫生教育 …………………………… 278
7.9 理解本公司执行的教育体系 ………………………… 280
7.10 在职场内展开并实践教育内容 ……………………… 282
7.11 推进作业人员教育 …………………………………… 284
7.12 在多能工化中构建灵活的生产体制 ………………… 286
7.13 推进技师资格的获取和运用 ………………………… 288
7.14 利用 QCC 活动等提升企业活力 …………………… 290
7.15 运用提案制度，激发车间活力 ……………………… 292
7.16 培养能适应新技术的作业人员 ……………………… 294
小专题 东日本人地震的教训——平时的教育及训练的
重要性 296

参考文献
作者介绍

第 1 章

生产现场负责人与生产管理

在企业竞争日益全球化并愈演愈烈的当下,制造业要在激烈的竞争中存活下来,必须建立一套简洁而强大的生产体系,推进比竞争对手更高效、经济的制造管理方法,从而提升产品竞争力。换言之,生产现场的负责人进行现场管理的能力优劣差距就是产品竞争力的优劣差距。换言之,对于生产现场的负责人而言,要比以往更加切实地实践现场管理、提升自己公司产品的QCD、强化产品竞争力。

1.1 了解生产环境

因为消费者需求多样化、个性化等的变化，所以生产所处的环境每天都在变化和进化。制造商为了应对这些随着环境变化而即时变化的产品，要通过即时生产及供应来确保市场优势、提升企业业绩，这种应对方法越来越重要。

1. 环境在日益变化

正如上文所言我们生活的社会日新月异，不久之前还不存在的产品忽然间已经完成开发，而且进行销售了，社会整体向更加便利丰富的生活形态进化发展。与此同时，消费者也在追求这样的商品，追求更便利更丰富的个性化生活。

现在随着社会和消费者需求的多样化和个性化，支撑便捷丰富生活方式的工业产品为了满足社会和消费者的需求，要进一步的多样化和多功能化。除了这些市场的多样化和专业化之外，伴随着经济全球化和竞争的激化、IT*（信息技术）的发展，以及对于全球变暖问题等环境意识的提升，生产环境也在每日发生变化并不断的进化。

换言之，生产所处的环境并不是停留在一定的水平区间内的，而是迎合社会和消费者的变化而每日变化并不断进化的。

2. 即时的应对环境变化

像这样为了迎合生产环境的变化，制造本身如果不能及时进行变化及进化，就不能满足社会和消费者的需求。因此在制造领域，各企业不断地展开着激烈竞争。换言之，如果不能以低廉的价格和及时性的生产提供比其他公司功能更优越的产品，就无法得到消费

---

* IT：信息技术，国际上一般会在 IT 的基础上增加 Communication 组成 ICT（Information and Communication Technology，信息通信技术），ICT 使用得更频繁。

1.1 了解生产环境

者的支持，也就无法在市场中存活下来。因此，各制造商在开发新产品的同时，为了提升该产品的 QCD（参阅 1.11 节），需要积极地开展各种各样的提升活动来确保市场优势，提升企业业绩。

在越来越激烈的企业竞争中，与生产相关的全体人员应齐心协力，通过适当并且快速地应对生产相关的环境变化，与友商公司的产品进行差别化竞争，作为持续经营企业*在激烈的市场竞争中获取胜利。

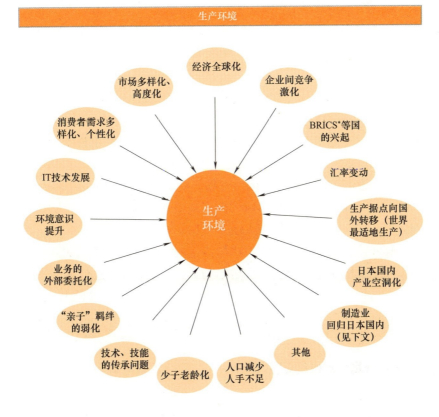

* 持续经营企业：Going Concern。

* BRICS：经济快速发展的巴西、俄罗斯、印度、中国和南非 5 个国家的总称。最近新金砖十一国和 VISTA 五国备受瞩目。

1.2 知晓生产现场周边环境

在全球层面进行产品制造竞争的当下,生产现场需要进行比以往更精细化的管理以确保产品的 QCD 良好,并能高效、经济的生产市场竞争力强的产品,为企业业绩提升做出贡献,这是比以往更高的要求。

▶▶ 1. 生产现场所处的环境

因为各国工业产品多数以进口为主,导致在产品竞争全球化日益激烈的当下,日本制造业已经到了必须在自己公司产品方面增加国际竞争力的时代了。一方面,日本制造业企业不断进军国外,其中以中国、泰国、印度为首,同时追求降本制造的企业也有所增加。再加上,制造所需的原材料和零部件等在当地采购的比例不断提高,来自日本国内的采购比例呈减少趋势。换言之,暴露出日本国内制造业空洞化现象的企业正在增加。

另一方面,虽然进军了国外市场,但是由于技术和经验的外流、习惯不同等原因促进了日本国内生产线的无人化、工作人员的数量也基本上减少为零等,也可以看到一些日本企业回归日本国内。

此外,例如在日本持续生产的传统制造业公司,它们的现状是把各种方法和各种生产形态(参阅 1.13 节)混合在一起使用。

在这样的生产现场(参阅 1.3 节)的大环境下,由于自己公司相关的企业和产品品种,业界及消费者的动向等因素的变化,导致多样化、复杂化的状况不断加深。

▶▶ 2. 生产现场管理的重要性

为了对制造商所处环境的变化做出适当反应,日本制造商正在积极采取各种措施,以确保在与国外其他公司的产品竞争中存在优势。

1.2 知晓生产现场周边环境

在一系列措施中，就生产相关的主要措施而言，包括高附加值产品的生产、多品种少量生产*、短交付期生产、小批量生产（参阅 4.4 节）、多频度少量交付*、变种变量生产和混流生产（参阅 4.10 节）、同期生产（参阅 4.10 节）和单元生产（参阅 4.9 节）。

为了确保通过以上的措施能从 QCD（参阅 1.11 节）三个维度高效经济地生产市场竞争力强的产品，在生产现场进行比以往更细致的管理变得越来越重要。因此，强力推进在生产现场进行的一系列管理体系，即现场管理（参阅 1.12 节）是不可缺少的。这样一来，可以构建比竞争公司更强的生产现场，提升本公司产品的竞争力，为企业业绩的提升做出贡献。

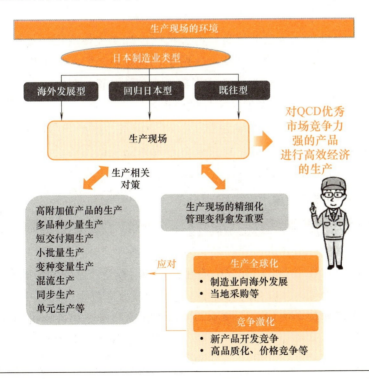

* 多品种少量生产：是多品种的产品少量生产的生产形态的一种，也被称为多品种少量生产。
* 多频度少量交付：因为客户等的小批量生产的需求，比起现在实施每次更少量但增加次数的交付。

1.3 知晓生产现场的作用

在制造商产生附加价值的生产现场,最大限度地利用所给予的生产4M(Man、Machine、Material、Method),基于满足产品规格要求的生产计划进行效率性、经济性的生产是理所当然的,除此之外还有广义和狭义的重要作用。

▶▶ 1. 生产现场是什么

我们平时目所能及的工业产品并不是自然界中本身存在的,而是把自然界中的资源进行加工、把低价值的原材料等经济财产变换成拥有高价值和性能的产品。

像这种把低价值的原材料等经济财产加工变换成更高价值经济财产的过程叫作**生产**。因此,所谓**生产现场**就是实际实施生产的场所。换言之,制造商为可持续发展(参阅1.1节)而生产出附加价值(参阅2.5节)的场所,称作生产现场。

生产现场的典型代表包括工厂内的设备、生产线等配置场所。被称为强大的日本制造企业背后有着强大的生产现场,能够切实地实践精细化的生产管理*。

▶▶ 2. 生产现场的作用

因为生产现场实际上是执行生产的场所,从狭义作用的角度看,针对产品的质量要求,通过最大限度地发挥生产4M(参阅1.10节)的作用,高效率、经济和安全地在必要的时候生产必要数量的产品,切实提供给包含客户在内的后期工序,也就是实现生产计划*。

为了实现生产现场所期待的所有作用,每个公司都在进行各种各样的努力。例如,如果发生质量异常或设备异常之类的异常(参

---

* 生产管理(Production Management):是指企业等进行财务和服务生产相关的管理活动的整体,主要活动有需求预测、生产计划、生产实施、生产统筹。其中,生产实施和生产统筹是生产现场的负责人必须实现的非常重要的作用。

* 生产计划(Production Planing):指的是财务和服务生产相关的日程进度等的计划,计划生产品种和生产量、生产周期等。

1.3 知晓生产现场的作用

阅 1.20 节），可以建立自动或手动停止生产线的机制。对于生产现场而言，在这种发生异常事态的情况下，尽快妥善处理并恢复正常生产，同时为了不再发生同类问题而实施的对策是非常重要的。

除此之外，对于生产现场的要求还有新产品的垂直启动（参阅 3.7 节）和对应新工艺、新技术等如下图所示的作用。

换言之，生产现场是制造商的生命线，在无障碍进行生产并创造附加价值的同时，还要降低制造成本、满足客户需求及实现客户感动、为企业的业绩提升做出贡献，这是其广义的作用。

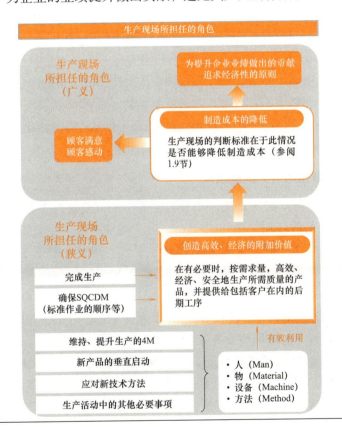

1.4 了解生产现场的组织

生产现场的负责人需要了解为完成生产现场作用而建立的组织结构，充分发挥各组织成员所具备的能力，使所负责的产品更有效、更经济地生产出来。

▶▶ 1. 制造商的代表性组织形态

一般制造商根据企业类别、规模、生产对象产品、生产形态（参阅1.13节）等形成各种各样的组织形态，但都是以实现稳定、平稳的生产为目标。在此作为一个典型案例，分享一个实行大批量生产的制造商的组织架构案例（见右图）。

这个案例是除本公司外其他两个工厂中 A 工厂的组织架构。工厂内有管理整体的管理部、管理质量的质量管理部以及实际生产产品的两个制造部门，本案例与自己公司的组织架构图相比较，就可以推测出自己公司应该在哪个领域重点优化生产。

▶▶ 2. 直线型组织与职能型组织

为了高效、经济地生产出日常生活中不可或缺的工业产品，履行生产现场的作用（参阅1.3节），生产现场一般采用直线型组织。直线型组织如右图所示，所有课长、系长、班长（根据企业不同，也有工长、组长、线长等各种各样的称呼和职位*），负责人等通过纵向关系对作业人员进行指挥、命令，来确保组织的秩序。生产现场的作业人员除了正式员工，还有派遣员工、小时工、兼职工、季节工、临时工、外国劳务者等。

相比较直线型组织而言，纵向关系较短的职能型组织（见右图），多为支撑作为直接部门的制造部门的生产工艺部和事务部等间接部门*所采用，是一种扁平的组织形态。

* 职位：课长、系长、工长、组长和班长等在组织中的位置。
* 间接部门：企业等的组织中为直接提升销售部门（直接部门）业绩来提供支援和管理的必不可缺的部门。

1.4 了解生产现场的组织

另外，负责检查的部门和生产设备类修理的工务部门等大多采用了同时拥有直线型组织和职能型组织的组织形态，也经常被定义为准直（接）部门。

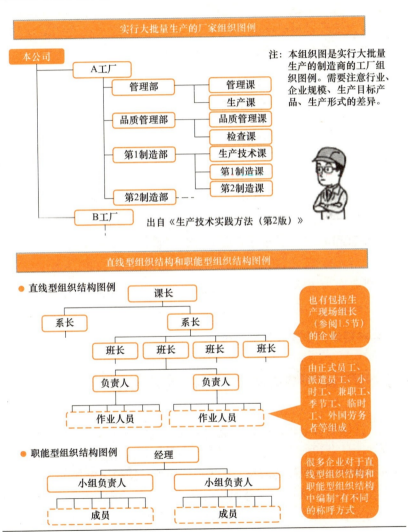

* 编制：企业的指挥命令系统（参阅1.5节）等定义的职位。

1.5 知晓生产现场的负责人及其定位

作为生产现场的核心人物,生产现场的负责人必须知道自己在企业内的定位和任务(参阅 1.6 节)等,并且率先针对管理层的期待做出回应并提升企业业绩。

▶▶ 1. 生产现场的代表性组织形态

在 1.4 节分享了制造商的代表性组织形态之后,将在这里详细介绍生产现场本身的组织形态。1.4 节的图中第 1 制造部中有生产技术课、第 1 制造课和第 2 制造课 3 个课室。右图案例中的第 1 制造课有 2 个系,其中 1 个系由 4 个班组成。在量产车间中为了应对各班中的轮班作业(参阅 5.8 节),一般会有几位相关负责人,还需要组成 A 班和 B 班,对作业人员进行监督管理以及实现生产现场所赋予的作用(参阅 1.3 节)。

制造商为了实现高效率、经济性的生产,指挥命令系统*采用这种明确的直线型生产组织的情况(参阅 1.4 节)居多。

▶▶ 2. 生产现场的负责人及其定位

在上述生产现场组织中一定存在的负责人(leader),是指推进组织(团队)的价值意识的共通化、为实现组织目标站在最前方带领人们进行各种活动的人。因此,负责人的任务是给予自己所在团队的方向性,让团队成员理解并接受这个方向,进而有效实现组织目标。不仅要让团队获得应有的成果,还要维持团队成员的积极性(参阅 2.16 节)并谋求团队成员的成长,推进人才培养,使组织更强大。

在这些负责人中,能够负责在生产现场产生附加价值(参阅 2.5 节)的责任人被称为**生产现场的负责人**或者生产现场的责任人。换

---

* 指挥命令系统:在实际工作中下达指示和命令的路径。

1.5 知晓生产现场的负责人及其定位

言之,所谓生产现场的负责人,要理解自己所属企业的方针和战略,为实现其方针战略要针对自己负责的范畴制定具体的计划,带领团队人员实现目标,成为为企业业绩做贡献的一线监督者。但是,即使都称为生产现场的负责人,根据行业和种类不同,其定位和作用也是不同的。在本书中是以很多生产现场可以看到的控制直线型组织的系长和班长(根据企业不同也称为工长、组长、线长)、负责人等作业人员的人,即推动生产现场工作的关键人物被称为生产现场的负责人,因为存在大众一般所认识的负责人形象(领导力)和作为生产现场的负责人所要求的实际工作内容,所以本书将对这些内容进行深入挖掘。

另外,被称为"管理之父"的管理学第一人彼得·德鲁克(Peter F. Drucker, 1909—2005)列举了负责人的 5 项工作。生产现场的负责人要理解这 5 项工作内容,并运用到自己所负责的业务中,率先为企业业绩的提升做出贡献。

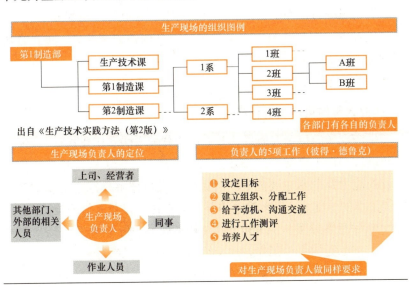

1.6 知晓生产现场负责人的任务

生产现场的负责人要了解自己的职位与任务,并将其活用于所负责的业务中,经济高效地实现生产目标、培养作业人员并完成任务,为提升企业业绩做出贡献。

▶▶ 1. 实现生产目标

许多制造商会制定生产目标并有计划地推进生产活动,然后将生产目标根据公司的相关组织进行细分,最后将它们转化为每个生产现场的生产目标,并与日常生产活动联系起来。

此处如右图所示的 4 个主要任务是**生产现场负责人的主要任务**。生产现场负责人会把这些任务放在心上,为了实现自己负责岗位的生产目标而实行各种各样的活动。此时必需的技能(参阅 7.12 节)就是领导力。所谓**领导力**,广义上是指对人的影响力,狭义上是指为了实现组织目标而聚集团队成员的力量,并进行推动和鼓励。

领导力一般分为自上而下型领导力、调整型领导力、进行合作互助型领导力三种类型。了解自己属于哪类人对组织运营发挥着非常重要的作用。

▶▶ 2. 作业人员的培养与自我成长

生产现场的负责人通过日常工作的分配方法和作业指示*,通过在职培训 OJT(参阅 7.11 节)进行教育培养,最大限度地发挥作业人员的能力是非常重要的。同时让作业人员理解目标也是非常重要的。工作的分配方法需要注意以下 3 点来提升作业人员的技能。

① 一旦掌握了一份工作,就让他去做另一份工作。
② 如果是同一个工作,就交给他判断。
③ 把紧急工作和故障处理对策交给他。

*作业指示:对作业者将要开展的作业内容和方法进行指示。针对作业指示必需的项目请参阅 5.1 节。除此之外,现在通过使用平板电脑等 IT 工具来实施作业指示的场景也不断增加。

1.6 知晓生产现场负责人的任务

另外,在现在的生产现场中,派遣员工数量正在增加。因此,指导日常工作的重要性不断提升。必须让他们基于精准的指示来理解接受生产目标和遵守生产现场的秩序和纪律,并参与到生产活动中。

此外,关于作业的结果必须进行报告、联络、商量的"报、联、相(商量)",推进问题的早期发现和找出相应对策。换言之,为了实现生产目标,生产现场负责人的精确工作指示和来自作业人员的报告、联络、商量的实施是必不可缺的。通过切实实施报、联、相(商量),及时发现生产现场每天发生的各种问题,迅速地采取相应对策是非常重要的。此外,让员工自发地进行自我启发(参阅7.11节)也是生产现场负责人的重要任务。

现在,越来越多的人成了参与母工厂*的新产品开发,或成为向国外扩张工厂[大部分是装配工厂*(Knockdown Factory)]的生产现场负责人。因此,在本书所述的实际工作知识之外,生产现场负责人还需要掌握新产品开发的知识、学习当地语言、理解当地习惯等,所以预测本公司今后的发展前景与自己的成长也是非常重要的。

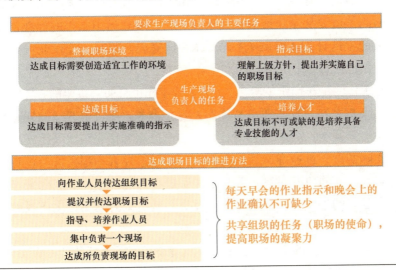

* 母工厂(Mother Factory):对制造商所拥有的国外工厂等提供技术层面等支持的工厂。
* 装配工厂(Knockdown Factory):将日本国内工厂或其他公司所生产的主要部件出口,在国外现场进行组装的工厂。

1.7 了解作业人员任务的不同

为使生产现场能够无障碍高效率的开展生产活动,生产现场的负责人和作业人员必须理解各自的作用并百分百地实践它,通过完成自己的任务对企业业绩的提升做出贡献。

▶▶ 1. 生产现场负责人的作用

生产现场的负责人作为负责生产现场和生产线等的负责方,安全且轻松地生产满足 QCD(参阅 1.11 节)要求的产品并提供给包括客户在内的后道工序。同时,必须很好地组合生产 4M(参阅 1.10 节),以最小限度的输入实现最大限度的输出。因此,生产现场的负责人在平日里为了不让生产线停下来(作业人员在如下所述发生异常时立即停止产线),必须充分重视生产的 4M,这对实现生产目标是非常重要的。特别是对部下作业人员进行标准作业(参阅 5.3 节)和标准时间(参阅 5.5 节)的教育和训练,如果没有标准作业和标准时间,就要从制作或制作需求开始,开展并运用制作的标准,使每天的生产计划(参阅 1.3 节)高效地完成。同时,让作业人员安全轻松地进行作业,修订标准作业,改善生产线,改善到能够安全、安心工作的工作场所(参阅 7.1 节)等工作也是非常重要的。

除此之外,生产现场的负责人要一边考虑所负责职场的安全和卫生(参阅 7.2 节),一边对比生产的紧急度和优先级以及生产现场的实际情况,迅速准确地做出判断,并与管理者和相关部门进行合作互助,共同协商对策。尤其是对于那些只能通过人海战术来挽回生产延迟的生产线,必须要细心注意,竭尽全力不要让生产线停下来,有时也需要自己成为队员兼教练*。

像上述这样的负责人,不仅要负责职场的重要环节即完成生产,

---

* 队员兼教练:指的是像棒球等队员兼教练一样,有教练的作用,又有球员作用的人。

1.7 了解作业人员任务的不同

还要巡视整个工厂，理解所负责区域的位置，努力改善瓶颈工序（参阅 2.15 节）。如果没有这些就不能实现整个工厂的最优化，换言之，无法提升企业的业绩（生产率）。

▶▶ 2. 作业人员的作用

作业人员的重要任务是遵守标准作业中规定的作业和标准时间，按照计划完成生产。如果作业中发生异常（参阅 1.20 节）或出现标准作业未规定的作业等情况发生，必须立即停止生产线，向生产现场的负责人汇报并接受指示。在汇报时，使用 5W1H* 正确报告事实是非常重要的。为此，要在日常提前观察自己所负责的生产线情况，进行具体说明如哪里出现了什么错误这种训练是非常重要的。

像这样在作业人员发生异常的情况下，立即停止生产线是非常重要的工作。在报告异常之后，根据生产现场负责人的指示进行行动也非常重要，作业人员一定不能自己独断专行来处理。

生产现场负责人的任务
- 进行安全、高效、经济地完成生产计划的指示、控制
- 最大限度活用作业人员的适应性与能力
- 实践适当材料、适当场所和适当配置
- 发生异常情况时做出准确的判断，向管理者或相关部门汇报并采取对策
- 注意生产的4M以防止生产线停工
- 关于标准作业和标准时间对作业人员进行培训、训练
- 激发作业人员的干劲
- 如果没有标准作业或标准时间则开展并运用制作的标准
- 修改标准作业和标准时间
- 行使队员兼教练的职责
- 改善生产和职场环境
- 起到组织中间人的作用
- 其他

作业人员的任务
- 按照生产计划制造满足QCD的产品
- 遵守标准作业、标准时间等规定
- 发生异常或没有遵守规定的情况下立即停止生产线，向生产现场的负责人汇报并听取指示
- 防止不合格产品流入后续工序（例：彻底进行品质确认、材料不良联系等）
- 检查设备、治具、FP（参阅3.13节）保持其正常状态
- 其他

---

* 5W1H：What（何事）、When（何时）、Who（何人）、Where（何地）、Why（为什么）、How（怎么做）的统称。

1.8
生产现场的负责人应做什么

双色图解生产现场管理实务

生产现场的负责人使用各种方法完成自己所负责的生产目标，也就是与作业人员团结一致实现接受的生产目标，从而为提升企业业绩做出贡献。

▶▶ 1. 生产现场的负责人是第一线的监督者

生产现场的负责人，是在生产现场对每天发生在生产 4M（参阅 1.10 节）和 SQCDM（参阅 1.18 节）上的问题进行适当的应对和改善，以实现其职场的目标（参阅 1.6 节），换言之，是为**实现给定生产目标**的第一线的监督者。为了生产现场所负责的产品高效、经济地生产，生产现场负责人的重要角色是需要了解自己所负责的生产现场的使命和**管理的 5 种功能***、各种管理方法（示例参阅 1.15 节），充分发挥成员的能力，完成生产目标，为企业业绩的提升做出贡献。

具体而言，生产现场负责人明确指出要做什么、怎么做，为生产现场指明方向，和作业人员团结一致，无障碍地完成生产目标，是非常重要的。

在生产现场所处环境发生眼花缭乱的变化、企业之间竞争愈演愈烈的现在，作为生产现场关键人物的生产现场负责人的方法将使企业业绩产生很大的变化。因此，生产现场负责人的作用（参阅 1.7 节）也越来越重要。

▶▶ 2. 生产现场负责人应该做的事

对于刚成为生产现场负责人的同仁，主要应该注意到以下几点来推进负责的业务。在成为负责人以前，只要以自己负责业务为主的工作完成好就好了。而一旦成为生产现场的负责人，就不仅要放

---

* 管理的 5 种功能：计划、组织（分配）、指挥、控制、协调 5 种功能的总称，其中，分配是培养下属的重要手段，生产现场的负责人认识到这一点并加以实践是很重要的。

1.8 生产现场的负责人应做什么

眼整个自己负责的职场，还须放眼整个组织，为了成就更好的职场和组织，思考自己必须要做些什么，并付之行动。此外，要时常思考 PDCA 循环（参阅 1.16 节）并进行实践，对包含先行者*教导等的经验进行积累，要为争取早日成为被认可的生产现场负责人而不懈的努力。具体而言，首先要实践尝试去做，如果没做好再考虑一下工作方法，一边修正轨道，一边作为自己的宝贵经验进行积累，运用在下一次或者进行横向展开。为了创造更加安全、安心的职场，需要用三直三现法（参阅 2.8 节）解决职场潜藏的各种问题。

对于已经成为生产现场负责人的同仁，要结合以下的事项有意识地推进所负责的业务。具体而言，要梳理以前负责生产现场的负责人的经验，为了实现更可靠的生产现场，需要将生产现场负责人所需要的知识进行总结修正并应用到负责的业务中，并以成为更高层次的生产现场负责人为目标。除此之外，对于新任的生产现场负责人和下一任负责人候补人选，作为前辈的生产现场负责人，需要通过自己的经验和实践等对他们进行培养。

生产现场负责人应该采取的行动

生产现场负责人应该采取的行动	活动内容（例）
• 创造能够安全、安心工作的职场环境 • 营造工作轻松的职场氛围　• 提示职场的方向性 • 以生产计划为基础的生产指示　• 生产控制 • 生产完成　• 发现并改善职场的问题点 • 纠正可能脱离各种管理手法的项目 • 激发作业人员的干劲　• 作业人员的适应性配置 • 培养人才（参阅1.6节）　• 从晚辈中培养负责人 • 其他 越具体的目标提示 使生产现场越高效	• PDCA的循环实践 • 以三直三现法为基础解决问题 • 进行可见的管理 • 5S实践 • QCC活动支援 • 其他 各种管理实践

* 先行者：指在某个领域中比别人先积累业绩和经验的人，或者指导他人的人、幕后的人。

1.9 知晓制造成本的构成

双色图解生产现场管理实务

生产现场负责人要知道生产活动的结果也就是制造成本的构成，推进更有效率、更经济性的生产，通过和相关部门协作进行合作互助，降低所负责产品的制造成本是非常重要的。通过这样的方式可以为企业业绩的提升做出贡献。

▶▶ 1. 制造成本是什么

制造商销售额由制造成本、销售费用和一般管理费用*以及利润组成。其中，为了提供产品的生产和服务所消耗的资源以货币价值表现的形式称为**成本**（cost），生产产品所消耗的成本称为**制造成本**（manufacturing cost）。

制造成本大致可以分为生产本公司产品时直接产生费用的直接费用和由员工部门等间接产生费用的间接费用。直接费用和间接费用都由材料费、劳务费和经费组成，这三个因素被称为**成本三要素**。这里所指的材料费是由物品的消耗产生的成本要素，劳务费是由劳动力的消耗产生的成本要素，经费是指材料费和劳务费以外的成本要素。

换言之，制造成本如右图所示由直接材料费、直接劳务费、直接经费、间接材料费、间接劳务费、间接经费组成。具体而言，由生产某件东西所需的原材料和零件等直接材料费，操作机械设备等的作业人员的工资等直接劳务费，电费、煤气费、通信费等右图一样的条目等构成。

生产现场的负责人将通过了解制造成本的构成，与相关部门协同进行合作互助，积极推动降低自己所负责产品的成本，从而为企业绩效做出贡献发挥其重要的作用。

▶▶ 2. 制造成本的管理与降低

在企业竞争日益激烈的当下，除非实现比竞争对手更经济的制

---

*销售费用和一般管理费用：是由销售员的工资、广告宣传费和包装费等销售费用，以及事务员工的工资、董事的报酬、福利费和保险费等一般管理费用组成。

1.9 知晓制造成本的构成

造否则将难以存活。因此,制造商会计划制造成本的目标并努力在现有成本内生产。此外,通过降低目标成本和实施成本改善(参阅 2.18 节)等活动来降低制造成本。

作为生产现场的负责人,要以自己部门的作业人员为核心,结合相关部门,推进更有效率、更经济性的生产,不仅要实现目标成本的管理,还要积极地推进以本书介绍的各种活动为首的制造降本活动。

出自《图解今后的购买管理》(同文馆出版)

构成制造成本的代表性项目	
构成要素	代表性项目
直接材料费	直接用于该产品的原料费用、采购部件费*、工厂消耗品费
直接劳务费	进行加工、组装工作的作业员的劳务费
直接经费	外协加工费、金属模型等的经费、修缮费、专利使用费
间接材料费	润滑油、胶粘剂、废布等的辅助材料费用,润滑脂等的消耗品费
间接劳务费	工厂工作人员的劳务费
间接经费	工厂的水电费、办公用品费、折扣费、通信费、建筑物租金

* 采购部件费:比如说汽车组装所用的轮胎等外部采购的组装在本体上的部件的成本。

1.10 最大限度运用生产 4M

双色图解生产现场管理实务

生产 4M 不仅是生产优质 QCD 产品必不可缺的部分，还要对其进行高效经济性的管理，并最大限度地灵活运用 4M 来提升企业业绩。在这里分享生产现场负责人必须要知道的要素类项目。

▶▶ 1. 生产 4M 是什么

为了生产某个产品，人（Man）、物（Material）、设备（Machine）、方法（Method）等 4 个 M 是必不可缺的。这个生产所需要的 4 个 M 统称为**生产的 4M**[*]。

换言之，生产的 4M 成了制造的要因类（输入）的项目，对生产结果有很大的影响。补充一下，作为结果类（输出）的项目，可以列举 Q（质量）、C（成本）、D（交付期）等产品的 QCD（参阅 1.11 节）。

▶▶ 2. 生产 4M 和各种管理

加工、组装、搬运和检查等作业的部门对生产的 4M 进行各种管理，如右图表所示。

在生产某个产品的过程中，如果作为主要原因的生产 4M 发生了变更，会对作为结果类的产品的 QCD 产生很大的影响，不仅对自己公司内部，也可能出现对顾客产生重大不良影响的风险。

例如，在生产某个产品的过程中生产 4M 中的人，即作业人员因为各种原因出现变更，因为代替之前的作业人员的新作业人员的技能和经验等完全不同，所以生产的质量（参阅 3.1 节）和产量（参阅 2.3 节）等产品的 QCD 可能容易发生变化。同样，作为原因类的物、设备又或是方法发生变更的情况，作为结果类的该产品的 QCD 也有可能发生变化。

因此，生产现场的负责人要铭记，如果原因类的生产的 4M 发

---

[*] 生产的 4M：上述生产的 4M 的基础上再加上 Money（钱）、Management（管理）、Market（市场）、Measure（测量）等，称为生产的 5M、6M、7M。

1.10 最大限度运用生产 4M

生了变更，可能会对结果类的产品的 QCD 产生影响。此外，为了将这些影响控制在最小限度实现无障碍生产，要针对产品的质量和产量等产品的 QCD 发生的变化，对 4M 分别进行管理。为了不给后道工序和客户造成困扰，要对生产 4M 进行高效、高经济性的管理并最大限度地活用 4M，从而提升企业业绩。

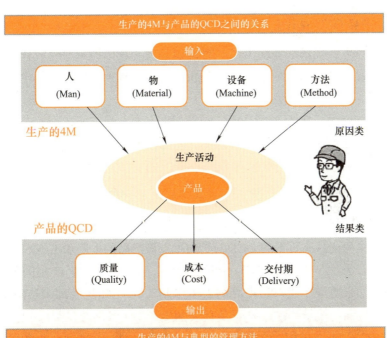

生产的4M与产品的QCD之间的关系

生产的4M		典型的管理方法	
		加工、组装、搬运作业	检查作业
人	Man	劳务管理、技能管理	劳务管理、技能管理
物	Material	产品管理、原材料管理	不良品管理、特采品管理
设备	Machine	设备管理、治具管理	测定机管理、计测器管理
方法	Method	作业管理、流程管理	作业管理、处理手续管理

1.11 提升产品的 QCD

在进行生产现场管理时，产品的 QCD 和生产活动有着密不可分的关系。生产现场的负责人必须理解并维持和提升产品的 QCD。在本节分享作为生产活动输出的项目——产品的 QCD。

1. 产品 QCD 是什么

当生产现场准备输出产品时，如果没有具体提示要完成什么样的质量（参阅 3.1 节）、什么样的价格、生产周期、生产量等生产规格，生产现场就无法开始生产。

换言之，在生产产品时需要将质量（Q：Quality）、成本（C：Cost）、交付期（D：Delivery）这三个要素伴随着生产规格的具体化制作出来。这三个要素被称为产品的 QCD 或产品的三要素，又或是生产管理的三要素。

2. 提升产品 QCD

作为产品三要素的 QCD，受到生产该产品的生产 4M（人、物、设备、方法，参阅 1.10 节）很大影响。例如，即使生产相同的产品，如果更换了生产该产品的人（作业人员），质量管理（参阅 3.1 节）方面的质量（Q）、产量所代表的生产率（参阅 2.1 节），以及成本（C）、生产进度（参阅 5.6 节）、交付期（D）等出现变化的可能性很大（参阅 1.10 节）。

产品的优秀 QCD 是提升产品的市场竞争力不可或缺的因素。因为质量（Q）的好坏对成本（C）和交付期（D）有很大的影响，所以作为生产现场负责人必须对产品的质量给予最大限度的关注。

为了提升产品的 QCD，正确把握该产品的各个要素的现状，制

1.11 提升产品的 QCD

定能与其他公司产品竞争的改善目标，全体人员要进行有组织的提升活动，更要脚踏实地地一个一个解决现有的问题。生产现场负责人必须时常关注这些事情，维持并提升所负责产品的 QCD。

生产现场的负责人通过这样维持和提升所负责产品的 QCD，制造商就能够更好地满足顾客的需要。制造商通过提供给顾客的产品和服务，不仅能实现顾客满意*（CS*），还能给予客户感动，即顾客感动*（CD*），从而增加粉丝，在激烈的企业间竞争中胜出。

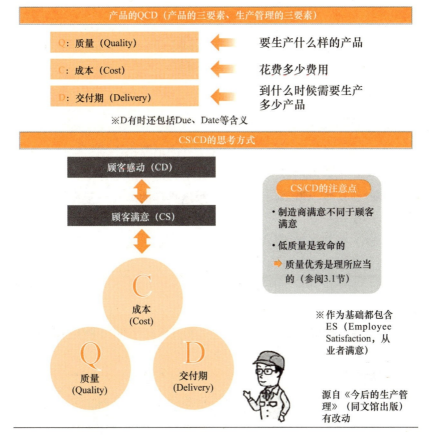

* 顾客满意：产品等在实际上多大程度满足了顾客事先的期待。
* CS：Customer Satisfaction，顾客满意。
* 顾客感动：提供超越顾客期待值的产品和服务，让顾客喜出望外。
* CD：Customer Delight，顾客感动。

1.12 现场管理是什么

生产现场集中了该企业制造中的上游部门的工作成果,从生产现场可以推测出该企业的综合能力。为了有效地发挥这些工作成果的价值,实行无障碍生产,切实地开展现场管理是非常重要的。

▶▶ 1. 现场管理的定义

我们的日常生活被许多工业产品(参阅 1.3 节)所包围,即使说我们现在的日常生活已经离不开这些工业产品也是不为过的。

为了更高效、经济地生产这些工业产品,在制造商的生产现场等进行的现场整体管理被称为现场管理。这些现场管理的管理范围包括从生产的 4M* 到现场整体的管理等多方面范围。

▶▶ 2. 现场管理的重要性

生产现场生产的产品,在实际生产之前是由企划、销售、开发设计、生产工艺部门等为首的制造业上游部门进行计划和制定方向的。因此,这些上游部门的工作结果以具体的形式汇集在一起,这就是生产现场。

因此,生产活动无障碍推进的企业,不仅在生产现场,其上游部门的工作结果也是非常好的。相反,在生产现场堆积着各种各样的问题、无法按计划进行生产的这样满是问题的企业,不仅仅是生产现场的责任,上游部门也有很大的责任。换言之,生产现场是反映企业整体工作成果的一面镜子。如果只看自己的企业会很难理解,但如果去看看其他公司的生产现场就会很容易理解了。

这样的生产现场,无论好坏都反映着那个企业的上游部门的工作成果。因此,看看生产现场就能推测出那个企业的综合能力。为

---

* 生产的 4M:参阅 1.10 节。

1.12 现场管理是什么

此，在开展新的业务时，对对方企业访问调研，尤其是对生产现场的状况进行调研，通过自己的眼睛去判断是否能放心地委托生产是必不可缺的。

换言之，参观对方企业的生产现场，就可以对对方企业的生产状况、QCD（参阅 1.11 节）和设备等各种管理情况以及管理水平、作业人员的士气*和 QC 小组（参阅 7.14 节）的活动情况等企业综合实力进行相当高精度的推测。

同样，自己公司的生产现场也被访客从各种切入点进行观察，推测公司的综合能力，这一点也必须让生产现场的负责人理解，并让其向作业人员说明且获得理解，从而意识到认真地进行现场管理是非常重要的。同时，时常思考每天的业务和改善活动也是非常重要的。

---

* 士气（Morale）：为了实现组织目标而付出努力的意愿和态度，作业人员的士气。

1.13 根据生产指示理解管理的不同

生产现场的负责人需要根据自身所负责产品的生产形态和其中的生产指示来理解现场管理的不同之处,并运用于所负责的业务中。

▶▶ 1. 生产形态的分类

市场上存在的工业产品以包含生产该产品所处的市场状况和技术状况的环境为基础,选择最适合的生产形态进行生产。这种区分生产的形态的体系称为**生产形态**(Type of Production),如右图所示列举出几种生产形态。其中基于预测生产*的生产现场的负责人根据生产指示方法将生产形态分类为推动式和拉动式,一般而言需根据**前道工序推动生产、 后道工序拉动生产**的生产形态来理解现场管理的不同。

前道工序推动生产是基于提出的生产计划,以最初工序所必要的物品确认和采购为开始,最初工序的生产加工结束后继续进行下一道工序。然后下一道工序根据前一道工序的加工完成品开始着手生产,并依次向后道工序传递继续生产的形态,采用订单生产*或对有无法保存的在制品(参阅 4.9 节)的产品(见右图)等可采用预测生产。另一方面,后道工序拉动生产是指以最终工序中提出的生产计划为基础,在该工序中生产所需的东西而向前道工序提取必要的数量的生产形态。这种以前道工序拉动的数量为基础的生产形态,可以防止生产过多导致的浪费(参阅 1.22 节),而且具有缩短生产周期(参阅 5.6 节)、单能工(参阅 7.12 节)也可以生产等优点,所以被广泛采用。

▶▶ 2. 实施后道工序拉动生产的注意点

实施后道工序拉动生产,可以减少生产现场原材料和构成部件的准备,以及缩减确认前道工序的加工是否完成等生产状况的工时

---

* 预测生产(Make to Stock):挖掘顾客的需求再生产产品,向顾客和市场提供的生产形态。
* 订单生产(Make to Orde):按顾客所要求规格的产品生产,顾客采购的生产形态。

1.13 根据生产指示理解管理的不同

（参阅 2.11 节），还可以防止半成品增加等情况，实现简单化生产现场的管理。

在选择适当的生产形态时，通过采用根据自己公司产品规格所符合的产品，能够防止生产场地、废弃品以及切换总时间（参阅 5.18 节）的增加。

生产现场负责人需要理解自己负责的生产现场的生产形态的现状和管理方法的不同，并应用于所负责产品的生产中，为实现更高效率、更经济性的生产做出贡献。

生产形态的分类和种类		
分类		种类
生产形态	生产时期	订单生产、库存生产
	生产品种、生产量	多品种少量生产、中品种中量生产、少品种多量生产、变品种变量生产（参阅4.10节）等
	生产指示	推动型、拉动型
	加工品流程	生产车间型、流动型
	生产方式	个别生产、批量生产（参阅4.4节）、连续生产、流程生产等

出自《生产技术实践方法（第2版）》

生产形态导致的现场管理差异		
	【后道工序拉动型】	【前道工序推动型】
生产指示	向最终工序下达指示，并依序向前道工序传达	向包括零件工序在内的各工序传达生产指示及预告
生产指示传达方法示例	看板（参阅2.7节）	移动票
在制品	需要一定量	基本不需要
产品规格	有一定制约	基本没有制约

※产品规格的制约示例……有无法保存的在制品的产品、有大体积在制品的产品、反复生产频率低的产品、生命周期短的产品等

1.14 知晓上级方针并使其具体化

双色图解生产现场管理实务

本节不仅将分享生产现场中的方针管理到底是什么，还要解析上级方针和生产现场日常进行的现场管理的关联以及管理循环之间的关系。让现场管理的目标顺应上级方针的具体化内容是非常重要的。

▶▶ 1. 方针管理是什么

所谓方针管理，是以社长为首的管理层将自己公司应有的姿态作为经营理念*和经营愿景*的形式展现出来，制定出可实现其经营方针和经营计划的方案，在公司内自上而下（参阅 7.14 节）地确定重点对策以及重点实施项目并在全公司展开，同时进行日常活动中的管理循环，也就是 PDCA 循环（参阅 1.16 节），为实现经营目标、改善企业体质为目的的全公司共同参与的活动。

换言之，生产现场等的日常管理目标应该是从方针管理展开而来的，并与方针管理保持紧密的联系是至关重要的。

▶▶ 2. 生产现场的方针管理是什么

在方针管理中展开的方针，如果不能足够浅显易懂，那么生产现场的作业人员就不能理解，也就不能按照方针开展工作。

为了让生产现场的作业人员和第三者能够迅速理解方针，把经营理念和经营愿景落实到**企业口号**等方法是非常有效的。这里的企业口号是指，以经营理念和经营愿景为基础，把企业憧憬的未来用浅显易懂的语言表述出来。

继而，以方针管理中展开的上级方针和上级计划为基础，制定各个职场的具体活动计划并落实到生产现场负责人的管理项目中，把该职场目标进行全员共享，共同为了实现它而努力。因此，把握每天的

---

* 经营理念：是经营者心中的经营哲学，又或是该企业为了实施经营的基本逻辑和信念。
* 经营愿景：在经营理念的基础上，直观地展现该企业的目标状态或者应有状态。

1.14 知晓上级方针并使其具体化

目标实现情况，对未实现目标的原因逐一采取切实的对策并进行改善（参阅 2.17 节）是非常重要的。活动的实施结果通过以部门负责人为首的上级判断、部门高层判断、社长判断等定期措施，梳理问题点并反馈至上级方针和上级计划，再进行反馈*对策、方针调整，并与下一次的活动相连接，使之逐渐形成螺旋式上升（参阅 1.16 节）。

也就是说，生产现场要想对提高企业业绩做出贡献，关键在于将这些方针管理的目标落实为现场管理的目标，反复进行 PDCA 循环，使上级方针具体化。

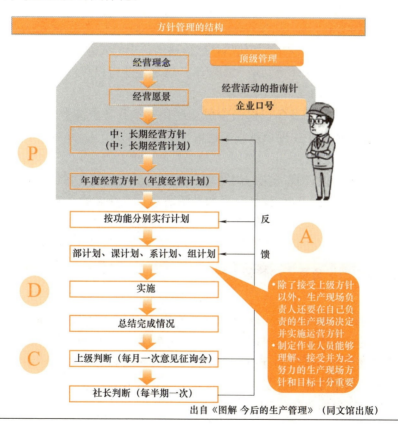

出自《图解 今后的生产管理》（同文馆出版）

* 反馈（Feedback）：在输入（Input）和输出（Output）的系统中，根据所需要输出的不同，输入也会有所不同，各种信息的有效利用。

1.15 知晓应该管理的内容并进行计划和控制

双色图解生产现场管理实务

在实际进行生产活动的生产现场实施的现场管理，是以和生产相关的多方面内容作为管理对象，与上级方针进行连接、管理和运营。此节会分享生产现场的负责人应该管理的内容。

▶▶ 1. 现场管理的内容

生产现场对于制造业而言是创造出附加价值（参阅 2.5 节）的地方。在生产现场中，如何尽可能地输入最少的人力、物力、金钱、信息等经营资源并得到最大的输出，这是企业得以存活并实现可持续经营（参阅 1.1 节）的关键。

在企业间的竞争已经演变成全球化竞争并且愈演愈烈的当下，管理能力的差距主要体现在制造成本（参阅 1.9 节），并对企业业绩产生巨大的影响。

所以在生产现场执行的管理，也就是现场管理（参阅 1.12 节）变得愈发重要。这些现场管理如右图所示，有众多的必须管理的内容。由右图可知，生产管理是为了使生产现场安全、经济、高效地进行生产活动，也包含了平日进行的日常管理（参阅 1.19）的管理。

▶▶ 2. 生产现场负责人的管理工具

生产现场负责人的代表管理工具是管理看板（Control Board）。这个管理看板是某个生产现场的作业人员和设备等的作业预定和工作预定，是展示进度状况和 SQCDM（参阅 1.18 节）状况等生产现场应该管理的科目的计划和实际状况，并进行控制时所使用的管理看板。为了让作业人员更容易看到这些管理看板，管理看板一般设置在生产现场的会议区附近的位置。

1.15 知晓应该管理的内容并进行计划和控制

换言之，管理看板也是针对生产现场的活动计划和实际业绩，为以作业人员为主的相关人员实现可视化，是生产现场的负责人对自己所负责的生产现场进行管控的工具，是实现方针管理（参阅 1.14 节）的重要支撑。所以，管理看板所记入的活动计划和公司的经营方针和工厂方针等上级方针的连接（参阅 1.14 节）是非常重要的。不仅要设定各个活动计划的目标值，活动的进行状况也必须要一目了然。为此，包含作业者在内的可视化管理（参阅 1.24 节）的实施是必不可缺的。

在下图的管理看板中列举了众多生产现场负责人应该管理的项目。

* 安全绿十字：生产现场的一种活动。制作在十字形的白色框框内分割成 31 天的宣传海报。在每天的工作中，没有事故的填绿色，不用停产的事故填黄色，停产的事故填红色。如果一个月持续无事故，就用象征着安全的绿色涂满整个十字。

1.16 PDCA 循环

在这个小节会分享生产现场的无障碍管理和强化生产体系所需的管理推进方法。为了提升生产现场的管理水平，通过反复循环 PDCA 使之形成螺旋式上升是非常重要的。

1. PDCA（管理）循环是什么

和其他管理一样，现场管理（参阅 1.12 节）也需要提升管理水准。为此，重要的是反复循环管理周期，也就是所谓的 PDCA* 循环。总之，按照 P（Plan，制定计划）、D（Do，按计划实施）、C（Check，评价实施结果）、A（Action，进行适当的改善）的顺序进行某个活动，一边连接到下一个较高目标的 P（计划），一边谋求活动的螺旋式上升*是非常重要的。

2. 运营 PDCA（管理）循环

在竞争激烈的当下，通过反复持续地使用 PDCA 循环，切实提升自身的管理水平，构建比其他竞争公司更强的生产体系。

因此，生产现场的负责人必须很好地理解和接受 PDCA 循环，为实现自己所负责的职场目标而将其运用自如。

在此展示一个生产现场 PDCA 的案例，如右图所示。正如这个案例所展示的，通过在生产现场持续反复地开展计划、实施、评价、改善等 PDCA（管理）循环，维持并改善当前的生产水平。由此，可以改善生产上的不稳定的部分，提升生产水准，实现无障碍生产，逐渐提升该生产现场的生产能力和管理能力。

因为生产环境在不断进化，所以包括新工艺的开发和改善等在内的 PDCA 周期必须不断重复循环，从而实现螺旋式上升。换言之，

---

* PDCA：PDCA 也有被解释为计划、实施、确认、处置的情况。

* 螺旋式上升：像螺旋的台阶一样一层一层地切实提升，最终实现更高目标，是技术能力和管理能力的提升。

1.16 PDCA 循环

一步一步脚踏实地提升和发展现有生产力,从而实现超越竞争对手的生产现场并提升完整度。

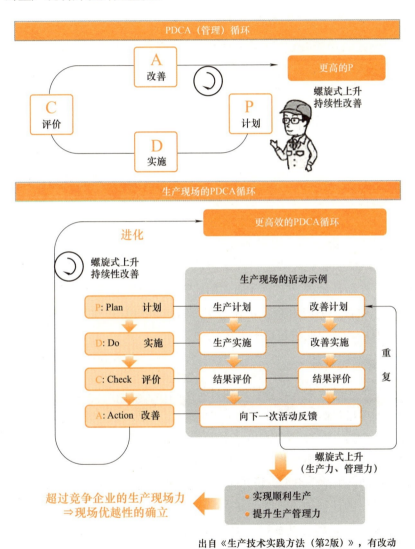

出自《生产技术实践方法(第2版)》,有改动

1.17 确定并实现生产现场的目标

为使生产现场顺利进行生产并为企业提升业绩做出贡献,生产现场的负责人要设定和其上级方针相结合的该职场的管理目标。为了实现该目标,需要调动职场的作业人员以及相关部门进行合作互助。

▶▶ 1. 设定管理项目和管理目标

为了生产现场能高效、高经济性地无障碍进行生产并为企业业绩提升做出贡献,生产现场的负责人必须和以作业人员为首的相关部门进行合作互助,共同实施降低质量不良率、提升生产率(参阅 2.1 节)等活动。为此,生产现场的负责人要将上述生产活动进行数值化,设定与方针管理(参阅 1.14 节)的上级方针相连接的 SQCDM(参阅 1.18 节)目标来进行管理。像这样为了管理生产现场的生产所伴随的 SQCDM 而采用的管理科目称为**管理项目**。另外,在管理项目中,也有企业把作为组织特别重要的管理项目称为重点管理项目,并对此进行区分开展活动。

▶▶ 2. 实现管理目标

生产现场负责人对各管理项目分别制作推移曲线图等图表,其中能看到项目目标和现状等,为了实现这个目标要与全员一起努力。例如,关于生产率目标可以使用 2.2 节所示的生产率推移图表,推动为实现目标而每天努力生产、开展排除阻碍提升生产率(参阅 2.4 节)因素的活动,集结全组织力量开展实现管理目标的行动是非常重要的。

具体的计划是通过制作如右图所示的活动管理看板并进行公示,重点是让大家都可以看到活动状况。这个活动管理看板是由部门单

1.17 确定并实现生产现场的目标

位、课室单位、系室单位、班组单位分别制作，结合方针管理的上级目标逐渐细分化，在全员参与的情况下，连接到每个人的具体行动。

这样生产现场的负责人就会为了实现管理目标而采取具体措施，把生产现场变成真正有竞争力的职场。由此，就可以为实现高竞争力的企业做出贡献，这也成了在严峻全球化企业间竞争中存活下来的生产现场负责人必须执行的重要业务。

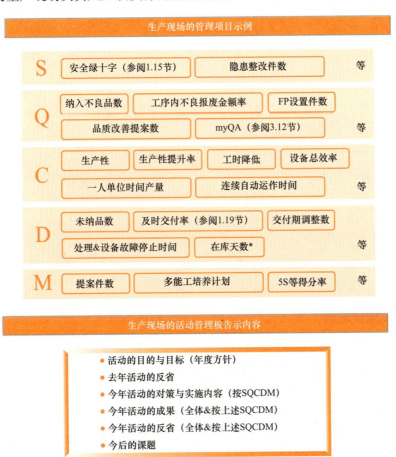

* 在库天数：显示手头上库存是几天份的指标，通过以下的算式求得。

在库天数 = 库存数量 ÷ 1天的使用数量

1.18 营造遵守规则的职场风气

和我们为了能过上舒适的社会生活而营造出遵守社会规则的风气一样,在生产现场中也要制定与安全和 5S 活动中的素养相关联的规则,重点是要营造全员一起遵守的风气。

▶▶ 1. 生产现场是规则的集合

对处于复杂化、高端化的现代制造而言,形容其是通过组织的能力来实现制造的其实也一点不为过。

为了让这些组织有效地发挥功能,必须统一组织的指挥命令系统(参阅 1.5 节)。其中,为了制造优质 QCD(参阅 1.11 节)的产品,建立有秩序的活性化职场,并进行维持和提升是非常重要的。

构成生产现场的每个人,如果大家都按照各自的想法随意行动,不仅无法保证产品所要求的 QCD,还可能发生事故等安全问题,也会出现生产现场发生混乱的情况。特别是安全问题,不仅是个人,还有可能是会牵涉到周围的其他严重问题。

为了在生产现场防止此类事态的发生并让工作人员安全放心地进行作业,生产现场的负责人与作业人员和相关部门要进行合作互助,以该生产现场的经验为基础制定各种规则。

▶▶ 2. 遵守规则

如果只制定出规则的话,就如同画饼充饥。只有形成自己制定的规则自己一定要遵守的**职场氛围**,制定出来的规则才能生存下来。

如果不能遵守自己决定的事情,不仅会打乱职场秩序,更不能创造出充满活力、积极向上的职场氛围。特别是在生产现场,如果不遵守标准作业(参阅 5.3 节)的作业规则,就无法确保安全,会

1.18 营造遵守规则的职场风气

出现不合格产品的增加、成本/交付期方面的恶化、士气（参阅1.12节）降低等问题，对 SQCDM* 等各方面产生不良影响。因此，生产现场的负责人要将培养遵守意识和作业人员 5S（参阅 1.23 节）活动中的素养联系起来，形成对决定了的事情一定要遵守的职场氛围，这对维持和提升工作环境非常重要。

* SQCDM：Safety、Quality、Cost、Delivery、Morale 的缩略语，即安全、质量、成本、交付期、士气的总称。

1.19 适当地进行日常管理

无论多么伟大的工作成就都是由日常的工作成果累积而成的。想要有效进行工作，日常的工作管理或是日常管理的实施是不可或缺的。按照规定好的日常工作量切实执行下去是非常重要的。

▶▶ 1. 日常管理是什么

临近月末或期末，经常看到很多突然变得忙碌的企业和工厂。究其原因是在月末或期末之前的这段时间里，对工作的日常管理很稀松，而在临近月末或期末的时候匆忙的结合账期开展企业活动。

为了防止上述事态的发生，应从中长期的视角制定日常计划，重点是每天按时实现每天的计划。换言之，把制定计划的单位变小，实现每天工作量的均衡化（参阅 5.15 节）的同时，提升计划的精度，不让计划与实际业绩的差距变大，在差异较小时制定对策是非常重要的。

为了及时、安全、高效和经济地完成组织的业务目标，对日常生产计划（参阅 1.3 节）等日常活动的整体管理，被称为日常管理。

这些日常管理的实施内容如右图所示，可以大致分为业务的维持、执行活动和改善活动。

▶▶ 2. 生产现场负责人的管理项目

为了使生产现场顺利地进行日常管理、完成每天的生产计划、实现组织给予的目标并完成相应的责任，从而为提升企业业绩做出贡献，生产现场负责人的作用非常重要。

生产现场负责人的管理项目（参阅 1.17 节）具体的内容如右图中所示。其中最重要的是，为了不给后道工序或顾客添加麻烦，要

1.19 适当地进行日常管理

对日常的生产品种和生产数量进一步细分为单位时间的生产量进行管理,从而实现生产目标。

然后,为了安全、高效且经济性地实现日常的生产目标,要对生产率和不良产品数量等各项条目进行管理。为了连接未来的制造,不断开展改善活动也是非常重要的。

在企业间竞争十分激烈的当下,为了成为获胜企业,应该通过这些日常管理制定日常的工作量,切实地实施计划从而提升产品的QCD(参阅1.11节)。

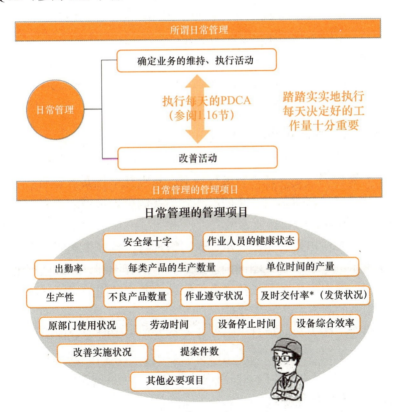

* 及时交付率:表示按照交付期能够生产的数量,通过以下公式求得。

及时交付率 = 按照交付期能够生产的数量 × 100 ÷ 指示生产数量(%)

1.20 适当地进行异常处理

针对生产活动发生的异常，应该适当且经济的应对，尽快回归到正常的生产活动中。同时为了对产品进行追踪应保存记录，重点是要防止异常再次发生。

1. 异常处理是什么

所谓**异常**，是指作业人员在作业中感觉到出现异样的状态。生产现场中的异常是与生产4M（参阅1.10节）和产品QCD（参阅1.11节）相关的内容，与生产活动的所有状态有关。

在众多异常中，如果是在作业中感觉到异常，就应该进行适当处理并尽快恢复到正常状态，在此基础上防止再次发生，这就是**异常处理**。快速、适当地进行这些异常处理是实现生产现场既定目标的生命线。

2. 制定遵守异常处理的规则

作为生产现场的负责人，当生产作业中的作业人员发现异常时，为了能够恰当且迅速地进行处理应对，重点是事先要做好准备。为此，有必要结合所负责各车间的实际情况制定异常处理规则，并详细完整地告知每一位作业人员。

这里之所以用各车间表示，是因为针对机械加工车间和组装车间所发生的异常内容是不同的。如果异常内容不同，异常处理也自然不同。所以，生产现场负责人需要结合各个车间的实际情况分别进行规则的制定、开展及实施。

同时，作为共同项目，当作业人员发现异常时要立即向生产现场负责人汇报，还一定要关闭设备的电源电路，如果该设备还有气动回路*，一定要放掉气动回路内的残余压力（参阅7.5节）等，最重要的是要确保作业人员的安全。

---

* 气动回路（Pneumatic Circuit）：将作为动力媒介的压缩空气在气缸等执行器中进行传递的一系列的控制回路。

1.20 适当地进行异常处理

生产现场负责人必须将制定实施的异常处理规则让同一车间内的作业人员全部了解，并保证作业人员百分百的遵守规则。

此外，在处理异常时一定要留下处理记录。特别是在有不良品和返修品（参阅 2.11 节）发生的情况时，要求生产现场负责人除了记录异常处理内容之外，还需记录时间、数量、负责人姓名等，并且具有可追溯性*，能追溯到生产活动和产品本身，还要防止异常再次发生。

* 可追溯性：Traceability。

1.21 推进 4M 的变更管理

生产现场不可能总是按照计划进行生产，可能会以各种原因对 4M 进行变更。出现这种情况时，作为生产现场的负责人要对变更实施恰当的生产层面的应对，并把它记录保存。

▶▶ 1. 4M 的变更管理是什么

4M 变更管理是变更管理*的一种，是在生产阶段出现了因为种种原因对于生产中不可或缺的 4M（人、物、设备、方法参阅 1.10 节）进行变更并继续生产的情况，为了日后能够进行追踪验证其处理方法是否恰当，需要留下变更记录。例如，突然发生人员不足或者生产设备出现突发性故障的情况，又或是因为灾害导致使用替代材料*的情况等也属于变更管理。

当生产线中出现这些情况时，要记录下当时如何采取对策、确认质量并继续生产的具体情况。

之所以这么说是因为 4M 变更时经常会发生质量不良等生产上的问题，因此有必要采取措施来防止故障的发生，为应对可能发生的故障要事先做好跟踪（参阅 1.20 节）并进行验证。

▶▶ 2. 4M 变更管理的重要性

通过实施 4M 变更管理，一旦在后道工序中发生了质量不良等问题，可以追溯到由 4M 所引起的生产上的变化点并明确事因。因此，作为生产现场的负责人，在生产某一产品的过程中，要记录下由 4M 变更引起的生产上的变化点，可以记录在如右图所示的 **4M 变更管理表**中。生产现场的负责人根据这个表中留下的记录，在发生质量问题的情况下可以缩小问题对象的范围，进行特定原因的验证。

---

* 变更管理：为了将各种活动的变更导致的风险最小化而进行的管理。

* 替代材料：基于各种理由即使改变了材质也不会影响功能的材料。

1.21 推进 4M 的变更管理

此外，4M 变更并不是由生产部门单独实施的，一定要有检查部门实施质量确认，并在确认后签上质量确认者的姓名。

这些 4M 变更管理和异常处理（参阅 1.20 节）是 ISO 9001:2015[*]的要求事项，在"8.5.6 变更管理"中要求，作为生产现场的负责人要与相关部门进行合作互助、共同努力构建能够应对的组织结构，并且切实的实施下去。

4M变更管理表

4M变更管理表（自〇〇年〇〇月至〇〇年〇〇月）

目标配件编号　1234〇〇〇〇〇〇

目标配件名称　〇〇法兰盘　　　　　〇〇课□□系☆☆班△△△生产线

日期	分类	工序名称	变更事由	变更内容	品质确认方法	品质确认者	批准	附注
8/21	人	外直径最终工序	人手不足	支援（横向）	1/10抽样	茂木	厚木	

☆上述例子是通常抽样频率的1/50

※为了方便日后搜索，在分类栏中记录4M的种类

ISO 9001:2015的要求事项（摘录）

8 运用

8.5 制造及服务提供

8.5.6 变更管理

　　组织必须在必要的程度上评审和管理关于制造、服务提供的变更，以确保要求事项的连续适用。

　　组织必须记录变更评审的结果、正式批准变更的人（或多人）以及由评审带来的必要处理，保存文件化的信息。

---

[*] ISO 9001:2015：是质量管理和质量保证的原则，质量管理体系的标准。2015 年，为了和其他的 ISO 标准更容易结合，对章节的共通化进行了修改。

1.22 消除浪费、不均衡、超负荷

为使生产现场顺利地进行高效、经济的生产,要彻底消除车间和作业中潜藏的阻碍因素,即浪费、不均衡、超负荷,从而提升生产效率,构建优于其他企业的生产体系。

1. 浪费、不均衡、超负荷是什么

阻碍生产现场提升生产效率的主要因素有浪费、不均衡、超负荷。取生产现场的浪费、不均衡、超负荷三者的日语头部音节,因此被称为"3MU",也有取其第二个音节称为"TAMURI",这三者是必须从生产现场消除的因素。

这里的浪费是指在业务中不能生产出附加价值(参阅 2.5 节)的动作。在丰田生产方式(参阅 1.24 节)的基本思想中,浪费的消除占到了很大的比重。丰田生产方式通过彻底排除 **7 个浪费**(见右图),实现作业效率的大幅提升,从而与更高附加价值的作业相结合,最终构筑了今日的繁荣。

不均衡指的是不能将作业的负荷均衡化(参阅 5.15 节)的状态。例如,由于生产计划有偏差、负荷不固定或者需求季节变动等导致负荷集中在某一时期的状态。针对此状态的对策有负荷山崩[*]、推进均衡化、消除等待时间(参阅 5.13 节)等方法。

超负荷是不自然的作业姿势和需要重劳力的作业,或者因为交付期的临近而紧急加班和无休息的加班,导致作业者的负担过重,最终没有办法完成生产的状态。这种状态可以通过生产现场对作业内容进行严格的管理,有计划地推进业务等措施,一定程度上防止它的发生。

2. 最有效的是消除浪费

在浪费、不均衡、超负荷这些现场所遇到的阻碍因素中,以生

---

[*] 负荷山崩:针对各个工序的负荷能力把分配的工作进行均等化。负荷山崩之前的状态称为负荷山积。

1.22 消除浪费、不均衡、超负荷

产现场的负责人为核心，针对车间和作业中潜在的浪费进行彻底的消除，从而提升生产现场的生产率，这种方法可以带来巨大的效果。

这些潜在的浪费有以下 7 个种类，具体为①制造过剩的浪费；②等待的浪费；③搬运的浪费；④加工的浪费；⑤库存的浪费；⑥动作的浪费；⑦不良品的浪费。

作为生产现场的负责人，要求具备能彻底找出所负责车间潜在的浪费、不均衡、超负荷的问题并且进行逐一消除的能力。这是提升所负责车间的生产率、构建胜于其他公司生产体系的关键。

浪费、不均衡、超负荷

Muda（浪费）…	不发挥作用，没有益处，或类似这类情况。
Mura（不均衡）…	颜色的浓淡、物体的厚薄等不一致。事物不统一，不一样。
Muri（超负荷）…	实施上有困难的事。

出自《广辞苑》（新村编辑出版 岩波书店）

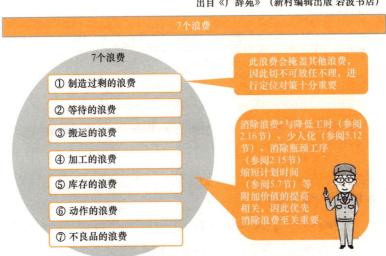

7个浪费

① 制造过剩的浪费
② 等待的浪费
③ 搬运的浪费
④ 加工的浪费
⑤ 库存的浪费
⑥ 动作的浪费
⑦ 不良品的浪费

此浪费会掩盖其他浪费，因此切不可放任不理，进行定位对策十分重要

消除浪费*与降低工时（参阅2.16节）、少人化（参阅5.12节）、消除瓶颈工序（参阅2.15节）缩短计划时间（参阅5.7节）等附加价值的提高相关，因此优先消除浪费至关重要

---

* 消除浪费：消除那些在生产现场潜在的不创造附加价值的作业，或是即使花了大量的时间也不会更接近完成品状态的作业的活动。最近结合使用 IoT（参阅7.16 节），富士通研发出了探查浪费的服务。

1.23 推进 5S

整理、整顿、清扫这样的词虽然是众所周知的，但现实是很难真正的落实。在此介绍生产现场的负责人与作业人员和相关部门进行合作互助，在自己所负责的车间落实 5S 的目的和推进方法。

1. 5S 是什么

生产现场的负责人们一般都听过 5S、2S、3S 或者 4S 之类的词，并且有过相应的实践。但是，好不容易推进了相应的活动，却由于大家忙着生产，对整理、整顿、清扫的重视程度稍微一放松就回到了原始的状态，最终导致 5S 总是不能在车间落实下来。因此，在生产现场经常会发生，只有各种监察（参阅 1.26 节）和工厂视察等外部人员到来时，才会重新去做 5S 的情况。

5S 是指整理、整顿、清扫、清洁、素养这五个词中第一个字的罗马音 S 的统称。

整理是对需要和不需要的东西进行区分，舍弃不需要的东西。

整顿是对于需要的东西放在确定的位置，以便需要的时候能快速找到，整理和整顿也被称为 2S。

清扫是对需要的东西进行打扫并保持干净的状态。

清洁是维持整理、整顿、清扫的 3S 状态。

素养是指必须遵守确定好的规则。整理、整顿、清扫的 3S 加上清洁的 4S 是根本。

2. 理解接受 5S 的目的

在很多无法落地 5S 的车间中，人们都认为 5S 就是让车间变得干净。当然这也是一件非常重要的事，但是 5S 的目的不仅仅是让车

1.23 推进5S

间变得干净，还要把阻碍生产活动的浪费（参阅1.22节）显性化，彻底消除其浪费，提升该车间的管理水平，迅速营造轻松有活力的职场氛围。基于这个基础，应通过提升该车间的SQCDM（参阅1.18节）实现顺利生产，为提升企业业绩做出贡献。

生产现场的负责人在推进自己所负责车间的5S时，要根据下图所示的步骤让作业人员理解、接受5S的目的，使其成为日常业务的一环融入工作中变成习惯，这是让5S在车间中稳固下来的重要方式。

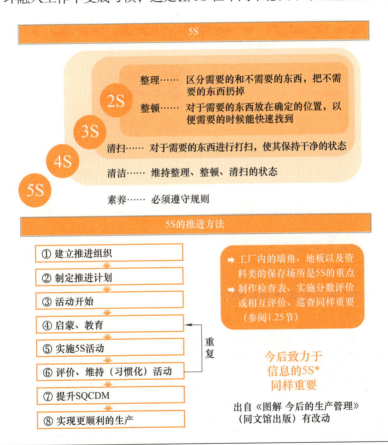

* 信息的5S：伴随着IT的普及，信息量不断地增加，将项目名和文件名的取名方法、文件夹的制作方法等信息有组织性地统一管理是必不可少的。

1.24 推进可视化管理

双色图解生产现场管理实务

推进以生产现场负责人为核心，用肉眼能够一眼判断出生产现场的状况是否存在异常的可视化管理，可以实现没有浪费、方便工作的车间，从而起到大幅提升生产效率和降低成本的效果。

▶▶ 1. 可视化管理是什么

可视化管理是异常管理的一种，是指生产相关人员一眼看到当时的生产现状，就能立刻判断出有没有异常（参阅 1.20 节），并且把生产情况管理至适当状态的方法。通过推进此方法，可以提升生产效率。

可视化管理可以按照原材料、产品、半成品和其他在库品等管理内容进行分类，也可以按管理生产情况、设备、作业人员的目的等管理内容进行分类。

可视化管理也是冠名全球的丰田生产方式（TPS）中的 4 个手段*和 8 个方式*中的其中之一。其中以原材料和半成品等为管理目的的看板和以设备为管理目的的安灯（参阅 2.9 节）比较出名，很多企业都在使用。

▶▶ 2. 可视化管理的推进方法

生产现场的可视化管理如果只交给生产现场的负责人，并不能很好地推进。为使可视化管理成功推进，在工厂整体管理者、生产现场负责人的带领之下，与支撑生产现场的职能型部门和直线型部门（参阅 1.4 节）团结一致，为实现目标和生产现场的作业人员一同合作互助进行推进。

生产现场可视化管理的推进方法如右图所示。针对要实施可视化管理的对象，开展以下工作：①明确管理目的；②推进体系的组织化，在此基础上进行；③设定管理项目（参阅 1.17 节）；④把握分

---

* 4 个手段：JIT（Just In Time）准时，自动化，少人化，创意功夫。

* 8 个方式：看板方式，平准化，缩短切换时间，作业的标准化，机械设备的布局，改善活动 & 提案制度，可视化管理方式，不同功能管理方式。

1.24 推进可视化管理

析现状的问题点；⑤制定对策方案并进行评估；⑥实施其对策；⑦确认效果，在效果确认后进行；⑧在其他车间**水平（横向）展开***。如果未得到预想中的效果，就返回⑤制定对策方案。在对策结束之后，实施部门对步骤④的问题点进行消除，实现管理项目的目标和提升车间水平。生产现场负责人要充分理解这些推进方式，与作业人员共同进行推进活动。

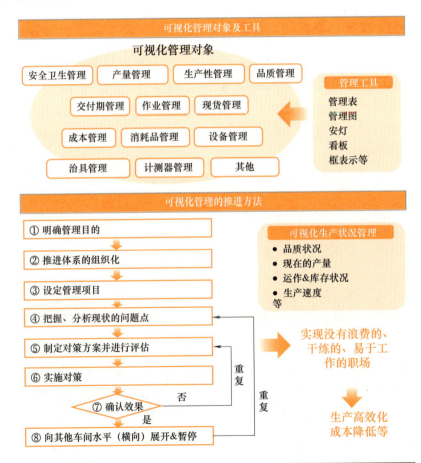

* 水平（横向）展开：在生产活动中获得的成果和技术经验（参阅 6.20 节）向类似工作或相关部门进行积极的宣传，让相关部门也实施，从而在企业内实现成果的最大化。采纳其他部门的展开内容也是非常重要的。

1.25 通过车间巡检提升管理水平

双色图解生产现场管理实务

为了建立安全且安心的工作场所以及提升车间的各种管理水平，一个有效的方法是车间巡检。定期自主实施、改善指出事项是非常重要的。

▶▶ 1. 车间巡检是什么

所谓车间巡检，是指生产现场的负责人和管理者，以及安全卫生委员会、5S委员会等成员一起，通过巡视生产现场提取该生产现场的问题点，并且制定相应对策，从而建立安全且安心的工作场所，并且维持和改善职场纪律。通过实施这个活动，可以互相指出和评价自己没有注意到的点，并实施相应对策。由此相互启发，提升职场的各种管理水准。

车间巡检根据巡视对象的大小，也有被称为工厂巡检、委员会巡检、生产线巡检等。

▶▶ 2. 车间巡检的实施方法

车间巡检如果不认真实施也很难取得预期的成果。为了提升车间巡检的成果，事先要制作检查清单（如右图所示），以此为基础进行检查，然后根据实施月的不同改变巡视主题等，一边思考一边进行巡视是非常重要的。

在车间巡检的检查清单中，如右图所示，按照安全、5S、作业的遵守状况、车间环境等进行分类并列入检查项目中，并以分数来显示巡检结果。例如，通过5个阶段的分数来评估实施结果，把实施后的成果可视化再传给相关人员，这既可以和实施前的状态进行比较，也可以和其他车间进行客观比较等。这样可以进一步提高实

1.25 通过车间巡检提升管理水平

施成果，从而可以实现职场各种管理水准的显著提升。

作为生产现场的负责人，定期自主检查所负责的车间是非常重要的。然后进行具体的问题指出、指导和改善，一定要对改善状况跟进和评价，使之螺旋式上升。这样一来，在获得具体成果的同时，也能将车间巡检稳固落实。

车间巡检检查清单示例

车间巡检检查清单

车间：_____

巡视员：_____   实施日期　年　月　日

分类	检查项目	评分	指点事项	对策内容	附注
安全	防护用具*的穿着状况 指差称呼（参阅7.6节）的实施状况 信号（参阅7.5节）的贯彻状况				
5S	5S的实施状况 位置管理的实施状况				
作业的遵守状况	标准作业的遵守状况 异常处理的实施状况 不合格品的处理状况 日常管理的实施状况 管理图的记录状况 管理图的管理状况 设备的检查状况（日常•定期） 道具类的使用状况				
职场环境	异音、异臭的发生状况 保护套的摘下状况 漏油•漏气等的发生状况 雾的发生状况				
其他	提示物的管理状况 监督者的检查状况 管理者的跟踪状况				

得分的推移

第　回	第　回	第　回	第　回	第　回	第　回
月　日	月　日	月　日	月　日	月　日	月　日
点	点	点	点	点	点

* 防护用具：排除生产现场妨碍工作人员安全和健康因素所使用的工具总称。

第1章　生产现场负责人与生产管理

1.26 在自主监察中强化生产体系

双色图解生产现场管理实务

一般一听到监察就会浮现出气氛严肃的情景,但是作为生产现场的负责人,可以很好地利用自主监察,事先对自己负责的职场问题点等制定对策,强化所负责职场的生产体系。

▶▶ 1. 自主监察是什么

在生产现场进行的**监察**是指以产品及其生产流程为对象,是否满足规格书*等所要求的事项,基于标准文件进行正确的评价和纠正*。

这些监察一般可分为**内部监察**和**外部监察**。

这里的内部监察,是指由公司内部的监察人员来实施监察,也被称为第一方监察。而外部监察是指由顾客等有利益关系的监察人进行的第二方监察和由外部独立组织实施的第三方监察。这些监察的种类如右图所示。

本节提出的**自主监察**是由以经营层和部门领导为首的组织内的编制(参阅1.4节)以及其他部门的代表等作为成员参加的公司内部监察,是内部监察的一种。

▶▶ 2. 对存疑和问题事项制定对策

应该对组织内各个角落都了如指掌的公司内部监察员,只要它决心查可以基于标准文件进行比其他监察更详细的监察。在进行自主监察后得到的问题事项中,会有很多细致入微的内容,有时也会出现指出了生产现场负责人不想被指出的问题点的情况。这些情况包括,列举某个产品不满足所要求事项的情况,没有按照规定的程序进行作业的情况,虽然知道问题点但还没有改善的情况等。

---

* 规格书:生产设备和产品等要求的性能和结构等需求明确记录的文件。
* 纠正:改正错误点和不顺畅点,使之正确。

1.26 在自主监察中强化生产体系

在被外部监察指出这些问题事项之前，自己先发掘出来问题点，把职能部门等相关部门拉进来，一同采取对策，强化生产体质，这是实施自主监察的目的。为此，经营层、质量管理部门和检查部门等必须要给出自主监察后的对策，还要以生产现场的负责人为核心，定期自主实施监察并追踪效果，这样才可以期待获得更大的效果。

换言之，在自主监察中指出的问题事项和针对各个部门的存疑项目，通过和职能部门及生产现场的工作人员进行合作互助，一个一个脚踏实地地采取对策，可以大大强化和提升生产现场负责人所负责的生产现场的体质，这种方法是一个非常有效的方法。

总是活动频繁的生产现场

在生产现场,并不只是默默地生产产品就可以的。企业不仅要生产QCD优秀的产品,还要进行生产的4M相关管理、各种活动相关的管理及其实践、应对新产品和新技术等面向未来的准备等,其实需要做各种各样的事情。

按月整理生产现场面临的各种活动,可以列出以下内容。除此之外,还有业内特有或是自己公司特有的事情或活动等,因此请参考填写的例子,试着制作自己公司的年度日程表。

作为生产现场的负责人,肯定会有"居然有这样的事件和活动啊"这样的想法。

生产现场的负责人这个岗位,可以说是在完成日常生产计划的同时,还必须逐个应对这些事件和活动。

生产现场的年度安排示例　　　　　　　　　　　　*新年度从4月开始的企业的情况

	全国活动	(行业)本企业活动
1月		开始工作 新年休假后设备点检
2月	节能月	新任监督者研修(根据企业变化情况)
3月	全国火灾预防活动	期末盘点、全年TOP诊断
4月	科学技术周 春季交通安全活动	新员工分配和接受培训 上一年度总结和年度方针展开
5月	劳动节	5月连休结束设备点检 新任管理者研修(根据企业变化情况)
6月	全国安全准备月、环境月、全国设备管理重点月、危险品安全周	股东大会 安全和环境标语征集
7月	全国安全周(1日—7日)	安全教育
8月		夏季休假结束设备点检
9月	环境卫生周、秋季全国交通安全活动、日本提案活动协会全国排名发表	防灾训练 前期末盘点
10月	3R推进月、质量准备月、全国劳动卫生周、工业标准化推进月	阶段TOP诊断 质量标语征集
11月	质量月、计量管理重点月、促进职业能力开发月、产品安全总检查周、秋季全国火灾预防活动	质量教育 年度质量大奖发表和表彰
12月	大气污染防治推进月	年末清扫、提交工作

*此外,还有公司内部和外部的检查和部门负责人的诊断,还要实施各种改善活动(包含QC小组活动等)及发表会、定期检查、技能认证考试等。

第2章

生产现场负责人的生产率管理

提升企业竞争力,可通过开展提高生产率的活动等构建更加紧实且强大的生产体质,推进效率化和经济化的生产。作为其中一个环节,通过提高生产率来降低产品的生产成本是非常重要的。这样既可以提升产品竞争力,又能取得企业的竞争优势。

为了实现以上目标,以及在生产现场安全、低成本、快速地生产出优质产品,可通过推进必需的创意办法和各种改善活动等来提高生产率。

因此,本章将介绍生产现场的负责人应该了解的生产率和生产率管理的基础知识,以及为了提高生产率,生产现场的负责人日常应该推行的各种管理方法,开展的各种活动,以及改善的推进方法等。

2.1 生产率是什么

生产率是用来衡量生产中所投入的经营资源是否被有效、经济性地利用的可视化指标,其中在生产现场一般叫作劳动生产率。生产现场的负责人的任务是提高生产率。

▶▶ 1. 生产率的定义

我们在日常生活中做某些工作时,经常会用"生产率高""生产率低"等词语来评价工作的结果。同样,在生产现场评估工作结果时,一般会以在一定时间内生产多少数量来评估。这时使用的概念就是生产率,并认为生产率的值越高越好。

这个生产率(productivity)可以根据产出量与投入量的比例来计算(见右图),它是一个方便使用的指标。一般而言,计算式(见右图)的分子、分母可根据生产要素的不同而不同,因此生产率有劳动生产率、资本生产率和原材料生产率等。在上述生产率中,生产现场广泛使用工时(参阅 2.11 节)来表示分子、分母并计算劳动生产率。

很多企业在生产现场使用劳动生产率的理由是,将产出工时(见右图)和投入工时分别作为分子和分母在生产现场容易掌握。因此,劳动生产率在生产现场很容易计算,对生产现场的负责人而言也是一种很熟悉的指标。

此外,在高度自动化的行业中,设备生产率*作为资本生产率的一种,经常用来与其他同行业公司进行比较。

除此之外,还可以将原材料生产率作为表示每单位产量的原材料投入量的效率性指标。

---

* 设备生产率:表示生产设备是否被有效利用的指标,可用下式求出。

$$设备生产率 = \frac{附加价值额}{有形固定资产额} \times 100\%$$

2. 提升生产率

可以说生产率越高，就越能利用少量的资源进行高效、经济性的生产。话虽如此，但当计算了生产产品的直接时间以外的时间（即间接时间，参阅 2.10 节），就会导致整体生产率的下降，所以生产率必然是有限度的。换言之，像早会和会议等间接时间、工作开始和结束时的盘点时间、定时检查（参阅 5.10 节）等质量确认时间等都很难降低。因为这些时间是生产现场生产所要求的产品所必不可缺的时间。

因此，对生产现场的负责人而言，必须彻底消除提升生产率最大阻碍因素的 7 个浪费（参阅 1.22 节），努力缩短生产周期（参阅 5.6 节）等，提高产量从而提高生产率，并按要求日复一日地改善下去。

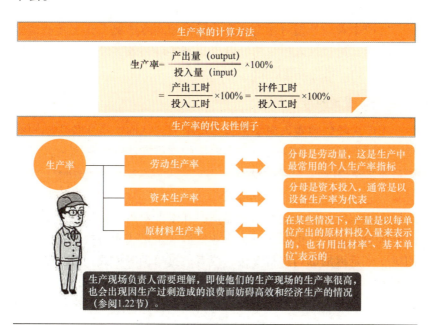

生产率的计算方法

$$生产率 = \frac{产出量（output）}{投入量（input）} \times 100\%$$

$$= \frac{产出工时}{投入工时} \times 100\% = \frac{计件工时}{投入工时} \times 100\%$$

生产率的代表性例子

- 劳动生产率 ↔ 分母是劳动量，这是生产中最常用的个人生产率指标
- 资本生产率 ↔ 分母是资本投入，通常是以设备生产率为代表
- 原材料生产率 ↔ 在某些情况下，产量是以每单位产出的原材料投入量来表示的，也有用出材率*、基本单位*表示的

生产现场负责人需要理解，即使他们的生产现场的生产率很高，也会出现因生产过剩造成的浪费而妨碍高效和经济生产的情况（参阅 1.22 节）。

*出材率：从投入的原材料中实际产出的产量的比例。
*基本单位：生产一个单位的工业产品所必需的原材料和能源等的使用量。

2.2 推进生产率管理

在推进高效率、经济性的生产制造的基础上,生产现场的负责人必须提高所负责车间的生产率。为此,掌握和管理每天的生产率,结合每天完成的生产情况并追求高效率的生产方法是非常重要的。

▶▶ 1. 生产率管理是什么

仅仅将作为日常业务的总结而计算出的生产率填写在日报和管理账簿上进行业务汇报,这不能说实施了**生产率管理**。既然说是生产率管理,就必须制定生产率的目标,为了实现这个目标而进行生产活动,通过生产力趋势图(见右图)可以看到生产率的实际情况,了解把握阻碍生产率提高因素(参阅 2.4 节),并采取对策,使生产率稳定并提高生产率。

生产率管理是指对比生产率的目标和实际情况,让实际业绩接近于目标,通过投入更少的经营资源来实现高效、经济且稳定的生产而进行的一系列管理活动。

▶▶ 2. 生产率管理的推进方法

生产现场的负责人想要推进生产率管理从而实现所负责车间的目标,那么把推进方法大致分为短期的推进方法和中长期的推进方法是非常重要的。

短期的推进方法是每天实现生产完成和生产率的目标,其基础是尽早把握各时间段生产的延迟情况并采取对策。如果生产比计划进行得更顺利时,可以通过将作业人员从生产线中替换下来,让他们对生产延迟的部门进行支援,或者通过培训等方式,以此来控制生产率。但是,对于生产延迟的部门,从发货角度而言,必须优先确保生产量而不是生产率,只有通过更换经验丰富的人来控制生产

2.2 推进生产率管理

率等有限的方案。这样的生产率对策也可以称为是对症疗法。

中长期的推进方法的重点是提取造成每日生产率目标未实现的主要原因（阻碍因素），并制定优先等级，依次采取根本性的对策。换言之，通过实施永久性对策（参阅1.20节）来减少工时（参阅2.16节）。

掌握每天生产率的生产现场的负责人，将这些方法组合起来对生产率进行把握和管理，追求每天的生产完成和高效的生产方法是非常重要的。另外，对于没有管理日常生产率的生产现场的负责人，要理解并接纳从掌控生产率和产量（参阅2.3节）为起始推进工作，并将其付诸为实际行动。

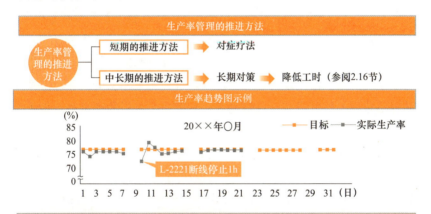

※上述数字是针对10人的操作作业，生产率目标为78%，目标根据参与人数的不同而变化。

* 成批生产：成批量的生产，也称为集成生产。
* 生产率目标达成率：生产率目标达成率 = $\dfrac{\text{生产率的实际业绩}}{\text{生产率目标}} \times 100\%$。

2.3 推进产量管理

对于想要进一步提高生产率管理成果的企业，或者还没有实施生产率管理的企业来说，马上就能进行提高生产率的实践活动，就是管理日常产量的产量管理。生产现场的负责人在所负责的工作岗位上充分留意并开展实践活动是很重要的。

▶▶ 1. 产量管理是什么

在产品生产周期（参阅 2.15 节）较长的生产企业和竞争比较激烈的企业中，在实施生产率管理之外还实施产量*管理的企业越来越多。

产量管理是以每日的生产计划和单位时间的产量目标为基准，通过对实际各个时间段的产量进行测定和比较，掌握生产的延迟情况并采取相应对策，以实现计划和目标。最近，越来越多的企业在生产线最容易看到的位置设置了通过电子显示器展示产量的产量管理板（参阅 2.9 节），这样通过可视化管理（参阅 1.24 节）来掌握进度情况。

这里所说的落后于计划和目标的情况，是指如 2.9 节所展示的例子，实际值比计划和目标较小的情况，是工作进度没有达到计划和目标的情况。因此，以该生产线的管理者为首的生产现场的负责人要尽早采取对策，在延迟较小的时候挽回该延迟。这些延迟越大，挽回就越困难，所以在较小的延迟中采取相应的对策是非常重要的。

此外，众所周知这个产量管理，对于即使是没有实施生产率管理的企业来说，是可以马上引入实践的生产率提升活动（参阅 2.4 节），其成果很大程度上由生产现场的负责人的努力程度决定。

▶▶ 2. 提升每个人单位时间的产量

在推进高效率、经济性生产的基础上，生产现场的负责人在产

---

* 产量：类似大米的产出，在一定的时间或者期间内的实际生产的量。

2.3 推进产量管理

量管理走入正轨的阶段,要循序渐进地进行单位时间产量管理乃至个人单位时间产量管理,这是非常重要的。

上述的个人单位时间产量是指"一个工作人员一个小时能生产几个产品"的人员效率指标。

在这里,引入单位时间的管理,是为了正确把握每天实际工作时间内的各时间段产量变化的实际情况,使各个时间段的问题点显现化,并实施适当的对策,从而提升每天的产量。此外,通过对投入人数进行细致的管理,可以缩小管理的网格,提升管理精度。

在推进产量管理的基础上,生产现场的负责人要充分注意不要为了过度追求单位时间产量导致生产的过剩(浪费,参阅 1.22 节),合理推进每天的活动是非常重要的。

2.4 推进提升生产率的活动

双色图解生产现场管理实务

为了推进高效率、经济性的制造，生产现场的负责人在所负责的车间推进提升生产率的活动，稳定的提升生产率，从而提升公司产品的市场竞争力，改善公司的收益状况。

▶▶ 1. 提升生产率的活动是什么

对于生产现场的负责人来说，最重要的是掌握作为现场组织最小单位的班组，或者生产线单位等每天的生产率，使其稳定并提升。如果出现每天的生产率快要超出对目标值的允许范围的情况，负责其生产现场的负责人就要实施作业进行支援等措施来挽回。在此基础上，分析为何险些超出允许范围的原因并进行仔细认真的研究，并且实施再发防止的永久性对策是非常重要的。

这样不断重复的活动，使生产率逐渐稳定并且提升的活动被称为**生产率提升活动**。换言之，提升生产率的活动是为了进行高效率、经济性的制造，对实际生产的生产率进行评估，并使生产率稳定并且提升的活动。因此，提升生产率的活动是为了提升该产品的市场竞争力、改善公司的收益性*所不可或缺的活动。

▶▶ 2. 提高生产率活动的推进方法

为了提升车间的生产率而进行的活动，也就是所谓的提升生产率活动的推进方法，生产现场的负责人要让作业人员参与其中，并与相关部门进行合作互助，按照以下步骤进行推进，这是十分有效的。

具体如右图所示：①掌握各部门每天的生产率；②掌握实际发生的阻碍生产率提升的原因*，并且对内容进行分析；③确定处理问题的优先顺序；④制定对策方案并进行相关讨论；⑤实施对策方案；⑥确认生产率的变化，即进行效果确认，验证对策的有效性；⑦如

---

* 收益性（Profitability）：用多少资本，获取多少利润等衡量企业盈利能力的指标。
* 阻碍生产率提升的原因：阻碍生产率提升及生产目标实现的因素。

2.4 推进提升生产率的活动

果判断在⑤中实施的对策是有效果的并且提升了生产率,则探讨该对策是否能减少工时(参阅2.16节),同时着手研究下一个阻碍原因的对策。另一方面,在对策没有看到效果的情况下,要明确不足的内容,再次进行④制定对策并讨论,为了实现效果而不懈努力是非常重要的。

作为提升生产率活动的具体项目,除了制定解决阻碍每天的生产率提升的原因的对策之外,还可以积极推进下一节将要介绍的各种活动。

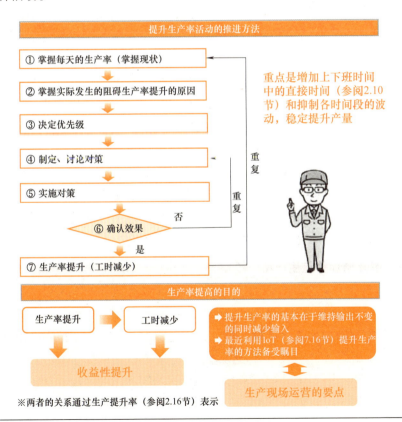

2.5 提升附加价值生产率

双色图解生产现场管理实务

在企业竞争日益激烈的当下,要求制造业不仅要提升生产率,还要提升有附加价值的生产率,强化产品竞争力,提升收益性。生产现场的负责人要理解并接受这些内容,并在此基础上进行实践,从而提升产品的收益性。

▶▶ 1. 附加价值生产率是什么

附加价值*是作为生产活动或销售活动等企业活动的结果,是该企业产生的新的价值,可以用注释所示的计算公式(加法算式)求出。这类附加价值的相关的指标主要包括制造业创造出的价值,或者是通过附加价值程度来评价附加价值生产率,每一位作业人员的附加价值的生产额等代表性的指标。也就是说,附加价值生产率是表示企业在生产过程中创造出的附加价值效率的指标,指标数值越高表示企业生产状态越优良。

生产率(参阅 2.1 节)主要以直接员工为对象,由于附加价值生产率也包含间接员工,所以即使生产现场的生产率很高,也可能出现附加价值生产率很低的情况。换言之,附加价值生产率的高低显示了制造商的综合生产力。

▶▶ 2. 提升附加价值生产率

为提升附加价值生产率,如右图所示,可以大致分为以下 3 个对策:①提升有附加价值的生产额度;②减少员工的工作人数;③考虑有附加价值生产额和员工人数之间的关系,相对地提升附加价值生产率。

① 需要采取提高产量或者降低外部采购费用的活动。其中,作为生产现场的负责人,主要的任务是生产 QCD 优质的产品并提升产

---

* 附加价值:通过加法可以构建附加价值的计算公式。
附加价值 = 人工费 + 税金 + 贷款 + 其他资本利息 + 税后的纯利润

2.5 提升附加价值生产率

量。另外，VA 提案（参阅 2.18 节）和降低不良率等降低外部采购费用的活动也是有效的手段。

② 减少制造商中人数最多的生产现场作业人员的数量或间接部门作业人员数量的活动。作为生产现场的负责人，主要是推进各种改善活动，构建一个能够以少数人进行高效率、经济性生产体质。对于企业整体来说，将富余的员工重新分配到能创造新附加值的领域是非常重要的。

③ 对于附加价值生产额和员工人数这两个因素，分别对应采取增减相应的作业人员数量和附加值生产额的措施，相对地提升附加价值生产率，所以考虑计算式中分子和分母的比例是非常重要的。

作为生产现场的负责人，要求在理解和接受这些内容的基础上进行实践，依次提升负责产品的收益性（参阅 2.4 节）。

每一位员工的附加价值生产额的计算方法

$$每一位员工的附加价值生产额 = \frac{附加价值生产额}{员工人数}$$

$$= \frac{产量 - (材料费 + 外包加工费 + 折旧费^*)}{员工人数}$$

※产量＝销售额＋（期末半成品＋期末产品存货量）－（期首半成品＋期首产品存货量）

出自主编代表大田哲三《新版会计手册》（中央经济社出版）

在计算附加值与附加价值生产额时，把员工数、人工费、短时间劳动者和派遣劳动者的费用、折旧费、租赁费计算进去是很重要的

提升附加价值生产率
- ① 提升附加价值生产额
- ② 减少从业者人数
- ③ 考虑以上两者的相互关系，相对地提升附加价值生产率

＊折旧费：指建筑物和生产设备等固定资产（除去土地）的价值的减少部分转换成相应的费用。将因使用次数或时间流逝而减少的经济价值合理地转换成费用。

2.6 推进工序管理

工序管理是一种广泛应用的管理技术，它可以使符合规格要求的产品和服务一直保持稳定、正常、良好的状态并顺利地提供给后道工序和客户。这种推进方式的好坏会影响产品的 QCD 和生产状况。

1. 工序管理是什么

伴随着技术的进步，工业产品变得越来越复杂化和高端化。与此同时，生产这些工业产品的生产现场也越来越复杂化、高端化，掌握生产活动的实际情况也越来越困难。

为了使工业产品顺利高效的生产，必须正确掌握生产情况，在生产规格和生产计划之间的差异较小的时候，制定恰当的对策。因此，工序管理作为必要的管理技术被列举出来。

换言之，工序管理（Process Control）是指生产某个产品所需的工序，为了日常能够在偏差少（参阅 3.5 节）、正常、良好的状态下顺利地流动，而进行维持、管理生产活动的活动。同时，JIS* 中的工序管理的定义是"作为降低和维持工序输出的产品或服务的特性偏差的活动，在此活动过程中，推进工序的改善、标准化以及技术积累"。

2. 工序管理的推进方式

作为工序管理的推进方法，基本上是以日程计划（见右图）、过去的技术经验（参阅 6.20 节）及诀窍等为基础，在遇到故障之前就将其扼杀在萌芽状态。更重要的是，在日常生产活动中实施日常盘点（参阅 6.11 节）和定时检查（参阅 5.10 节），以及在生产过程中，作业人员如何快速发现设备和工件等发生异常或发热等与平时不同的状态，即发现异常（参阅 1.20 节）是非常重要的。然后对于发现

---

* JIS：基于工业标准的工业用品的国家标准。Japanese Industrial Standard 的简称，即日本工业标准。

2.6 推进工序管理

的异常，在发生故障之前马上采取对策和改善措施也是非常重要的。"早发现、早对策"是基本。

由此，在将生产率的下降控制在最小限度的同时，也能将工程故障的恶劣影响控制在最小限度，避免给后道工序和顾客带来麻烦和困惑。

这些工序管理的推进方法的好坏不仅会影响产品的QCD，还会影响生产的状况。因此，作为生产现场的负责人，平时就要检查生产计划的遵守情况，将显现出来的问题一个一个脚踏实地地解决，这是其非常重要的职责。

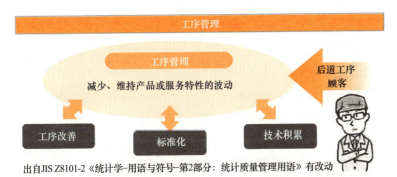

出自JIS Z8101-2《统计学-用语与符号-第2部分：统计质量管理用语》有改动

工序管理中不可或缺的日程计划	
大日程计划…	是制定中日程计划和小日程计划的基准。虽然根据行业和企业规模会有差异，但大日程计划的跨度大约在6个月到1年左右，在考虑生产会议等各部门的意见后由经营层调整
中日程计划…	根据大日程计划制定。中日程计划的跨度大约在1个月到3个月左右，以生产管理部门负责人为中心制定
小日程计划…	最近的详细计划。小日程计划的跨度大约在1日到1周左右，由生产管理部门负责人制定

出自《图解 今后的生产管理》（同文馆出版）

2.7 推进交付期管理和个别管理

为了遵守某个产品所要求的交付期，生产现场的负责人除了负责车间的生产率和生产量的管理之外，还要对每个产品的进度状况进行分别管理，这对于提升生产的灵活性并实现顺利生产等是必不可缺的。

1. 交付期管理的必要性

要确保产品的交付期，光靠生产率和生产量的管理是不够的。即使在生产率很出色的生产现场，也不一定能完全确保所要求产品的交付期。必要的东西在必要的时候只生产必要的量，即生产的时机非常重要。换言之，为了避免出现实现了生产率和生产量的目标却没有制作出应交付产品这样的事，需要对各个产品进行**交付期管理**。

如上所述的交付期管理，是指对于各个不同产品种类的生产计划（参阅 1.3 节），以时间轴为基准，掌握各个品种的生产状况，并根据进度进行应对，仔细控制以满足该产品所要求的交付期。以上活动就是**交付期管理**，也被称为**进度管理**。

2. 实行个别管理

管理精度较低的粗犷结算的企业，即使其所有的生产率和生产量都没有问题，但也有可能出现交付期延迟的问题。这些企业会忽略发货计划和生产计划，或者生产计划和实际生产业绩没有联系起来，因为忽视了这些问题从而导致延迟的发生。

为了防止这些事态的发生，生产现场按照细分的出货计划进行生产是非常重要的。为此，生产现场的负责人将出货计划和后道工序的生产计划和相关部门进行合作互助，根据该计划确定其生产顺序，以产品为单位对个别产品的生产量进行管理，逐个核销*生产

---

* 核销：在处理票据的情况时，应明确消除已登记的数据。

2.7 推进交付期管理和个别管理

完成品,这是必不可缺的。换言之,交货期管理是以细分化的发货计划为基准,生产现场的负责人以产品为单位采用启动系统(见右图)等实施细致的个别管理,尽早发现各产品的生产延迟情况并采取对策,从而将交付期的延迟问题防患于未然。同时,积极推进生产的灵活性(参阅 2.20 节)等活动也是非常重要的。

目前,很多企业引入了以丰田生产方式(参阅 1.24 节)中的看板方式为代表的后道工序拉动生产(见下图)、单人生产、同期生产(参阅 4.10 节)等生产方式*,即使是进行预估生产的企业也能在无意识中进行细致的个别管理,这种生产方式已经成为主流。

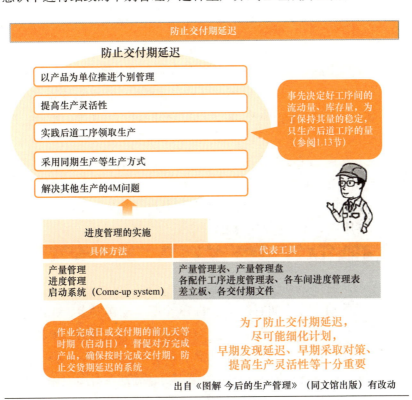

出自《图解 今后的生产管理》(同文馆出版)有改动

* 生产方式:作为生产形态分类的一种,在市场和环境条件等种种约束下,为了满足生产对象品所要求的规格,展示通过什么样的方式进行生产。

2.8 彻底实施问题对策的三直三现法

针对生产现场所发生的问题，盲目地采取对策是无法取得预期成果的。生产现场的负责人必须了解安全、高效、经济性生产的基础即问题对策的基本逻辑，并对之进行有效使用。

1. 三直三现法是什么

很多人都有"生产现场是鲜活的"这种说法，这是表现了生产现场的状况每天都在不断变化的状态。"昨天顺利推进的方法，今天也能顺利推进"这一说法在生产现场并不一定适用。

基于以上的论述，在解决生产现场发生的问题时，如果发生问题，就必须"立即直接去现场，直接调查现物，直接采取现实可行的措施"。在以上论述中使用了三个直接的直，再加上"现场、现物、现实"的三个现，合起来称之为三直三现法。

这个三直三现法展现的是在生产现场改善活动中行动的基本逻辑，作为问题对策的第一方案被广泛使用。

另外，也有很多的企业在"现场、现物、现实"的三现法基础上加上"原理"和"原则"，构成"五现法"开展活动。

2. 利用动素符号

深入研究细微动作的吉尔布雷斯（F.B. Gilbreth, 1868—1924），他将人类的动作分为如右图所示的18个基本动作要素，并用符号（动素符号*）来简洁地表示出来。具体而言，将工作时必要的8个基本动作分为第一类，将妨碍作业执行的6个基本动作分为第二类，将4个不进行作业的基本动作分为第三类，分别在右图上标记了符

---

* 动素符号："发现"的动作一般与"寻找""发现"的动作一起进行，由于两者很难明确区分，最近把这两个动作统一为"寻找"的情况居多。

2.8 彻底实施问题对策的三直三现法

号以便于使用。

目前，为了减少现场作业中的动作浪费从而缩短作业时间，生产现场的负责人要和相关部门进行合作互助，结合三直三现法和动素符号来表示现在的工作，这是有效的方法。这样一来，就可以将作业者的浪费可视化，也更容易发现作业中的改善点。其中，着眼于第二类、第三类的基本动作进行讨论，可以发现改善点并实施改善活动。

三直三现法

三直三现法
- 发生问题时
- 立刻直接去现场
- 直接调查现物
- 直接采取现实可行的措施

也有实行三现法和五现法的

动素符号

区分	基本动作	文字符号	符号
第一类 作业时必须的动作	伸手（transport empty） 握取（grasp） 移物（transport loaded） 装配（assemble） 使用（use） 拆卸（disassemble） 放手（release load） 检查（inspect）	TE G TL A U DA RL I	
第二类 妨碍作业的动作	寻找（search） 选择（select） 发现（find） 预定位（pre-position） 定位（position） 计划（plan）	SH ST F PP P PN	
第三类 不作业的动作	持住（holding） 无法避免的停顿（unavoidable delay） 可避免的停顿（avoidable delay） 休息（rest）	H UD AD RE	

2.9 实现顺利生产

为了尽可能以较少人数实现高效率、高经济性地生产，作为生产现场的负责人，推进所负责设备的运转状况的可视化，减少生产上的损失，与此同时，依次对故障现象制定对策，使生产更加顺利。

1. 运转情况的可视化是什么

在企业间竞争越来越激烈的当下，一个工作人员要负责多台设备的操作和多道工序的管控，也就是说以尽可能以少的人数来负责多台设备和多道工序，高效、经济地生产已经成为趋势。

在采用这种生产方式的生产线上，有时候会发生当某个设备因某种原因出现停止时，相关的作业人员无法马上发现并处理的情况。例如，故障发生的部位藏在设备的阴影下，作业人员可能看不见。在这种情况下必须立即告知作业人员停止设备。与此同时，还要将生产的进展情况等也告知作业人员。

在快速检测这些状况并使之恢复到原来的样子的同时，为了与对策相结合，应使运转情况可视化。推进运转情况可视化，让作业人员和生产现场的负责人了解故障的发生部位和故障内容等，因此推进可视化管理（参阅1.24节）是非常重要的。

2. 运转情况可视化的具体案例

生产设备类的运转状况可视化的具体案例包括呼叫安灯、异常安灯、进度安灯、运转安灯（见右图）等安灯*、电子看板（见右图）等。

在这里，呼叫安灯指的是在零件快没有的情况下，以呼叫为目的点亮的灯；异常安灯指的是告知设备故障等异常（参阅1.20节）

---

* 安灯：来源于在没有电气时代的照明工具"行灯"，是表示异常的一种。

2.9 实现顺利生产

的安灯；进度安灯指的是针对周期时间较长的产线，为了能够掌握自己的工作进度，将周期时间等分（十等分居多）并按照时间依次点亮的安灯；运转安灯是表示生产设备运转状况的安灯，是指让人明白停止原因的安灯。最近，如下图所示的组合安灯*被广泛使用。

为了使问题点更明显化，实现更加顺畅、顺利、安全、高效、经济地生产，在重新构建和改善生产系统时，生产现场的负责人会预先对这些装置进行核对设置，并将设备的运转情况可视化作为与相关部门进行密切合作互助的重点内容付诸实施。

运作状况可视化的具体示例

① 异常呼叫安灯（图中展示的是悬挂型）

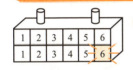

示例
- 上段：发生质量问题时点亮灯
- 下段：设备、工具发生问题时点亮灯

※图中展示的是第6道工序中设备、工具发生问题的情况

② 运转安灯（图中展示的是直立型）

示例
- 红色：因故障停止中
- 黄色：非运作停止中
- 绿色：运作中（正常）

※图中展示的是该设备正常运作的状态

③ 生产差异表示灯（图中展示的是悬挂型）

（利用电子看板进行实时产量管理）

※图中展示的是，现在的生产目标为180个，现在的实际产量为178个，比生产目标少2个的状态（该工作全体的预定生产数为720个）

无论哪个例子，在发生异常时实施防止再次发生的根本性对策是十分重要的

---

*组合安灯：在一个安灯中加入多种功能组合的安灯。

2.10 增加直接时间

双色图解生产现场管理实务

生产现场的负责人为了提升所负责生产线的生产率和产量,要尽力缩短包括标准时间在内的裕度时间和其他的间接时间、切换时间及由于设备故障造成的停止时间,这是增加直接时间是有效方法。

1. 直接时间与间接时间

在生产现场工作的工作人员并不是一整天只从事产品的生产工作,除了与生产直接相关的时间之外,还在早会、会议、设备的点检、调整、清扫等方面花费时间。在生产产品之外所花费的时间被称为间接时间或间接作业时间。换言之,在生产产品上花费的时间被称为直接时间或直接作业时间。

为了提升生产率和产量,当然要提升直接时间率(公式见右图),减少切换时间和因设备故障而停止的时间等,这是增加直接时间的有效手段。

2. 减少间接时间

生产现场的间接时间由标准时间(参阅5.5节)中包含的间接时间即裕度时间和标准时间中不包含的间接时间*组成。标准时间所包含的裕度时间有职场裕度、作业裕度、歇息裕度、疲劳裕度等。这些裕度时间是指在完成生产现场的工作时所必要的时间,是作为"无法避免的延迟"的补偿时间。

其中,职场裕度,是指为了管理运营职场而产生的延迟,包括早会、会议、清扫、职场指导等。作业裕度,是指在执行作业时发生的不可避免的延迟,指的是与作业直接相关的无规律动作,包括设备的点检、调整、定时检查(参阅5.10节)、核对图样等。生理裕

---

* 标准时间中不包含的间接时间:代表性的例子包括公司的例行事宜、停电、教育、出差、接待来客、盘点库存等时间。

2.10 增加直接时间

度，是指疲劳以外的生理需求带来的延迟，包括去厕所、擦汗、喝水等。疲劳裕度，是指由于疲劳导致的工作速度的降低，以及为了缓解肉体、精神上的疲劳而产生的延迟，包括休息和短暂的歇息等。

换言之，这些裕度时间并不是真正的"裕度时间"，而是指为了完成工作所必需的被认可的时间。

因此，在推进高效率、经济性生产的基础上，生产现场的负责人为了增加直接时间，不仅要调整裕度的时间，还要调整全部的间接时间，全力提升效率，从而提升直接时间率。

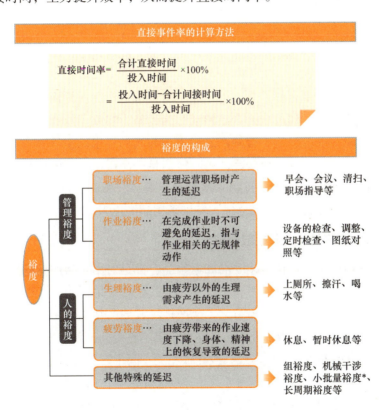

* 小批量裕度：因为数量较小无法维持正常作业的基础而需要留出修补延迟的裕度。

2.11 掌握不合格产品的发生原因并采取对策

随着不合格产品的出现，生产现场需要花费各种工时来弥补，从而导致生产率出现下降。生产现场的负责人为了不生产不适合产品，要与相关部门开展合作互助，并在事前采取相应的对策。

▶▶ 1. 不合格产品是什么

在某个工序中生产的产品，并不是全部都是良品。在生产中，有时会生产出不符合产品质量要求的产品，此时这个产品被称为**不合格产品**。

对于这些不合格产品，为了满足所要求的产品质量而实施适当处理，并将其制作成合格产品活动称为**返修**，实施了返修的产品称为**返修品**。此外，将不合格产品变更为与当初要求的质量要求不同的产品，称之为**让步接受品**。将不能满足产品质量要求的产品称为**不良品**。除此之外还有特别采用品（特采品，参阅3.15节）。这些不良品、返修品、让步接受品、特别采用品统称为不合格产品。

▶▶ 2. 找出真正的原因并采取对策

特别采用品、让步接受品和返修品，都是对不合格产品的有效补救手段。但是，对于不合格产品，会产生特别采用手续、让步接受、返修等新的业务。换言之，生产现场开展的特别采用手续、让步接受、返修，是为了处理不良品而不得不花费的计划外工时*，这将影响自己的车间、生产线，或导致相关车间生产率的恶化。

因不合格产品的发生而导致生产率恶化的具体内容有以下4点：①制造不合格产品本身的浪费；②暂时保管不合格产品的浪费；

---

* 工时：表示工作量及工作能力（时间）的单位。也使用在生产某些数量产品所需要的时间。

2.11 掌握不合格产品的发生原因并采取对策

③调查不合格产品的产生原因并采取对策的浪费；④处理不合格产品所带来的浪费。

生产现场的负责人为减少上述阻碍生产率提升的主要原因（参阅 2.4 节）和不合格产品的发生，要与相关部门进行合作互助，共同掌握及验证生产不合格产品的真正原因，实施根本对策与质量改善（参阅 3.16 节）等，将不合格产品的发生防患于未然。

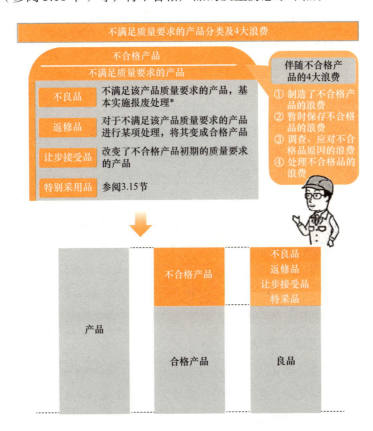

———

* 报废处理：当天发生的不良品在当天进行彻底处理。防止随着时间的推移，记忆会越来越模糊而导致无法采取正确的对策。

2.12 通过工序分析减少损失

生产现场的负责人一边与相关部门进行合作互助,一边将改善对象的工序用记号和图进行可视化,积极推进对其中潜在的损失进行调查和分析,并结合改善的工序分析,将其变成高效率的车间。

▶▶ 1. 工序分析是什么

工序分析(Process Analysis)是指对生产对象物成为产品的过程、作业人员和物品的移动等计划和生产活动整体的现状进行调查和分析,并结合改善的方法。这些工序分析,通过调查各个要素工序[*],如右图中图形符号所示,将工序中潜在的损失转变成看得见的形式进行分析,找出改善的线索并采取相应的对策,使之成为更好的工序并推广使用。这里使用的工序图符号是在 JIS Z 8206《工序图符号》中所规定的,大致分为使形状性质发生变化的加工工序,使位置产生变化的搬运工序,表示储存或滞留(参阅4.5节)状态的停滞工序,对数量或质量基准是否合格进行判定的检查工序。

使用这些图形符号的工序分析方法包括为了解产品流程的产品工序分析,为了解作业人员工作流程的作业人员工序分析,为了解原材料和部件流程的单纯工序分析,为了解人、物、设备等基于线图的相关工序分析方法。

▶▶ 2. 工序分析的推进方法

生产现场的负责人为了进行工序分析,与生产技术部门等相关部门进行合作互助,把构成工序的要素工序作为分析对象,按照工序顺序一个一个地挑选出来。当选出要素工序后,接着调查各要素工序的移动距离和时间。这些调查结果用**流程图**(见右图)和**工序**

---

[*] 要素工序:组成工序的加工工序、搬运工序、停滞工序和检查工序的总称。在制造工序分析图时进行使用。

2.12 通过工序分析减少损失

分析图（见下图）来表示，使这些关系可视化。然后分析哪些工序隐藏着损失，制定应对损失的对策，用流程图和工序分析图模拟*并确认效果后，可以与实际的改善活动联系起来。

此外，如组装作业等在工序内出现很多分支和合流的复杂工序用工序图表示时，下图所展示的流程图更容易展现，而且视觉上也更容易理解，因此被广泛使用。

工序图符号

No.	要素工序	符号名称	符号	内容
1	加工	加工	○	使形状、性质发生变化
2	搬运	搬运	○	使位置发生变化
3	停滞	储存	▽	表示储存或滞留状态
4		滞留	D	
5	检查	数量检查	□	判定是否符合数量和质量标准
6		质量检查	◇	

流程图示例

※ 叉 表示由叉车搬运
手 表示由人工搬运

出自《了解生产管理的工作》（同文馆出版）

工序分析图示例

配件名	配件编号				年 月 日		
缩略图	要素工序	加工	搬运	储存	滞留	数量检查	质量检查
	次数						
	占总次数的比例(%)						
	所需时间/min						
	占总时间的比例(%)						
	距离/m						
工程内容说明	距离/m	时间/min	工序顺序				
			加工	搬运	储存	滞留	数量检查	质量检查
			○	⇨	▽	D	□	◇
			○	⇨	▽	D	□	◇
			○	⇨	▽	D	□	◇
小计	距离/m	次数 时间						

出自JIS Z 8206《工序图符号》参考图2

---

* 模拟（Simulation）：针对某个模型导入相应的条件，模拟其会如何变化。

2.13 使用人机图提升生产率

将作业人员与设备之间的动向关系用可视化的形式表现出来的就是人机图。通过制作此图可使生产现场的负责人对作业人员的动向进行可视化，减少等待时间并提升效率。所以，灵活利用人机图是非常重要的。

▶▶ 1. 人机图是什么

人机图也被称为标准作业组合表，是为了使作业人员能够高效、无困难地使用多台设备（参阅 2.9 节）并负责多道工序（参阅 2.9 节），为了设备的自动时间与作业人员的动作进行高效的结合，为了提升生产效率而制作的图表（见右图）。通过制作人机图可以把作业人员的动作与等待时间（参阅 5.13 节）等状况进行可视化。

▶▶ 2. 人机图的制作方法

生产现场的负责人在单独制作或与相关部门进行合作互助制作人机图时，一般是从挑选组合对象的设备和工作开始。接着，从标准作业票（参阅 5.3 节）中计算设备的自动时间及工件的安装、拆卸等人工作业时间。并且，从设备间和工程间的距离来计算作业人员的步行时间。然后按照作业内容的顺序，从上层开始将人工作业时间、自动时间填写进标准作业组合表。具体而言，人工作业时间按所需时间横向用实线记录，自动时间用虚线记录，移动到第二段作业的步行时间以第一段的人工作业的结束时间为起点，在斜右下方用波浪线或虚线（在右图中为虚线）进行填写，然后用实线和虚线填写第二段的人工作业时间和自动时间。在达到生产节拍*之前重复填写，在确认到达生产节拍且不发生等待时间后，转移到其他作业人员的标准作业组合表的制作中，依次制作直到最终工序。

* 生产节拍：为了生产要求数量的完成品所需要的时间间隔，有时也称为节拍时间（参阅 2.15 节）。

2.13 使用人机图提升生产率

在标准作业组合表中，在作业人员结束该工序的作业并准备进入下一个作业循环前，如果该设备还处于运作的情况，则会发生作业人员的等待时间，因此返修和改善作业内容是很有必要的。生产现场的负责人要处理这段等待时间，例如，改善设备的动作内容和动作速度来减少等待时间，或通过与其他作业相结合来共同作业的方式提升生产效率，并提升该生产现场的生产率。

如下图所示，当作业人员在取原材料时，第2项设备L—0001的加工已经完成，那么此种组合的方式会使等待时间变为0。如果第2项设备还在加工，就会发生等待*，所以采用上述对策是十分必要的。

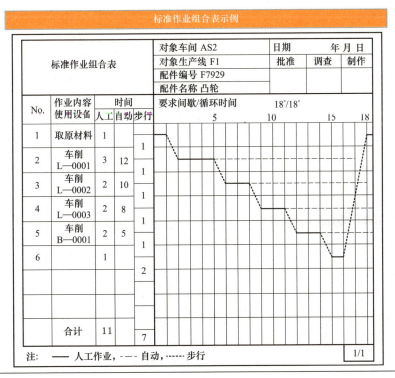

* 等待：因为前道工序的产品还没有到达，或因为机器还在运作中导致无法进行加工等原因，作业人员无法开始自己的作业而处于等待的状态。

2.14 构建高效的布局

高效、经济性生产的基础条件之一是生产线和装置等的布局，生产现场的负责人要与相关部门共同进行合作互助，通过 SLP（系统布局规划）方法和布局改善等实践方式，使这些布局更加合理且易于开展工作。

▶▶ 1. SLP 方法是什么

SLP 方法是工厂内或生产线内的设备配置等布局的组合方式之一，会对产品的 QCD 产生很大的影响。换言之，布局编排方法的巧妙或拙劣，会影响生产对象的流向和作业人员的动作。而且，大型设备的布局一旦安装完毕，之后再要移动就需要花费很多时间和费用，也不可能花费较少的费用就在一朝一夕之间进行改善。

为将上述事项防患于未然并提升产品竞争力，要将工厂内的建筑物、设备、装置等配置最优化，为了能够进行合理的搬运和移动，探讨并构建高效率的布局是非常重要的。因此，为满足上述需求列举出了 SLP 方法。

这个 SLP 方法是 Systematic Layout Planning 的缩写，是一种为了构建合理布局的方法。

▶▶ 2. SLP 方法的推进方式

生产现场的负责人与相关部门合作并共同推进 SLP 方法时，一般来说会按照 7 个步骤推进，如右图所示。

这 7 个步骤具体包括：①明确对象产品的种类与量之间的关系，实施 P-Q 分析（参阅 4.13 节）确定直线形生产线[*]或 U 形生产线[*]等布局的基本方式[*]；②分析各个要素之间物品的流向与作业人员的动作；③客观评价各个要素之间的相近性与关联性；④制作产品的流向

---

[*] 直线形生产线：为了生产某个产品所必要的设备群和工序顺序按照直线状进行配置的生产线的称呼。

[*] U 形生产线：上述设备群以 U 字形进行配置的生产线的称呼。

[*] 布局的基本方式：主要分为作业形布局和流量形布局。流量形布局又有直线形、U 形、二字形、大部屋形、单元生产形等种类。

2.14 构建高效的布局

与各个要素之间的相互关联图，将作业人员的动作最优化；⑤调查用地内可利用的空间和各个要素所需的空间；⑥在流程要素相互关联图中添加空间的条件，探讨图样等表现出来后的可行性；⑦考虑实施上的制约条件，制作更好的替代方案，评价、确定并实施最终的布局。

但是，在替代方案的制作和具体实施之前，生产现场的负责人要在自己所负责的车间对探讨内容进行详细的说明，站在生产现场的角度听取意见和要求，一边采取优良对策一边实施，这是非常重要的。

此外，为了进行更高效率、更经济的生产，修正、改善现在的布局被称作布局改善。在布局改善之际，以生产现场的负责人为中心，反应该生产现场的创意，将车间改善成易于工作的场所，这在企业竞争方面是尤为重要的。

2.15 缩短瓶颈工序的周期

生产现场的负责人为了能更加高效、经济地推进生产，缩短已经成为生产阻碍的瓶颈工序的周期是非常重要的。缩短瓶颈工序的周期就可以实现提升生产线的编排效率，那么用极少的人员和工序数量来生产的方式也会成为可能。

▶▶ 1. 周期和单件产品生产时间

周期（Cycle Time：C/T）是指产品从该工序或者生产线生产出来所需要的时间间隔，也是在一系列的作业或工作当中必要的时间。有时也可以称为流量时间，或者是周期时间。

另一方面，与周期相似的概念是节拍时间（Tact Time）。节拍时间被称为某个产品在规定时间内一定要生产出来的所需要时间。决定这个时间的是后道工序和顾客的生产要求量，所以也叫作生产节拍（参阅 2.13 节）。

要按照顾客需求来完成生产，周期时间必须要比节拍时间更短。如果出现周期时间更长的情况，就需要实施各种改善、加班、增强设备能力、委托外包*等，事先做好生产能力的补充和增强。

▶▶ 2. 尽量均衡化各工序的周期和减少工序数量

根据各道工序的周期长短，生产线内的工作有流畅之处，也会出现缓慢之处。对于生产线而言，周期时间最长的工序决定了这条生产线的生产能力。我们称这个生产周期最长的工序为瓶颈工序。这些瓶颈工序会让生产线的编排效率降低（参阅 5.12 节），还会成为生产在制品（参阅 4.9 节）的温床。因此，要把各个工序尤其是

---

* 外包（Subcontract）：自己公司设计图样和规格，委托外部企业进行加工或组装的生产方式。

2.15 缩短瓶颈工序的周期

瓶颈工序的周期缩短，减少与最短工序之间的偏差，实现均衡化，使生产线内的工作更流畅和高效。

为了实现这个目的，生产现场的负责人要与各部门工作人员进行合作，共同进行作业研究（参阅5.2节），或者使用同时化加工*、工序分配（参阅5.15节）等方法对瓶颈工序的周期进行缩短，各个部门的周期尽全力进行均衡化，使编排效率提升，尽量使用更少的人员（少人化，参阅5.12节）和工序数来生产。

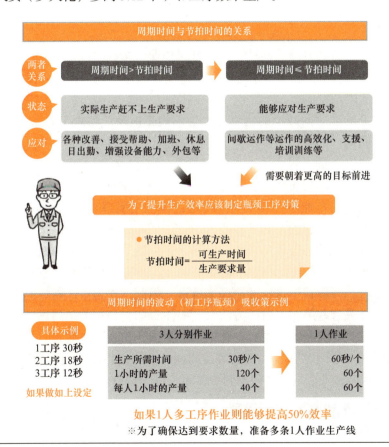

* 同时化加工：采用组合钻头或者多轴头等方法实现同时进行多方面的加工。

2.16 推进缩短工时

为了能让产品竞争力有所提升，以更低的成本生产出所要求的产品成了关键所在。为了实现它，生产现场的负责人需要结合各相关部门共同进行合作互助推进改善作业等不花费庞大费用的方法来缩短工时，从而降低制造成本，这是非常重要的。

1. 缩短工时

缩短工时（Decreasing of Work Time），是指通过改变对象产品的设计或者各种改善活动，以及基于作业人员的熟练度来减少标准时间（参阅5.5节）的设定值，从而实现以尽量少的时间来创造出更高的附加价值。

把标准时间减少的比率称之为**缩短工时率**。缩短工时率越大，就表明此产品能用更少的标准时间去生产，换言之就是可以更低成本地制造产品。

生产现场的负责人在进行缩短工时的工作时，从企业经营的角度而言，尽可能不用花费庞大费用的方法去实现它是非常重要的。为了实现这个目的，和其他改善的方法一样，基本按照以下顺序推进：①根据作业改善（参阅5.14节）来缩短工时；②根据工法改善（参阅2.17节）来缩短工时；③根据设备改善（参阅6.18节）来缩短工时。一般根据这样的顺序来推进。因此，作为生产现场的负责人在推进这些缩短工时的方法时，要注意如何与相关部门进行合作互助，关键点是消除没有创造附加价值的工作。具体而言，减少切换时间（参阅5.7节）、消除等待时间（参阅5.13节）、取消更换零件和换装作业、取消去除毛刺（参阅3.16节）作业等。

2. 通过生产提升率进行管理

即使在生产相同数量产品的情况下，由于实施了缩短工时，由

2.16 推进缩短工时

于减少了生产数量,计算上的生产率就会下降。这里所说的计算上的生产率下降,是因为通过实施缩短工时,虽然单位时间的产量提升了,但是生产率的计算值却降低了。因此,为了消除这些矛盾,提升生产现场员工的积极性*,越来越多的公司采用了**生产提升率**这种方法来进行管理。

这里所指的生产提升率一般可以用下图所示的公式来计算。从这个公式也可以了解到,生产提升率是通过前期和本月的生产率以及工时降低率就能计算。这些生产提升率也有劳动生产提升率和产品生产提升率两种分开使用的情况(计算方法见下图)。

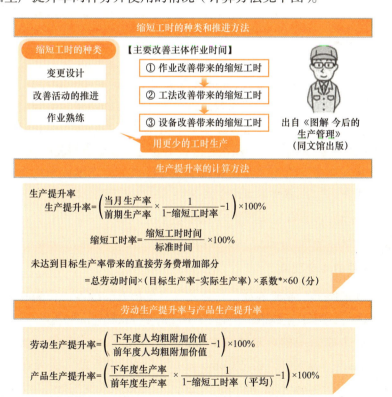

出自《图解 今后的生产管理》(同文馆出版)

生产提升率
$$\text{生产提升率} = \left(\frac{\text{当月生产率}}{\text{前期生产率}} \times \frac{1}{1-\text{缩短工时率}} - 1 \right) \times 100\%$$

$$\text{缩短工时率} = \frac{\text{缩短工时时间}}{\text{标准时间}} \times 100\%$$

未达到目标生产率带来的直接劳务费增加部分
= 总劳动时间 ×(目标生产率 - 实际生产率)× 系数* × 60(分)

劳动生产提升率与产品生产提升率

$$\text{劳动生产提升率} = \left(\frac{\text{下年度人均粗附加价值}}{\text{前年度人均粗附加价值}} - 1 \right) \times 100\%$$

$$\text{产品生产提升率} = \left(\frac{\text{下年度生产率}}{\text{前年度生产率}} \times \frac{1}{1-\text{缩短工时率(平均)}} - 1 \right) \times 100\%$$

* 积极性(Motivation):干劲,欲望。

* 系数:这里指的是每分钟的加工费单价,是指按产品、工厂、生产线、工序等的加工费除以相应的产品、工厂、生产线、工序的总工作时间(分)的值。根据企业不同,也有被称为计算费率(Charge Rate)的。

2.17 推进改善活动

为提升产品的 QCD，生产现场的负责人不能满于现状，时刻以改善的着眼点为出发点，先行一步地进行改善活动，不仅要与工作人员合作，还要与相关部门进行合作互助，坚持不懈地推进改善活动是非常重要的。

▶▶ 1. 改善活动是什么

所谓改善，是指发现正在进行的作业在做法上的问题点，找出更好的方法来改变现在正使用的方法。这个改善不仅仅存在于个人层面，也渗透到组织层面，这就是改善活动。

改善活动的基础是致力于改善 QCD（参阅 1.11 节）中的瓶颈工序（参阅 2.15 节）。改善的推进方法*和降低工时（参阅 2.16 节）的推进方法是一样，按照作业改善、工法改善的顺序，最后结合设备改善进行推进。实施了改善之后，又发现新的问题，并进行进一步的改善，也就是说，不断推进改善活动是非常重要的关键点。

这些改善在汽车产业等领域中盛行已久。在丰田汽车内部，这是构成丰田生产方式的 4 个手段 8 种方式（参阅 1.24 节）中的 1 种方式。而且，随着丰田汽车的飞速发展，"改善"也变得有名，说其已经具有国际共同语言的地位也不为过。

▶▶ 2. 改善的 4 个观点

以工序、作业或者动作作为改善对象提取问题点，作为改善的方法之一，被称为 ECRS 原则（Principle of Improvement）。

这个原则中的 E 是英语 Eliminate（排除）的首字母，意思是"能否消除"。同样，C 是 Combine（结合），意思是"能否合并"，"R"是 Rearrange（重新排列），意思是"能否改变顺序"，"S"是

---

* 改善的推进方法：在问题点明确的情况下，除了通过上图所示来进行推进，还可以通过以下方式推进：①分析现状用的录像（参阅 6.16 节）；②从作业人员和设备中提炼出浪费；③消除浪费（参阅 1.22 节）；④确认效果；⑤横向展开或暂停等步骤。

2.17 推进改善活动

Simplify（简单化），意思是"能否简化"。从各个具体的视角而言，"E"是通过返修作业等来彻底消除浪费，"C"是像智能手机那样将多个功能集约化，"R"是指更换现在正在进行的作业、工序或者设备配置等，"S"是指通过减少多个功能的情况实现作业的简单化等。

为了提升产品的QCD，生产现场的负责人要不满足于现状，经常以改善为着眼点，向前一步推进改善活动是非常重要的。其中，"E"的排除是能取得最大效果的，因此生产现场的负责人要与相关部门进行合作互助，以"减少○○"为核心，有组织性地进行改善活动是非常重要的。

此外，为了避免在改善结果中出现新的等待（参阅2.13节）以及成果无关联的情况发生，在改善实施前预先探讨效果也是非常重要。

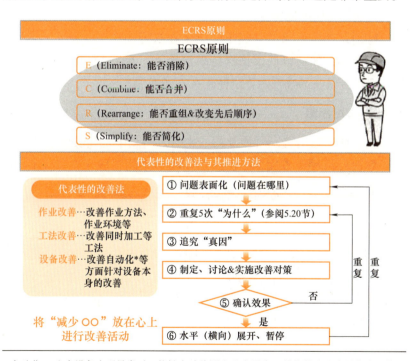

* 自动化：生产设备出现异常时，能够自动检测出这个异常，并能够让生产设备自己停止的自动停止装置，是丰田生产方式的4个手段（参阅1.24节）之一。

2.18 推进成本改善

为了提升产品竞争力,不仅在公司内部,还包括供应商在内,广泛实施成本改善,已经成为企业竞争力的源泉。生产现场的负责人要提升生产率,实现目标成本,并在此基础上实施成本改善。

▶▶ 1. 成本改善是什么

价格是决定产品竞争力强弱的重要因素。在产品功能(参阅2.19节)相同的情况下,价格便宜的产品更畅销是理所当然的事。因此,各企业为了降低产品的价格,通过各种活动努力降低制造成本(参阅1.9节)。像这样通过各种各样的活动来降低制造成本的活动,一般称为成本改善。

特别是在制造商的立场下,为了在激烈的全行业竞争中胜出,提高生产率,如何以低价格保持附加价值(参阅2.5节)成为胜负的关键,所以成本改善的重要性正在不断增加。

▶▶ 2. 推进 VA 提案

生产现场的负责人所涉及的成本改善活动中,代表性的活动有生产率提升活动(参阅2.4节)、VA/VE(参阅2.19节)提案活动、基于 IE 分析(参阅2.19节)的改善活动等。

作为代表性活动的 VA 提案,是针对目前正在生产的产品进行以下几点思考:①材料是否有效使用;②是否可以使用更便宜的材料进行替换;③是否可以使用更便宜的工艺来制作;④是否有更便宜的采购方式。使用如右页所示的表进行探讨并重新评估,可以寻找改善的头绪。

企业广泛使用把作为活动成果在生产现场得到的 VA 提案使用技术联系单兼图样变更委托书(参阅6.21节)这样的形式让设计部

门和生产工艺部门判定是否采用的方法。该提案内容由设计部门和生产工艺部门等进行讨论，结果判定为采用时，图样和施工方法等会发生变更，并反映到实际生产中。

另外，供应商（参阅 2.20 节）等也在实施 VA 提案，供应商从专业的角度提出提案。这种情况很多企业一般通过采购部门向设计部门和生产工艺部门等相关部门提出方案。

生产现场的负责人为了实现目标成本*，除了要推进包括作业人员在内的日常业务之外，还要积极推进 VA 提案活动。为了有效提取影响直接材料费（参阅 1.9 节）等 VA 项目，需要与相关部门进行合作互助，按对象经费项目制作及运用下述检查清单，实际进行改善。

由VA法带来的直接材料费消减研讨表示例

直接材料费消减研讨表示例

区分	研讨、重修项目	改善方案	研讨结果		备注
			效果	采用时间	
【对象配件】××××××××××× 【提高价值的要素】成本 【对象费用】直接材料费	是否高效地使用材料	提高材料成品率			
		有效利用边材			
		提高涂料成品率			
		减少加工不良			
	是否能替换成更低价的材料	使用可循环材料			
		将高价的合金钢换成低价的碳素钢			
		将高价的铸钢品换成低价的铸铁品			
		与别的企业用同样材料			
	能否用更经济的工法制作	从锻造改为冲压加工			
		从切削加工转向铸件、塑料成型品			
		使用适宜加工方法的形状			
	是否有以更低价格购入的方法	由订单购买转向批发			
		在附加值低时购入			
		网络团购			

出自《以高品质、低成本、短交付期为目标的"入门"外包管理》（KANKI出版）有改动

＊目标成本：针对某产品或工序设定成为目标的成本。在生产现场，为了方便理解一般使用工时和工数的情况居多。

2.19 运用 VA/VE 等方法

VA/VE、IE 等方法是实现高效、经济生产必不可缺的工具，通过有组织地实施这些方法，可以获得更大的成果。

▶▶ 1. VA/VE 是什么

VA/VE 是 VA 和 VE 各种方法的总称。

VA 是 Value Analysis 的简称，被称为价值分析。具体而言是指针对产品或服务所必需的功能，在不改变其功能的前提下寻找成本较低的替代方案，从而提升产品价值的方法。

VE 是 Value Engineering 的简称，被称为价值工程。具体而言是指将产品或服务的"价值"定义为"功能"与"成本"之间的关系（见右图），通过右图的公式提升其价值的方法。

另外，IE 是 Industrial Engineering（工业工程）的简称，也被称为经营工程学。具体而言，IE 分析*是指通过提升作业的生产率、降低劳务费来降低制造成本（参阅 1.9 节），从而实现创造利润的经营目的，经营资源最适合化的设计、运用、控制的工程学技术和技法。

▶▶ 2. 如何有效运用各个方法

生产现场的负责人要将这些方法运用到自己的业务中，提升所负责产品的 QCD，为创造企业的利润做出贡献。为此，首先自己尝试着使用如右图所示的各种方法进行实践，加深对各个方法的理解，不断提高自己的技术能力。

即使自己的公司目前还没有实践这些方法，在很多情况下也可以某种方式来实践这些方法，起初也不必具有很高的水平，在自己的业务中尝试着使用这些方法来逐一解决问题，一边体验它的有效性一边提升自己的实力是非常重要的。与此同时，将已解决的问

---

* IE 分析：通过利用 IE 的 7 个工具分析工序和作业并找出问题点（改善点）。这里一般将工序分析、运转分析、动作研究（分析）、时间研究（分析）、MH（参阅 4.16 节）、工厂布局、工序改善统称为 IE 的 7 大工具。

2.19 运用 VA/VE 等方法

题通过报告的形式总结对策和效果，将其提交给上司，再分发给相关部门等，传播该方法的名称和其有效性。

像这样结合技术积累、成果的可视化和其广泛的应用，通过不断地宣传各个方法的有效性并且有组织的实施，逐渐巩固各个方法的地位是生产现场的负责人引入并固化方法的关键点。通过这种推广方式就可以在组织层面实现更大的成果。

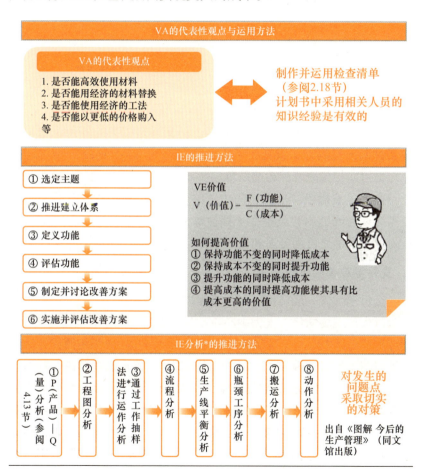

2.20 推进交付期改善

交付期延迟的问题，不仅是生产现场，也有可能是相关部门的原因造成的。话虽如此，以生产现场的负责人为中心，将相关部门联合起来进行全公司层面的解决对策和结构改善，防止交付期延迟的问题发生是非常重要的。

1. 交付期改善是什么

在进行制造的过程中，可能会发生交付期（参阅 1.11 节）相关的问题。为了避免与交付期相关的各种问题发生，为了缩短生产周期时间（参阅 5.6 节）而进行的改善活动被称为**交付期改善**。换言之，所谓的交付期改善是指解决与产品交付期相关的各种课题，不使交付期出现延迟，或者为了提升生产的灵活性*而缩短交付时间等与交付期相关改善活动的总称。

在上述缩短生产周期时间中，关于缩短与生产现场关系密切的生产周期时间的内容设置在了其他章节（参阅 5.6 节），在这里只叙述为了不发生交付期延迟和生产率降低的改善相关内容。

2. 交付期改善的推进方法

交付期改善一般会按照以下步骤进行推进。

以生产现场的负责人为中心拉动相关部门，具体的推进方式为：①首先找出过去引起交付期延迟的原因；②将这些原因按照优先级制作排列图（参阅 3.19 节）；③找出改善课题，确定课题后进入具体活动；④查明交付期延迟的真正原因；⑤探讨、制定对策方案；⑥实施对策方案；⑦进行试生产；⑧确认效果，针对不合格的点回到④查明真正原因、再次探讨制定对策方案。对于实施对策方案的结果，在确认其有效性后；⑨向组织进行反馈（参阅 1.14 节）；⑩实际运用，力

---

* 生产的灵活性：对于突然发生的需求变动（参阅 6.4 节）等，对生产产品的转变能敏捷应对的程度。

2.20 推进交付期改善

求落实固化。除此之外，如果在其他车间也存在类似问题的情况，在那边的车间也要水平（横向）展开（参阅 1.24 节），这一点非常重要。

这里需要注意的是交付期延迟的原因不仅在生产现场，也有联络不充分、采购零件未交付等公司内部的上游部门和供应商*方面的原因。因此，生产现场的负责人在推进交付期改善时，其改善小组不仅仅是生产部门中的生产技术部门和采购部门等负责采购的部门，设计部门的代表等相关人员也要加入到成员中，作为全公司的活动进行推进是非常重要的。

同时，交付期改善的核心点在于不只考虑一时的对策，还要反馈到组织中，谋求落实化和防止再次发生。

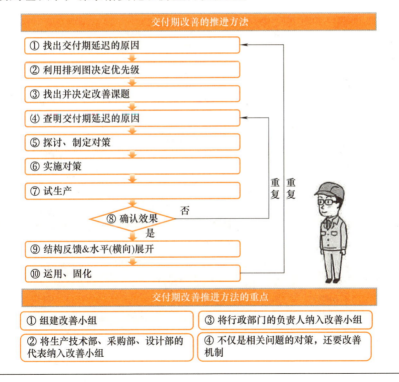

* 供应商（supplier）：指提供零部件的供应商。

生产现场负责人进行生产率管理的关键

　　日本步入少子高龄化社会，劳动年龄人口日趋减少。其中，从日本总务省劳动力调查的长期时间数列数据来分析，制造业就业人数在1992年（平成4年）10月的1603万人达到峰值，2005年（平成17年）4月为1105万人，与峰值相比减少了约500万人。之后在2012年（平成24年）12月为998万人，时隔51年再次跌破1000万人。因此，近年来陷入慢性劳动力不足的企业正在增加。

　　为了应对这些现状，要求在生产现场改变以往增加的和既定的工作推进方式和规则，以省去无用的工作，实现少人化生产，生产现场的负责人所发挥的作用正越来越大。

　　换言之，生产现场的负责人做好生产率管理，按照生产计划切实的进行生产是非常重要的。具体而言，生产现场的负责人决定重点管理项目，力求日均产量和生产能力的稳定和提升，使生产提升率（参阅2.16节）不断上升是非常重要的。

　　为了日均产量和生产效率的稳定和提升，生产现场的负责人应检查当天的产量和生产效率，把握阻碍因素并逐个认真提出对策，经验积累是非常关键的。其中，在发现每日的产量和生产率都出现偏差的情况时，重点是能够判断是因为由于机器小停机或设备发生故障等原因，从而导致无法顺利生产并进行批量生产的可能性。在此基础上，生产现场的负责人缩减生产批量，推进小批量生产（参阅4.4节）也是非常重要的。为此，缩短切换时间，使自己所负责的工作岗位的生产体制变得灵活也是不可或缺的。并且，如果每天的生产率得以提升并处于稳定状态，则可实施工时（参阅2.16节）的降低。这样便能提升本年度的生产提升率（参阅2.16节），从而构建强大的生产体质。

　　作为负责生产现场的负责人必须时刻谨记上述内容，从平时开始思考以较少的人数进行高效、经济的生产的方案并付诸实践，以此响应经营团队的期待，为企业业绩的提升做出贡献。

第3章

生产现场负责人的质量管理

制造业向客户提供的产品，其质量级别要保持在一定水准之上。产品的质量良好是理所当然的。因为，万一有不合格的产品流入市场，不论是何种理由，长年累积的信用和信任都会毁于一旦，其结果也可能危及企业的生存。从上述来看，为了推进生产活动并制造出"良好产品"的管理，也就是所谓的质量管理是必不可缺的。

因此，在本章介绍为了将交付不良或顾客投诉等情况防患于未然，生产现场的负责人要事先知晓质量管理的基础知识，为了尽力阻止不合格产品的发生和流出，生产现场的负责人必须在日常推进各种管理方法，以及推进可以提升公司产品或服务等质量的改善方法。

3.1 质量管理是什么

质量管理有广义和狭义两种，在生产现场所涉及的质量管理中，狭义的质量管理的权重逐渐增高。其中因为合格质量的管理权重增高，生产现场的负责人必须用心生产所负责的产品。

1. 什么是质量管理

质量管理分为广义和狭义两种。

广义的质量管理是指作为管理而言的质量管理，被称为**质量管理**（Quality Management）。JIS（参阅 2.6 节）中定义为"以满足质量要求事项为焦点的质量管理的一部分"。另一方面，狭义的质量管理是指作为控制的**质量控制**（Quality Control），JIS 中定义为"构成质量保证行为的一部分，是为了预先确认零件和系统是否满足规定要求的行为"。

虽然 JIS 定义了广义和狭义的质量管理，但是在生产现场涉及的质量管理中，狭义的质量管理占比越来越高。

2. 质量优良是理所当然的事

在日本制造业中，制造的原点在于"质量至上"，有很多企业将其作为企业理念和经营理念（参阅 1.14 节）。换言之，自身提供的产品和服务的**质量**[*]一定要达到一定水准以上，这是开展企业活动的原点。但是，也有很多企业在市场上发生了预想不到的质量问题，瞬间失去了顾客的信用和信任。

从这些事情中不难了解，抱有对产品的质量力求完美的信念去进行生产线制造和物品制造是非常重要的。

产品的质量如右页所示分为**设计质量**和**合格质量**两种。生产现

---

[*] 质量：某产品所具备的特性达到所要求的规格的程度。

3.1 质量管理是什么

场涉及的质量中,合格质量的管理权重不断变高。合格质量以"在工序中创造"为基本。设计质量和合格质量也分别称为目标质量和做工质量,是生产现场非常熟悉的语言。

对消费者而言,质量良好是理所当然的事。因此,生产现场的负责人必须在可以持续满足消费者需求的产品的生产上发挥作用。为此,与作业人员和相关部门合作互助,保证自己所负责的产品的质量管理在一定水准以上是非常重要的。

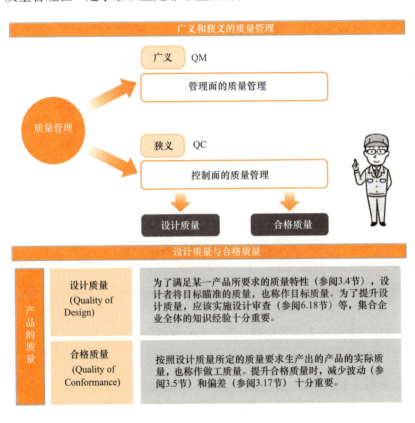

	广义和狭义的质量管理	
质量管理	广义 QM	管理面的质量管理
	狭义 QC	控制面的质量管理 → 设计质量、合格质量

产品的质量	设计质量与合格质量	
产品的质量	设计质量 (Quality of Design)	为了满足某一产品所要求的质量特性(参阅3.4节),设计者将目标瞄准的质量,也称作目标质量。为了提升设计质量,应该实施设计审查(参阅6.18节)等,集合企业全体的知识经验十分重要。
	合格质量 (Quality of Conformance)	按照设计质量所定的质量要求生产出的产品的实际质量,也称作做工质量。提升合格质量时,减少波动(参阅3.5节)和偏差(参阅3.17节)十分重要。

3.2 了解控制图的种类并运用于管理中

为管理产品的产品质量,在生产现场实际使用的控制图有很多种类型。生产现场的负责人须了解这些控制图的种类和意义,根据其使用目的准确区分使用,并灵活运用在自己所负责的业务中,从而提升管理精度,这一点是非常重要的。

▶▶ 1. 控制图是什么

所谓控制图(Control Chart),是指用计量值或计数值对物品的特性进行捕捉后,用连续性的图表来表示,与控制极限(Control Limit,CL)进行比较,是为了能够管理工序而创意的图。换言之控制图是为了确保该产品所要求的质量特性,将质量状况进行可视化并纳入允许范围的工具,同时也是生产质量的记录。

因此,在控制图中,要做出两条线,即通常被称为UCL[*]的上侧控制极限线,及被称为LCL[*]的下侧控制极限线,或者任意一条控制极限线,以及在必要时为了便于控制的中心线。

这些控制图在将产品特性的计量值或计数值记入到控制图或巡检时,与控制极限进行比较,判断这些值是否在控制极限内(JIS Z9020-2:2016[*]中有详细规定)。具体而言,如果这些值在控制极限内,则判断其产品质量(参阅3.1节)稳定并可以继续作业。相反,如果这些值超出了控制极限,那么在采取对策使其之后生产的产品进入控制范围内的同时,对该产品等进行适当的处理也是非常重要的。

▶▶ 2. 控制图的种类

作为被广泛使用的控制图,有如右页所列举的种类。在右页的图表中,列出了各种控制图的名称和 JIS Z8101-2:1999 的定义及备

[*] UCL:Upper Control Limit 的简称,是指上侧的控制极限线。
[*] LCL:Lower Control Limit 的简称,是指下侧的控制极限线。
[*] JIS Z9020-2:2016:《控制图 第2部分:休哈特控制图》。JIS Z9021 已经废止。

3.2 了解控制图的种类并运用于管理中

注。生产现场的负责人以这些为参考，选择适合对象产品特性的控制图，应用到所负责业务中，确保产品的质量是非常重要的。

为此，生产现场的负责人针对各种控制图，需要事先理解，并且无论是哪种图都要知道如何去做控制，这是非常重要的。

控制图的种类与定义	
名称	JIS Z8101-2: 1999的定义
$\bar{X}$控制图	利用群的平均值评估群间差异的控制图 **备注** 亦称作平均值控制图
中位数控制图	利用群的中位数*评估群间差异的控制图
X控制图	利用各样本的观测值评估工序的控制图 **备注** 亦称作个别数据控制图
R控制图	利用群的范围评估工序方差*的控制图 **备注** 亦称作范围控制图
s控制图	利用群的标准偏差(参阅3.5节) 评估工序方差的控制图 **备注** 亦称作标准偏差的控制图
p控制图	利用不合格产品数与群大小的比例评估工序的控制图 **备注** 亦称作不合格品率控制图。以前称作不良率控制图
np控制图	利用不合格产品数评估工序的控制图。用于群大小确定的情况 **备注** 亦称作不合格品数控制图。以前称作不良个数控制图
c控制图	利用样本中发生的不合格数评估工序的控制图。用于群大小确定的情况 **备注** 亦称作不合格数控制图。以前称作缺点数控制图
u控制图	利用单位样本中发生的不合格数评估工序的控制图 **备注** 亦称作单位不合格数控制图。以前称作单位缺点数控制图
多变量控制图	利用有相互联系的两个以上的特性评估工序的控制图
累计和控制图	利用连续样本统计量与预先设定的参照值的偏差累计和打点的控制图 对于工序平均转变成步状的检测很快。特点是能够容易地推定位移的时间节点和位移量
移动平均控制图	将当前的观测值与N时间点前的观测值进行替换的同时，利用到最新的N时间点为止的观测值的算术平均值评估工序水平的控制图

应对不同目的分别使用不同的控制图十分重要

* 中位数（Median）：中位值，数据从大到小排列时处于中央的数据。
* 方差（variance）：表示数据分散程度的数值。如果方差较小则说明接近平均值的数较多。

3.3 通过工序 FMEA 将质量问题防患于未然

在进入生产准备活动和生产活动之前，要切实地实施工序 FMEA 和 QC 工序表等生产前质量保证活动，力求将预想问题防患于未然是非常重要的。这就要求生产现场的负责人与相关部门进行合作，互助实施活动。

▶▶ 1. 工序 FMEA 是什么

作为生产前质量保证活动*的代表，可以列举工序 FMEA 的实施和 QC 工序表（参阅 3.4 节）的制作及运用。

这里所谓的工序 FMEA，是指针对作业和管理中的流程要素进行工序相关的 FMEA（Fault Mode and Effects Analysis 的简称，故障模式及其影响分析）。

工序 FMEA 是使用于工序设计和工序改善时，探求生产工序中故障发生的原因和其机理，从而提供保证并防患于未然。具体而言，如右图所示，对故障模式的发生频率、严重程度和检测难易度进行评价，计算出危险优先数（计算方法见右图），按照对策的优先级推进对策，防止预想的故障发生。

以生产现场的负责人为首，生产部门的负责人对自己所涉及的生产系统等与相关部门联合实施工序 FMEA 并实施修改，将质量管理项目融入 QC 工序表和工序检查基准表（参阅 3.4 节）中进行严格的管理，并要求在发生故障之前，从危险优先数高的项目开始依次研究对策。此外，对于已经发生的故障运用 PDPC 法（参阅 3.19 节）是非常有效的。

▶▶ 2. 工序 FMEA 的实施效果

通过实施工序 FMEA，能够定量地提取出对某个产品产生不良

---

* 生产前质量保证活动：在产品生产准备阶段甚至是试生产的阶段等，事前确认相应的制作方法是否充分满足了该产品的质量要求事项的相关科目的活动。

3.3 通过工序 FMEA 将质量问题防患于未然

影响最大的因素。之后，通过从影响最大的因素开始依次对不良因素实施对策，就能够最大限度地减小故障发生带来的影响。

这样，如果能减少某工序的故障发生，就能够提升工序的可靠性和产品的出材率（参阅 2.1 节）。

因此，生产现场的负责人要与相关部门的负责人进行合作互助，针对自己相关的工序彻底贯彻实施工序 FMEA，在遇到大的故障之前采取对危险优先数高的项目对策，在初始阶段就开始防范质量问题的发生是非常重要的。

工序FMEA的账本票据示例

工序FMEA					制作年月日			年　月　日	
					批准	调查		制作	
对象生产线：									
对象配件号：									
编号	工序名	要求质量	故障现象	故障影响	故障原因	评价		危险优先数※	对策内容及处理状况
						频率	严重程度　检测难易度		

※危险优先数＝频率×严重程度×检测难易度

● 发生频率的评分

等级	基准	评分
I	每天发生	5
II	每周1次的频率	4
III	每月1次的频率	3
IV	2-3个月发生1次的频率	2
V	半年发生1次的频率	1

> 不怎么发生的情况将基准期限延长

● 严重程度的评分

等级	基准	评分
I	致命故障	5
II	重大故障	4
III	中等程度故障	3
IV	轻微故障	2
V	没有功能问题	1

● 检测难易度的评分

等级	基准	评分
I	客户都无法检出	5
II	客户检出	4
III	社内检出	3
IV	次工序中检出	2
V	该工序中检出	1

出自《图解 今后的生产管理》（同文馆出版）

3.4 制作与运用 QC 工序表

QC 工序表是生产现场的负责人对所负责产品的质量进行保证和管理不可或缺的一种工具。针对本表的制作和运用，要求对象产品所要求的质量没有不足，并且可以进行适当的管理和运用。

▶▶ 1. QC 工序表是什么

QC 工序表是制造商为了管理和保证产品的质量，针对每个产品分别制作的计划书兼标准书。QC 工序表也被企业称为 QC 工序表、管理工序表、工序管理表、工序检查基准表等，各企业都有自己的精心设计，用图表简洁地展现产品的制造过程和管理方法等。

有了 QC 工序表，一眼就能看明白制造某个产品所必需的工序，从第一道工序到最终工序的制造流程，以及各个工序中应该满足的规格和质量保证的方法等。

因此，只需看 QC 工序表和在表上面的质量记录就能知道这个企业对于质量保证的逻辑和实际运用状态、质量管理能力等。

▶▶ 2. 通过 QC 工序表来保证质量

QC 工序表示例如右页所示。

通过右页可以清晰地了解到，QC 工序表以一览表的形式清楚地显示了生产某个产品所需的工序、所要求的管理项目和质量特性[*]等管理点，以及必要的基准/标准类和检查方法，还有记录各种控制图等的账票类之间的关系。当然，QC 工序表必须与其他基准/标准类保持一致。

换言之，QC 工序表表示了某个产品的质量保证过程，是制造该产品所要求质量没有不足的必不可缺的工具。因此，各个制造商在进行各种监察（参阅 1.26 节）时，都会要求提出检查该产品的 QC 工序表。

---

[*] 质量特性（Quality Characteristic）：构成产品或系统等质量的要素所具有的性质。

3.4 制作与运用 QC 工序表

基于以上的叙述,制造商为了保证产品质量,要求生产现场的负责人与相关部门共同进行合作,互助制作 QC 工序表并适当地进行运用。因此,在运用时,生产现场的负责人要将 QC 工序表以作业标准(参阅 5.3 节)为首的基准/标准类一样,常备在生产现场,必须确保作业人员随时都能看到并确认,最终确保能够彻底管理和保证该产品的质量。

QC工序表示例							
QC工序表		零件号	F7929	名称		凸法兰	
工序号	工序名(工序图)	管理点		管理方法		
^^	^^	管理项目	质量特性	标准类	检查方法	账票类
1	外径旋削	外径	O±0.1	检查标准01	游标	
2	法兰面切削	厚度	O±0.1	检查标准01	游标	
^^	^^	外观	无划痕	极限样品*01	目视	
3	内径完成	内径	O±0.05	检查标准02	千分尺	X̄-R控制图(参阅5.10节)
※1.本表记载的管理项目实施定时检查							
※2.异常发生时的处理按照异常处理标准01实施							
					年	月	日
					批准	调查	制作
变更号码	日期	变更记事			负责	批准	图面号码: DF7929

QC工序表根据企业不同亦称为QC工序表、管理工序表、工序管理表、工序检查基准表等。

关键是质量是否没有过不足

质量通过工序制作(参阅3.1节)

* 极限样品:参阅 4.1 节。

3.5 掌控工序能力指数并应用于管理中

工序能力指数是根据标准公差的幅度和标准偏差来计算的。为了高效、经济地生产质量稳定的产品，生产现场的负责人需要掌握负责工序的工序能力指数，并将其运用到实际的生产和管理活动中。

▶▶ 1. 获取标准公差的幅度和标准偏差的值

为了稳定生产出的产品的质量，掌握其工序能力（参阅 3.17 节）是非常必要的。此时，不可或缺的**工序能力指数**（PCI，Process Capability Index）可以从右图所示的公式中计算出来，通过标准公差的幅度 T 和表示测定值偏差*程度的标准偏差*σ 计算出来。

在这里，标准公差的幅度 T 是通过上容许界限减下容许界限计算出来的。例如，当某部位所要求的尺寸为 20±0.1 时，$T=0.2$。

另一方面，标准偏差 σ 可以从各个测量值及其资料数中用右图所示的方法求得。具体而言：①计算各测量值 X_i 和个数 n；②计算各测量值的和，再除以个数 n，获得平均值；③计算各测量值 X_i 和平均值 $\bar{X}$ 的差；④将各自的差进行平方；⑤计算合计值$\sum(X_i-\bar{X})^2$；⑥将⑤的结果除以 ($n-1$) 后，再计算平方根。此时计算出来的值被称为标准偏差，这个数值越小意味着偏差也就越小。

▶▶ 2. 计算工序能力指数

用上述方法求出标准公差的幅度 T 和标准偏差 σ 之后，接着将标准公差的幅度除以标准偏差 6 倍的值，得出工序能力指数。

上述情况为有上容许界限和下容许界限的两侧规格的情况下的工序能力指数的计算方法，如果产品规格是○○以上或者○○以下这样

---

*偏差：测试值发生的差异等，工作的结果没有实现均一性。
*标准偏差（Standard Deviation，SD）：表示测定值的分布的偏差的数值。

3.5 掌控工序能力指数并应用于管理中

的单侧规格的情况，则用 3σ 代替上述的 6σ 来计算工序能力指数。

工序能力指数的值越大，数据偏差的程度越小，可以通过 3.17 节所展示的表来判断该工序的工程能力。具体而言，根据其值的大小来决定检查频率并反映在 QC 工序表中（参阅 3.4 节），对该产品起到质量保证的作用。

从以上分析可以看出，生产现场的负责人需要知道自己负责工序的工序能力指数，并将其运用到实际的生产和管理中。具体而言，如果工序能力指数的值较低，首先要提升检查频率作为当前的应对措施，为了继续提升工程能力，着手进行质量改善（参阅 3.16 节），将所负责工序的工序能力指数提升到一定水平。

工序能力指数的计算方法

工序能力指数 (Process Capability Index，用 C_p 表示)

$$C_p = \frac{T}{6\sigma}$$

T：标准公差的幅度
σ：标准偏差（计算方法见下图）
※单侧规格的场合分母为 3σ

$$C_p k = (1-k) C_p$$

$C_p k$：加入了偏离系数（参阅3.17节）的工序能力指数

此处 k：偏离系数

$$k = \frac{|M - x|}{(T/2)}$$

M：标准中心
x：平均值

出自《图解 今后的生产管理》（同义馆出版）

标准偏差的计算方法

① 各测定值 X_i 和个数 n

② 求各测定值的平均值（各测定值的和÷各测定值的个数）

③ 求各测定值 X_i 与平均值 $\bar{X}$ 的差（n 个）

④ 将上面的③平方即求 $(X_i - \bar{X})^2$

⑤ 将上面的④求和即求 $\Sigma(X_i - \bar{X})^2$

⑥ 将上面⑤的值除以 $(n-1)$ 后求其平方根

$$\sigma = \sqrt{\frac{(X_1 - \bar{X})^2 + (X_2 - \bar{X})^2 + \cdots + (X_n - \bar{X})^2}{n-1}}$$

3.6 管理并提升组装生产线中的直行率

为了使组装品等在生产过程中没有损坏，使投入到该工序的材料和零件等直接链接到成品上，生产现场的负责人要一个一个地粉碎阻碍提升直行率的不良因素，这是非常重要的。

▶▶ 1. 直行率是什么

直行率是指从某个工序或设备等实际加工或组装的数量中减去不良品或返修品（参阅 2.11 节）数量后的值，也就是表示良品数量和实际加工数量之间比例的数值。换言之，直行率是展示加工品和组装品等在生产过程中没有被损坏并直接被送入后道工序的指标。这个指标主要在组装车间中使用，有的企业也称之为**良品率**。

在产品日益复杂化、高端化的今天，随着产品构成零件数量的不断增加，确保相应的功能也越来越困难，在成为成品之前从生产线中淘汰的不良品和返修品的数量有不断增加的倾向。因此在组装线等方面，越来越重视直行率这个值的大小。

▶▶ 2. 直行率管理的必要性

对于构成零件数量较多的产品而言，如果出现不能满足其中任何一个地方要求的质量特性（参阅 3.4 节）的情况，加工完成品和组装完成品就会变成不良品或返修品。结果，将其与组装好的其他良品组合在一起后，整体成了不合格产品，从而导致损失金额的大幅增加，因此直行率管理也越来越重要。

近期，为了进一步提升生产效率，采用同期生产方式*的企业正逐步增加。在同期生产方式中，为了实现顺畅的流程，要求直行

---

* 同期生产方式：结合某个产品的生产计划，通过将必要的部件类的生产和供给的时间节点协调一致，减少各个工序的等待时间以及半成品和库存的滞留时间，实现流畅生产的生产方式。

3.6 管理并提升组装生产线中的直行率

率实现100%，因为组装对象的零件中只要有一个质量特性出现了缺失，最终产品就无法直接完成，而且还会扰乱生产线的顺畅流程。因此，为了防止不合格产品的发生，提升直行率是非常必要的。

为了防止这些不合格产品的发生并实现流畅生产，作为基本的推进方法之一，生产现场的负责人要认真管理导致不合格产品发生相关的项目，阻止不合格产品的发生是非常重要的。实现这个目标的代表性方法是列举PM分析（定义参阅下图）。生产现场的负责人需要理解PM分析，并与相关部门进行合作互助，尽早消除生产现场发生的不良现象。PM分析的定义和推进方法如下图所示。

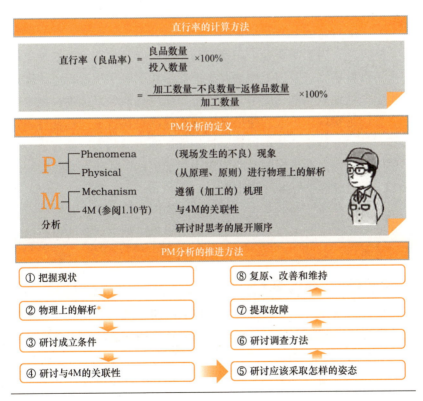

* 物理上的解析：从可量化角度分析事物或现象等。

3.7 尽早取消指定初期流动管理

初期流动管理是在新产品的生产启动时，进行比日常生产更严格的管理，在保证产品质量的同时，谋求生产线的早期促成。生产现场的负责人要尽快稳定该产品的生产，尽早使其转入到正常生产状态。

▶▶ 1. 初期流动管理是什么

初期流动管理是在新产品或大型设计变更或工序变更等型号变更产品的生产启动*时，进行比日常生产更为严格的重点管理，在保证该产品质量的同时，尽快解决启动初期发生的各种问题，是一种为了尽快回到稳定的日常生产状态而进行的管理。

换言之，为了避免发生质量问题而对包含顾客在内的后道工序产生不良影响，以及因无法确保生产数量并无法提供给后道工序带来生产前期的问题，应尽早建立生产线以能够尽早地进行稳定生产。目的是实现作为最理想形态的垂直启动。在这里，垂直启动是指新产品一开始生产就可以按照计划发挥能力的状态，换言之，生产现场将新产品在最短的时间内实现日常生产，从而大幅降低制造成本，为创造企业利润做出贡献。

为了保证该产品的质量，初期流动管理不仅在该企业实施，近来要求一级供应商（参阅 2.20 节）和二级供应商等实施的企业也在不断增加。

▶▶ 2. 初期流动管理的注意事项

在生产现场，一旦被指定实施初期流动管理，实际上很多生产线就很难解除其指定。为了顺利实施和解除初期流动管理，生产前质量保证活动（参阅 3.3 节）是非常重要的。换言之，对于瓶颈工序（参阅 2.15 节）和瓶颈技术*等，在形成生产线前进行反复的试

---

* 生产启动：在新产品或更换型号等产品重新量产时，实际可以开始生产的状态。
* 瓶颈技术：针对瓶颈工序等的技术问题尚未采取对策的技术。

3.7 尽早取消指定初期流动管理

制*和设备的试运行、试加工（参阅5.7节）等生产转移活动，在消除生产上的问题点后进行生产线化是非常重要的。

在此基础上，对于生产线上瓶颈产品QCD（参阅1.11节）的对策也不能只交给生产现场解决，需要产品设计和生产工艺等部门的工作人员加入，举组织的全力去解决是非常重要的。除此之外，生产现场的负责人必须与作业人员及相关部门进行合作互助，尽早稳定生产，解除初期流动管理的相关指定。

另外，在指定初始流动管理的实施时，明确设定不良率、直行率（参阅3.6节）、工序能力指数（参阅3.5节）等的值作为解除条件的标准，在超过解除标准时，生产现场的负责人应迅速申请解除。

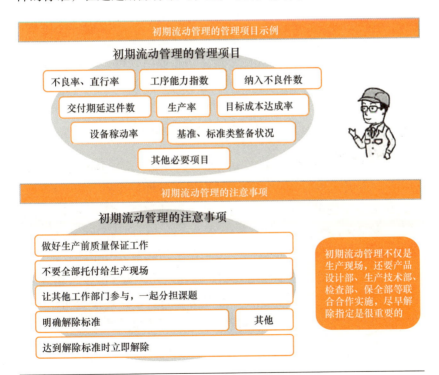

*试制：针对新产品等的功能和制作便捷度等进行的探讨，为了提升该产品的完成度，在生产线展开前的尝试性制作。要求充分利用CAE和3D打印技术来减少试制的次数。

3.8 不发生市场投诉

作为企业，为了不出现市场投诉，首先要认真做好每天的业务。万一发生了投诉的情况，作为生产现场的负责人要毫不隐瞒地汇报事实，团结整个车间一致适当且迅速地处理，并使之不再发生。

1. 市场投诉是什么

由于公司内部或采购方没有发现本公司产品质量等的相关问题，在产品投入市场后发现或发生该产品故障等所引起的投诉*被称为**市场投诉**。

一旦发生了市场投诉，不仅会给作为采购方的客户和消费者带来很大的麻烦，而且长期建立起来的企业信用和信任关系也会瞬间化为泡影。不仅如此，企业还必须尽快采取回收相关产品、更换替代品等措施，企业将多次蒙受巨大的损失。除此之外，要恢复一度失去的信用和信任关系需要很长的时间。因此，各企业为了防患于未然，采取了各种对策，努力避免市场投诉的发生。

2. 让市场投诉不再发生

虽然统称为市场投诉，但市场投诉有各种各样的内容。除此之外，作为负责的部门，公司内可能涉及设计部门、技术部门、检查部门、制造部门等多个部门，甚至会出现涉及供应商的情况。

当出现市场投诉的情况时，该企业不隐瞒地公开事实，带着诚意适当且迅速地处理是非常重要的。除此之外，为了减少市场投诉，从开发阶段开始就要认真制作产品是毋庸置疑的，还要查明已经发生的市场投诉的真正原因，迅速实施永久对策也是非常重要的。在此基础上，为了防止再次发生同样的问题，改变工作方法和体制也

---

*投诉：客户针对公司等提供的产品或服务表示不满而提出的改善要求。初期的应对是非常重要的。

3.8 不发生市场投诉

是非常重要的。一旦投诉发生了，使之不再发生是恢复信任关系的重要手段。

万一，出现了因生产现场引起的市场投诉的情况，作为生产现场的负责人，必须毫不隐瞒地汇报导致市场投诉发生的生产事实，全公司团结一致查明真正的原因，适当且迅速地制定对策。然后，根据这些对策必须重新修改基准/标准，并让作业人员彻底知晓。因此，重要的是要向作业人员充分说明事实关系和对策内容并使其理解和接受，并严格遵守让市场投诉的质量问题不再发生的作业内容。

3.9 推进 ppm 管理

ppm 管理是实现用更大的数字表示当前的恶劣程度，使有关各方意识到问题的严重性，并将此值大幅降低的管理方法。生产现场的负责人与相关部门进行合作互助以改善当前状况是非常重要的。

▶▶ 1. ppm 管理是什么

所谓 ppm 管理，是指使用 ppm（parts per million）表示不良品的发生比例等，为了稳定或降低其发生比例而进行的管理体系。具体而言，生产 100 万个产品发生 1 个不良品的情况用 1ppm 来表示，此值越小，不良品的发生比例就越低。

不良率等数值一般用百分比（%）来表示，随着加工等工作精度的提升，与实际情况不符的工作岗位不断增加，现在用 ppm 来管理的企业也逐渐增加。另外，不良品的发生比例较低的企业也有使用 ppb（parts per billion）的，换言之，就是把十亿分之一作为管理对象。另外，作为表示十亿分之一的 SI[*] 词头，在最近成为话题的纳米技术[*]中，在表示长度和重量等物理量时使用，二者需要区分使用。

▶▶ 2. 通过 ppm 管理降低不良率

虽说是推进 ppm 管理，但仅仅将不良品等不合格产品的发生比例等管理对象标上 ppm，并且对自己公司推进 ppm 管理就感到满意，那是没有任何意义的。根据 ppm 的记载，用更大的数字来表示现在的恶劣程度，可以让相关人员深刻地认识到问题的严重性。其结果是随着质量改善（参阅 3.16 节）等改善活动的开展，不产生不良品以及不设计难以操作的生产线，同时提升管理精度，使之实现数值上的降低，这才是 ppm 管理真正的目的。

---

[*] SI：法语 Le Système International d'Unitès 的简称，英语表述为 International System of Units，国际单位制。

[*] 纳米技术：以纳米（nm：十亿分之一米）为长度单位进行加工制作的技术的总称。

3.9 推进 ppm 管理

因此，ppm 管理的具体推进并不是特别引入新的管理方法。把不良品数量为 0 的车间表示为 0ppm、0ppb，为了降低不良品的发生比例，脚踏实地地制定并实施加工不良对策等质量改善活动是非常重要的。

但是，实际的问题是，如果不制定并实施各种对策，就不能降低不良品等的发生比例。为此，以生产现场的负责人为核心，针对自己所负责车间的不良因素，与相关部门进行合作互助，制定优先级，一个一个踏实细致地制定并实施对策，形成不产生不良品的生产线是非常重要的。

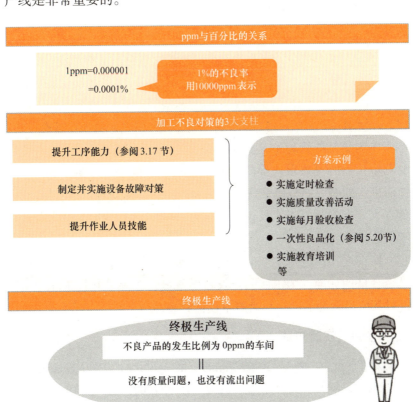

3.10 使用适合的测量仪器确保质量的可靠性

为了保证自己公司产品满足所要求的质量特性，生产现场在日常业务中适当进行测量活动和测量仪器管理，这是必不可缺的。为此，必须确保使用的测量机器具有所需的准确度和精密度。

1. 测量仪器管理是什么

为了保证在生产现场生产的产品满足所要求的质量特性（参阅 3.4 节），在工序内的测定*和检查要按照标准类进行指定和实践。然后通过向制造流程反馈（参阅 1.14 节）结果，就可以生产出质量稳定的产品。因此，要求所使用的测量仪器始终显示正确值，并且工作人员能够正确使用它。为此而进行的全部管理活动统称为**测量仪器管理**。

在测量仪器管理中，其范围是在进行生产活动等过程时，使用的测量仪器时刻显示正确的值并正确测量，是为了确保测量的可靠性而进行的必要的整体管理活动。为了使这些活动有效地发挥作用，负责人定期根据基准*校正测量仪器，维持所需的准确度*和精密度*是非常重要的。

换言之，在进行生产活动的过程中，测量仪器是判断产品质量是否合格的标准，为了使测量仪器始终显示正确值并且正确使用而进行的所有管理活动，称为测量仪器管理。

2. 为了进行正确测量

为了保证生产现场生产的产品的质量，实际生产中使用的测量仪器必须是能够显示正确值的仪器。为此，在 ISO 9001（JIS Q9001: 2015）的 "7.1.5.2 测量的可追溯性" 中阐述了对测量仪器的要求事项（见右页）。

---

* 测定：通过仪器或装置测量某事物或事项的长度、重量、时间等的量。
* 基准（Master）：本书是指加工的尺寸和重量等基准。
* 准确度：表示测量值偏离的程度。
* 精密度：表示测量值偏差的程度。

3.10 使用适合的测量仪器确保质量的可靠性

因此，作为生产现场的负责人，应该将重点放在生产线中测量仪器的处理上，特别是测量台和测量仪器放置处等，认真地对保管方法和测量仪器进行检查、记录等管理，并使用适当的测量仪器完成重要任务。因此在作业中，作业人员出现不小心掉落测量仪器，或者撞到了其他物品的情况，生产现场的负责人和检查部门等应进行合作互助，迅速确认仪器精密度，确保该产品的质量可靠性是非常重要的。

在此基础上，日本在1992年（平成4年）全面修订旧计量法（昭和26年制定），在新的计量法中通过法律制度要求实施适当的测量。该法要求实施测量仪器的校正和定期检查等，在有必要的情况下生产现场的负责人要和相关部门进行合作互助，共同推进符合法律规定的活动。

ISO 9001:2015对测量仪器的要求事项（节选）

7. 支援（节选）
7.1.5 监测以及测量的资源
7.1.5.2 测量的可追踪性
　测量的可追踪性是要求事项的情况下，或者是组织信赖其测量结果的妥当性并将其看作不可缺要素的情况下，测量仪器必须要满足以下条件。
a) 在规定的间隔或使用前，对照国际计量标准或国家计量标准进行校正或验证，或者两者都执行。如果没有此类标准，则将校正或验证的标准进行文字化保留。
b) 为了明确它们的状态，进行识别。
c) 防止校正的状态以及其之后的测量结果被无效化调整、损坏或恶化。
　当发现测量仪器不符合预期目的时，组织应该判断是否影响迄今为止测量结果的妥当性，并根据需要采取适当的措施。

出自 JIS Q9001:2015《质量管理系统 —— 要求事项》

计量法的目的

（目的）
第1条 此法律确定计量的标准，确保实施正确的计量，以提升经济发展以及文化为目的。

出自《六法全书（平成17年版）》Ⅱ （有斐阁）

3.11 打造高水准的质量保证生产线

作业人员理想中的高水准的质量保证生产线不是被给予的,而是以生产现场的负责人为核心,与作业人员和相关部门进行合作互助,应用现有的认定制度等,提升所负责产品线的精度后打造的。

1. 高水准的质量保证生产线是什么

从事制造的人们抱着与自己相关的产品在后道工序、客户或者市场中不能出现产品质量等问题的理念进行着每天的作业。每个人都想安心工作,都想在**高水准质量保证生产线**上工作。

不从自己的生产线上生产不合格产品,即使生产了不合格产品,也不让其流出到后道工序,形成不接受不合格产品的体制,在质量方面可以放心工作的生产线,这样的生产线被称为高水准的质量保证生产线。

2. 应用认定制度

在高水准的质量保证生产线中工作的作业人员可以安心地集中精力完成被分配的作业。

每个作业人员在高水准的质量保证生产线中都可以安心地工作。因此,各个公司都在开展以生产现场的负责人为核心,努力维持和提升产品质量的保证力的活动,打造高水准质量保证生产线。其结果是在提升作业人员对质量问题意识的同时,还减少了不合格产品的数量。

这些措施进一步促进高水准质量保证生产线的构建,对全公司而言,制定达到一定质量标准生产线的认定制度,并且全公司一同应用认定制度是非常有效的方法。因此,制定一个认证标准,其中包括保证该生产线质量体系的构成度和应用实际状况,结合质量的实际业绩的认定标准,有组织地实施在各个生产线上,与此同时,

3.11 打造高水准的质量保证生产线

各个生产线取得认定、维持、提升活动是非常重要的。

作为保证质量机制的具体例子，可以列举基准/标准类的整顿状况、作业的遵守状况、变更管理（参阅 1.21 节）和异常管理（参阅 1.24 节）的实施状况、5S（参阅 1.23 节）改善活动、教育训练的实施状况等。

生产现场的负责人在充分利用这些体制的同时，对自己所负责的生产现场反复地进行每一个创意措施的改善，从而亲手将其逐渐提升至高水准的质量保证生产线是非常重要的。

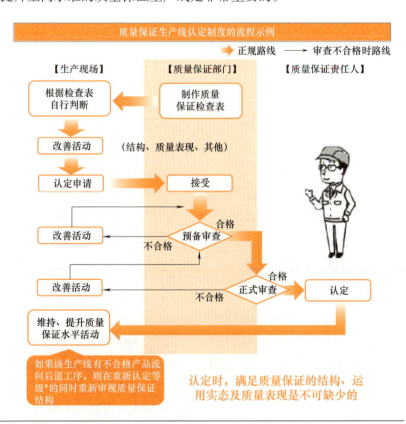

* 认定等级：针对该生产线的质量保证体制的构建程度、应用实际状况和质量的实际状况进行打分，得到的分数以几个等级进行认证。

3.12 预防不合格产品的发生

为了预防不合格产品的发生，生产现场的负责人要提取并选择出在生产要点中对产品质量有较大影响的检查点，尤其是提升其管理比重，确切的实施是非常重要的。

1. 重要检查点是什么

在产品复杂化、高端化的当下，在某个工序中生产产品时，这个工序一般会存在很多的检查点。

从这些检查点中提取并选择在确保该产品质量方面会产生重大影响的作业上的检查点，被称为**重要检查点**。在进行重要检查点生产时，应比起其他的检查点更引起作业人员的注意，必须通过正确的作业来确保该产品的质量。

其中，依靠视觉、听觉、嗅觉、味觉、触觉等作业人员五感的工作需要格外细心注意，因此被选择为重要检查点的情况越来越多。换言之，这些作业根据作业人员的不同，在合格标准的判定上容易出现个人差异，导致判定的偏差变大，从而容易增高危险性，为了不让不合格产品（参阅 2.11 节）发生以及向包括客户在内的后道工序流出，需要提醒作业人员要特别注意这些重要检查点。

2. 重要检查点的应用方法

为了不让作业人员在作业中犯错误，将这些重要检查点贴在作业人员人经常能看到的位置上是非常重要的。除此之外，生产现场的负责人定期检查作业人员的遵守情况也是同样重要的。其中对于新入职的作业人员和支援作业人员，一边理解、接受其内容和其必要性，一边频繁确认其遵守的情况，使之贯彻执行是非常有必要的。

另外，为了防止作业人员的个人差异出现在合格标准的判断上，

3.12 预防不合格产品的发生

除了适当实施作业指导等措施之外,还要准备极限样品(参阅 3.4 节)、插图、照片等辅助措施使判断标准更加明确,这也是生产现场的负责人的重要职责。

最近在生产现场中可以看到许多外国人作业的场景,为了能在这样的工作场所中确保其遵守重要检查点,越来越多的企业用该作业人员的母语进行简洁地标注。此外,根据企业的不同,也有进一步发展成实践尊重作业人员的自主性的**我的质量保证**(myQA)**宣言活动***等。

生产现场的负责人在设置防错(参阅 3.13 节)的同时,通过这些活动,在自己所负责的生产线中构筑不接受、不制作、不流出等不合格产品的体制是非常重要的。

* 我的质量保证(myQA)宣言活动:作业人员为了保证自己的所负责产品的质量,明确特别注意的作业点,并进行宣言和实践的活动。

3.13 推进防错（FP）设置与质量危险预知（QKY）活动

为提升自己公司的产品质量，生产现场的负责人作为表率，率先开展防止作业人员发生疏忽错误的 FP 和提升作业人员质量意识的 QKY 活动等是十分有效的。

▶▶ 1. FP 是什么

FP* 是 Fool Proof 的简称，一般称为防错，是指为了满足某个产品所要求的质量，以不接受、不生产、不流出不合格产品（参阅 2.11 节）为目的而在生产设备和夹具上使用的一种方法。

通过设置 FP，可以防止如未加工品的后道工序流出、异品混入、欠缺品、未紧固等的作业遗忘等以及作业人员的疏忽等各种原因引起的不合格产品的发生。因此，通过在生产过程中设置 FP，可以预先防止作业人员的失误和停滞，让作业人员能够安心地专心生产。所以，设置的 FP 通常处于正常、良好的功能状态是必不可缺的。

为了 FP 正常和良好地发挥功能，制作 FP 功能的检查说明书，定期地进行功能检查，并将其结果记录下来是非常重要的。

尽管好不容易设置了 FP，但是因为不能即时发现 FP 的故障，从而导致不合格产品流出至后道工序和顾客的例子也是大量存在的，所以对 FP 功能的检查是不可缺少的。于是，为了进行无遗漏的 FP 功能检查，生产现场的负责人通过制作 FP 地图等明确记录设置的场所和定期提交带有检查结果的检查簿来确认实施状况等方式来构建体系，提升所负责产品的质量是非常重要的。

▶▶ 2. QKY 活动是什么

QKY* 活动是指提取各个工序中可能诱发不合格产品的危险因

---

* FP：在生产现场也被称为防呆或者防愚。

* QKY：Quality Kiken Yochi 的简称。

3.13 推进防错（FP）设置与质量危险预知（QKY）活动

素，事先进行了改善，是为了防止质量不合格产品的发生而进行的活动，也被称为**质量危险预知活动**。

QKY 活动也可以理解为质量版的 KYT* 活动（参阅 7.6 节），是提升作业人员质量意识的有效手段。

把在 QKY 活动中实施的改善内容在其他车间进行水平（横向）展开（参阅 1.24 节），一定要对生产设备类的信息向设计、制作、工序设计等上游部门进行反馈（参阅 6.20 节），并且反映到下一次的计划中是非常重要的。通过这些实践可以防止其他部门发生类似的问题，从一开始实施对策就能够防止企业双重甚至三重的负面投资。

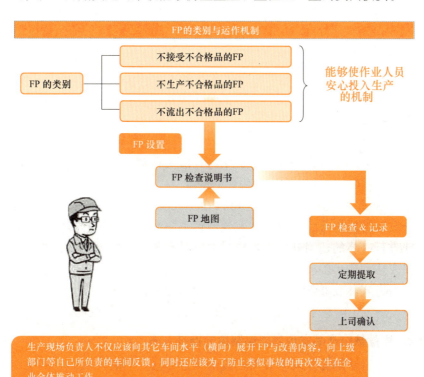

生产现场负责人不仅应该向其它车间水平（横向）展开 FP 与改善内容，向上级部门等自己所负责的车间反馈，同时还应该为了防止类似事故的再次发生在企业全体推动工作。

* KYT：Kiken Yochi Training 的简称，指危险预知训练（参阅 7.6 节）。

3.14 表彰质量缺陷品的发现者并进行再发防止

为了防止质量缺陷的产品流向后道工序或客户，要通过对在前道工序或自己的工序中发现质量缺陷产品的人员进行表彰等方式提升作业人员质量意识，这样的活动是非常有效的。生产现场的负责人积极参与再发防止是非常重要的。

1. 质量缺陷品发现者表彰制度是什么

某个产品从原材料到制作成产品并送到消费者手中之前，会接触到很多相关的人员。这些相关人员在自己所负责的作业中，发现前道工序和自己工序的质量问题并实施适当的处理，阻止缺陷品流向后道工序和顾客，从而阻止严重的情况发生。为了鼓励这一发现，为了防止质量缺陷品流向后道工序或顾客的有效方法可以列举**质量不合格品发现者表彰制度**。

质量缺陷品发现者表彰制度是指从发现质量缺陷品并采取措施来防止缺陷品流出的作业人员中，找出尤其对确保该产品质量做出巨大贡献的作业人员并进行表彰的制度。

通过实施该制度，企业可以在不花费太大费用的情况下，提升员工的质量意识，同时在发现前道工序或自己工序的质量缺陷品并进行必要的适当处理，使质量缺陷品不流入至后道工序，从而使损失达到最小限度，通过适当的对策可以起到再发防止的作用等对公司有实际利益的效果。换言之，为了能够把交付不良（参阅3.16节）的发生防患于未然，很多企业采用和实施了这种制度。

2. 质量缺陷产品发现者表彰制度的推进方法

质量缺陷品发现者表彰制度的推进方法，一般采取如右页所示的方法。当然，在该车间进行单独活动也是有效的。

3.14 表彰质量缺陷品的发现者并进行再发防止

具体而言，在执行自己所负责业务等的作业人员发现前道工序或自己工序的质量出现缺陷时，要与生产现场的负责人等上司联系。然后迅速联系上一道工序等相关部门，同时进行包括后道工序在内的对象产品的甄别*等，开展从生产线内排除质量缺陷品等的必要措施，以及对质量缺陷品发生原因的追踪、确定、对策或对策要求的适当实施，并确认实现再发防止。之后，生产现场的负责人针对质量缺陷品发现者等在预先制定的申请书中进行记载，按照规定路线向上司进行申请。秘书处等推进部门在受理申请书之后迅速进行审查，针对采用措施后效果显著的案例在全公司及全工厂进行表彰，除此之外，其他的采用案例在各部门也要进行表彰。这些方法的实施，使全公司的质量意识得以提升。

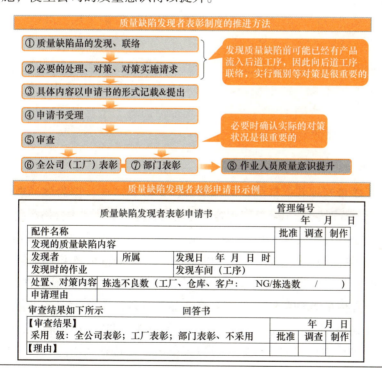

*甄别：出现质量缺陷等信息时，首先针对怀疑会受影响的批量产品进行调查，对质量缺陷品和合格品进行筛选。

3.15 遵守特别采用的规则并进行再发防止

对于不合格产品可能进行特别采用的企业,有必要事先设置特别采用处理标准等规则。而且在实施时,生产现场负责人在根据规则进行适当处理的同时,防止再次发生是非常重要的。

1. 特别采用是什么

特别采用是针对没有满足该产品要求规格的规格外产品,也就是所谓的不合格产品(参阅 2.11 节)的一种。由于各种各样的理由对该产品进行特别措施并使用的方法,被称为特别采用,其中该产品被称为特别采用品或是特采品。

也就是说,特别采用是指后道工序或收货方出于对产品的交付期和成本的意识,考虑质量状况等有条件地进行特别采用。但是,在实际进行的特别采用中,也会出现根据前道工序或出货方的判断通知后道工序的情况出现。

2. 取消特别采用

在质量管理和保证的国际标准 ISO 9001:2015 中,作为该标准中的一项,特别采用作为"8.7 不合格输出的管理"中处理不合格产品的一种方法,其中要求"d)取得特别采用的正式许可"。在此基础上,"8.7.2 必须保持文件化的信息"中还要求"c)记载特别采用的描述"。

换言之,在进行特别采用的情况下,要制定包括明确取得收货方许可在内的处理手续,将不合格产品的处理履历作为记录进行保留的公司内部规则,这些处理方法是在 ISO 标准中被明确要求的。作为代表性的公司内部规则,可以列举出产品特别采用处理标准和

3.15 遵守特别采用的规则并进行再发防止

购入品特别采用处理标准等例子。此外，重复特别采用时会引发判断标准逐渐变低的倾向，所以对于这种倾向在处理标准上加以抑制*是非常重要的。

对于这些特别采用品，在发布之前要进行标记，以便在后道工序返工时能将其与其他产品分别出来。

此外，作为生产现场的负责人，不仅要遵守特别采用的规则，也不能因为有了特别采用就可以松懈，而是要查明真正的原因并采取相应的对策，以及采取防止再次发生的措施，这些措施是非常重要的。

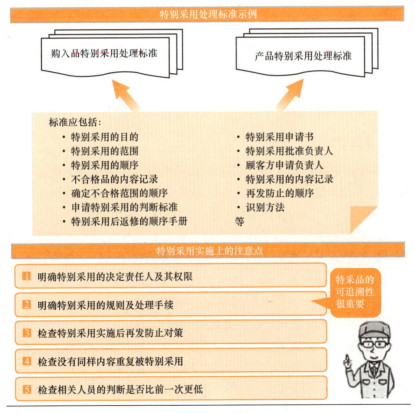

*抑制：这里是指为了防止事态向不好的方向发展以及防止再次发生的手段和方法。

3.16 推进质量改善

为了进一步提升来自客户的信任和信赖关系，生产现场的负责人与相关部门进行合作，共同推进为了稳定提升所负责产品的质量水平和满足质量特性的能力等改善活动是非常有效的。

▶▶ 1. 质量改善是什么

质量改善（Quality Improvement）是针对某些产品满足要求的质量特性（参阅 3.4 节）的能力比现状更加稳定高效为目的进行的改善活动。

换言之，为比现在的质量水平更稳定更高，进一步提升客户的信任和信赖度而进行的与质量相关的改善活动，全部被称为质量改善活动。

质量改善活动的重点是不让不合格产品流入后道工序，避免发生交付不良*这样的市场投诉（参阅 3.8 节），进而将其控制于最初的阶段。为此，在工序内不接受、不制造、不流出不合格产品是非常重要的。

▶▶ 2. 质量改善的推进方法

以生产现场的负责人为核心，执行质量改善的推进方法（不明确改善主题的情况下），主要包括以下几点。①确定质量改善的对象。作为质量改善的具体对象，主要包括现在发生的质量问题对策、不能满足质量要求部分的改善、对于低质量水平相关车间的能力提升、低工序能力（参阅 3.17 节）的改善等。其中，针对现在正在发生的质量问题的对策，为了使生产现场的负责人能在自己负责的车间中更容易行动，同时减轻对后道工序的造成的困惑程度，将其作为紧急性高的问题并进行优先处理是非常重要的。

然后是②制定改善活动的目标值；③为推进活动召集人才，构建相关组织；④确定改善主题；⑤把握现状的恶劣程度并查明其原因；⑥讨论并确立对策方案；⑦实施对策方案；⑧确认其效果。如果认

---

* 交付不良：自己公司的产品在向后道工序或者客户交付时发现的问题，或者生产线内发现的质量问题的总称。

3.16 推进质量改善

可对策取得的效果,通过⑨向其他部门进行横向展开,对企业而言可使质量保证力比现在提升几个层次。如果不认可其对策取得的效果,回到⑤进行修改,直至效果被认可为止。

质量改善和职场 5S(参阅 1.23 节)及可视化管理(参阅 1.24 节)等活动的同时推进是非常重要的。通过对生产现场的测量台和测试仪器进行严格的管理,提升作业人员的积极性及质量意识的提升,生产出的产品质量也会有所提升。关于毛刺*、划伤、划痕等的判定,生产现场的负责人须与相关部门共同进行合作互助,准备极限样品(参阅 4.1 节),这一点是非常重要的。这些极限样品在设定有效期间及定期维护的同时,事先取得客户的认可也是非常重要的。

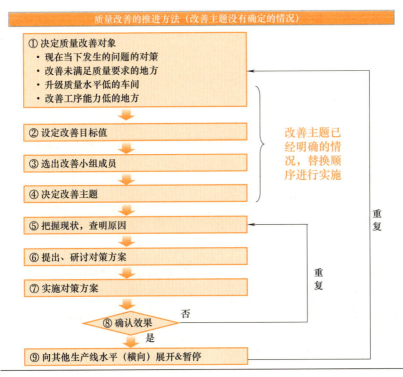

* 毛刺:磨具存在间隙或者拧紧力不足的时候,成型后的磨具边缘会出现不需要的突出的部分。

3.17 确保工序能力

为了确立产品质量特性等偏差较少的稳定工序，确保工序能力是不可或缺的。可以根据工序能力指数值的大小确定适当的检查方法，所以在生产现场这是非常重要的指标。

▶▶ 1. 工序能力是什么

工序能力（Process Capability）是表示从稳定状态的工序中重复生产的产品的质量能力的定量尺度。

即使用同样的图样生产产品，如果生产的工序和设备不同，产品的质量特性偏差（参阅3.5节）和偏离*的程度也会有所不同。换言之，工序能力不是由设计质量（参阅3.1节）决定的，它是由工序或设备的质量能力决定的。因此，以生产现场的负责人为首的生产部门和生产工艺部门充分掌握工序和设备的实力是非常重要的。在此基础上，判断该道工序和设备是否能够保证提供的设计质量，并采取相应措施是非常重要的。做出这个判断时所使用的定量尺度就是工序能力。

如3.5节所述，工序能力取决于标准偏差 σ 的大小。标准偏差越小，表示该工序重复生产产品的质量能力越高。

▶▶ 2. 活用工序能力指数

在3.5节中求出的工序能力指数 C_p 值，根据该值判断该工序的工序能力，并确认检查方法等是否合适。

具体如右页所示，工序能力指数小于1时表示工序能力不足，所以需要进行全数检查来保证产品的质量特性。同样，工序能力指数不小于1但小于1.33时，则表示工序能力稍有不足，需要进行抽样检查来保证产品的质量特性。此外，如果工序能力指数不小于1.33但小于1.67时，则表示工序能力充分，可以通过确认检查*来

---

* 偏离：测定值偏离目标值的程度的指标。

* 确认检查：宽松的抽样检查。

3.17 确保工序能力

保证产品的质量特性。除此之外，当工序能力指数不小于1.67时，表示工序能力十分充分，可以判断为即使无检查也能够保证质量特性（在这种情况下还是有很多企业会在作业初/末期进行质量确认）。像这样根据该工序的工序能力指数大小来改变保证产品质量特性的方法是常见的状态。

因此，要求作为生产现场的负责人，在该工序的工序能力指数较低时，实施质量改善（参阅3.16节）和规格修改的提案，提升该工序能力，阻止不合格产品的发生并进行安心生产，同时减少检查工时，提升生产率。

工序能力的判断标准

工序能力指数	工序能力的判断	检查方法
$C_p \geq 1.67$	非常充分	无需检查
$1.67 > C_p \geq 1.33$	充分	检查
$1.33 > C_p \geq 1.00$	稍有不足	抽样检查
$1.00 > C_p \geq 0.67$	不足	全数检查
$0.67 > C_p$	极其不足	

工序能力指数与不良率、改善的关系

工序能力指数	0.67	1.00	1.33	1.67
不良率※	4.6%	0.26%	63ppm	0.6ppm
工序能力	极其不足	不足	稍有不足	充分	非常充分
检查频率	全数检查		抽样检查	检查	无需检查
应对	←———— 质量改善 ————				
	优先级大			优先级小	

※ 表示工序平均与标准中心一致的情况的值（不良率）

提升工序能力需要采取排除波动因素、尽量扩大规格（图画公差）等对策

出自《图解 今后的生产管理》（同文馆出版）

3.18 通过 QC 思路解决问题

QC 思路是指 QC 小组在解决问题时的开展方式的步骤，作为有效的解决问题方法被广泛使用。要求生产现场的负责人理解 QC 思路并展开应用。

▶▶ 1. QC 思路是什么

所谓 QC 思路是指 QC 小组（参阅 7.14 节）等小集团对主要对产品的质量等进行改善活动时，用步骤来表示其推进方法的顺序。换言之，QC 思路是指解决问题的顺序，是一种基于事实和数据引入统计性的思考方式，客观且有逻辑地高效解决问题的方法。

由于这种方法具体展示了解决问题的顺序，不仅是 QC 小组，即使没有 QC 小组活动经验的人员也可以使用。因此与 QC 七个工具（参阅 3.19 节）一起，在很多企业中作为解决问题的方法被广泛使用。

▶▶ 2. QC 思路的具体案例

作为 QC 思路的具体案例，步骤如右页所示：①选定主题；②选定主题的理由；③设定目标；④制定活动计划；⑤把握现状*；⑥解析要因（追究原因）；⑦制定改善方案；⑧实施改善方案；⑨确认效果；⑩标准化*，抑制（参阅 3.15 节）；⑪遗留问题点与今后课题；⑫反省。

另外，也可以将③的设定目标移动到⑤的把握现状后再进行，但是在把握现状后，有时会将目标值与现状相结合而导致其目标值缩小，因此建议在把握现状之前必须确定②选择主题的理由，并尽力去解决。

生产现场的负责人通过 QC 思路反复推进改善活动，可以自然

---

* 把握现状：通过各种数据掌握选择的问题现在处于什么状态。这个步骤是问题的实际状况是否正确的理解，对于解决问题是否成功起到重大影响。

* 标准化：这是为了已经解决的问题不再发生，对作业等的做法制定标准，并变成准则。除此之外标准化在 5.16 节中还有别的解释。

3.18 通过QC思路解决问题

地养成PDCA循环（参阅1.16节）的习惯，同时也可以根据数据制定实际的改善方案等，进行深入的探讨和对策。换言之，因为解决问题的顺序已经明确了，所以在不知不觉中就能高效地推进改善活动。因此，生产现场的负责人要理解并使用QC思路，并且在所负责车间内的小集团活动进行应用和展开是非常重要的。

也可以将STEP3的设定目标移动到STEP5的把握现状后执行

3.19 熟练使用 QC 的七个工具（旧与新）

作为解决质量问题等问题的方法有 QC 七个工具（旧与新）。生产现场的负责人根据问题的内容将这些方法熟练地分开使用，并帮助自己所负责的车间解决问题，这一点非常重要。

▶▶ 1. QC 七个工具是什么

在推进以 QC 小组活动（参阅 7.14 节）为首的质量改善（参阅 3.16 节）的活动时，QC 七个工具（旧与新）作为高效解决问题的方法被广泛使用。

这里所说的"旧与新"，主要是在 QC 活动中作为应用手段的 QC 七个工具（Q7）和为解决复杂问题所使用的以语言数据*为主的新 QC 七个工具（N7）。

构成 QC 七个工具和新 QC 七个工具的方法名称和概要已经汇总于右页。充分理解这些方法的特征、选择最适合的方法是顺利解决问题的关键。

▶▶ 2. 基于两种方法的差异进行区别使用

从右页的表格中不难了解到，QC 七个工具（Q7）主要是将数值数据进行图形化来寻找解决问题的方法。另一方面，新 QC 七个工具（N7）中除了矩阵数据解析法以外，主要是将语言数据进行图形化，一边整理问题点一边探索解决问题的方法。

换言之，QC 七个工具（Q7）是以统计数据为基础，为了获得可靠、客观且有益的信息而使用的，一般而言可以认为其更适合现场。与此相对，新 QC 七大工具是以技术信息及市场信息等语言数据为基础，为了解决复杂现象所需的有益信息而使用的，一般而言

---

* 语言数据：以语言、颜色、声音等数值以外的形式获得的数据。

3.19 熟练使用 QC 的七个工具（旧与新）

可以说适合管理人员和行政部门等的问题解决。

因此，生产现场的负责人并不能因为新 QC 七个工具是新的方法就轻易地选择，而是结合自己应该解决问题的性质，在认清使用哪种方法是上上策的基础上，将两种方法巧妙地分开使用，在自己负责的车间中有较好解决问题的效果是非常重要的。

	名称	概要
QC7工具（Q7）	排列图	按项目分层、按出现度大小排序的同时表示累积和*的图
	因果图	系统地表现特定结果与原因关系之间关系的图。也被称为鱼骨图
	层别法	按照机械、作业内容等2个以上的零件组（称为层）区分数据获取有益信息的方法
	检查表	在提前打印有所有必要的项目、图等的纸上简单地对测试记录、检查结果、作业的检查结果进行打勾（√）记录的表
	直方图	将测定值的存在范围分成几个区间，将这些区间作为底边，画出与区间中测定值的出现度等比例面积柱形（长方形）的图
	散布图	将2个变量分别作为横轴与纵轴，将测定值进行打点制成的图
	管制图	为了调查工序是否处于稳定状态，或是否保持在稳定状态的图。图中数据一目了然
新QC7工具（N7）	亲和图法	从模糊不清的混乱状态中基于事实、推测、预测、思考、意见等将信息转化成语言数据，根据其相互的亲和性整理这些语言数据，使问题明了的方法
	连关图法	将复杂的问题转化成语言数据，再对于这些问题点进行1次、2次原因的展开，从而准确定位到主要原因（应该采取对策的重点项目）的有效方法
	系统图法	为了达成设定的目的和目标，系统地展开手段、措施，从而找到达成目的和目标的最佳的方法
	矩阵图法	重点关注由行特性与列特性组成的二元表，①探索问题的所在与形态②构思问题解决手段的图法
	矢量图法	以达成目的所必须的实施事项（手段、策略等）为主，利用网络矢量图按时间顺序建立最优的日程计划，从而高效管理进展的方法
	PDPC法（过程决定计划图）	Process Decision Program Chart 的简称。于某一项目的实施过程中根据事态进展假象各种可能的结果，从而决定理想流程的方法
	矩阵数据解析法	将矩阵图中陈列的众多数据清晰整理的方法。是新QC七个道具中唯一的数值数据解析法

出自《新版质量管理手册（第2版）》（朝香铁一、石川馨、山口襄主编·财日本规格协会）有改动

* 累积和：在第一组数据的基础上加上第二组数据，再在此基础上加上第三组数据……重复的增加下一列数据的值。

3.20 注意新品（第一批产品）的生产

在新品生产时，生产现场的负责人根据量产时的设备类和生产条件等，为了不制作出和日常的量产品相比图样中也没有的混合品等，必须认真管理，按照计划来进行生产、检查、交付是非常重要的。

▶▶ 1. 新品是什么

产品和我们人类一样是有寿命的。因此，生产现场现在正在进行生产的产品也不可能永远持续到未来。因此，作为生产现场，为了能生产出与迄今为止不同的新产品而进行相应的应对是非常重要的。

像这样在生产现场的生产线上，为了应对即将到来的生产对象产品的更替，生产与普通的量产品不同的新品也是非常重要的作用。在生产现场，这种初次生产或制造出来的产品被称为"新品"，根据企业的不同也被称为样品，与其他产品有着明确的区别。同样，把生产新产品称为新品生产，和普通生产进行区别。

▶▶ 2. 新品生产的注意点

新品和其他量产品进行区别管理非常重要。作为生产现场的负责人，为了不与其他的量产品混淆在一起，或者说为了不使其他规格不同的产品相混合，以及制造出图样中没有的混合品，必须明确识别新品并进行该生产。为此，在新品上附上货签和标记等再投入生产线是有效的手段。

另外，对于新品生产，根据量产时的设备类和条件进行生产是非常重要的。新品在客户的检查中通常也会更严格，所以一般情况下，如果改变生产条件等进行生产，或者交付良品等现场进行修补，在实际量产时出现质量问题就会导致生产现场的混乱。作为生产现

3.20 注意新品（第一批产品）的生产

场的负责人，始终以量产生产的 4M 条件等（参阅 1.10 节）进行生产并确认产品质量，如果出现问题尽快采取对策是非常重要的。

另外，在新品生产完成后，会让检查部门进行入检*。该检查称为新品检查（客户也经常使用相同的表达），将记录检查结果的检查成绩单和生产管理部门制作的储物手续及新品现货（样品）一起发送给客户，上述活动称为**新品处理**。

作为生产现场的负责人，在新品生产时与相关部门进行合作互助，让新品不与其他产品混淆，切实按照计划进行生产、入检、交付所需的环境实施准备和管理来进行新品生产，为该生产线即将到来的新旧产品更替做好事先准备是非常重要的。

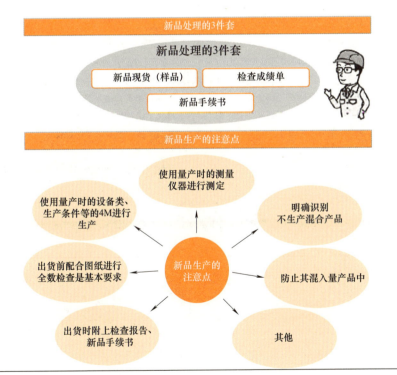

* 入检：为了让被检物接受检查而暂放检查部门。

生产现场负责人进行质量管理的关键

食品行业因出现异物混入问题等引起的商品回收、建设行业因出现打桩数据挪用问题而引起的公寓重建等情况的发生，使得生产现场比之前更加关注质量管理的重要性。因此，为了确保该产品所要求的质量，生产现场的负责人发挥的作用也越来越大。

质量问题一旦出现，长年积累的信用和信任就会瞬间化为泡影，大部分情况也很难挽回。甚至可能会出现企业陷入存亡危机等情况的发生。因此生产现场的负责人认真切实进行日常的质量管理，在此基础上进行生产是非常重要的。

为了不发生这些质量问题，生产现场的负责人在每日的生产活动中认真做好QC工序表等所指示的质量特性是非常重要的。为此要让作业人员切实遵守规定的管理方法，留下记录，以便日后能验证生产记录等，提升作业人员的质量意识并使其配合工作的方法，必须使用这样的方法来防止不合格产品的出现。具体而言，生产现场的负责人必须让作业人员严格遵守不生产不合格产品的基准/标准类，还要仔细考察生产出的不合格产品并找出为什么出现这种问题的原因。为了防止不合格产品再次出现，重要的是好好制定长远对策。除此之外，必须将对策结果反映到基准/标准类上进行制止，并在其他岗位进行水平（横向）展开（参阅1.24节）等，最终实现全公司团结一致构筑质量保证水平高的生产线。

此外，要突出该车间的不良率，提升作业人员的危机意识，结合对策行动，灵活运用各种控制图，采用ppm管理也是非常有效的。

通过这些活动来提升作业人员的质量意识，积极推进采用不接受、不制作、不流出不合格产品等机制性的活动，构建无论是谁进行生产都能确保该产品所要求的QCD的生产现场。

生产现场负责人的现品管理

在生产现场实际存在着各种各样的物品,如原材料、零部件、机械、工具工装、模具等。如果不进行管理,不能达到在需要时能够立即使用的状态的话,会造成很多浪费和损失,以至于无法推进高效、经济性的生产。

在竞争激烈的当下,将必要的现品减少至最小限度,使生产现场变得简洁化的同时,通过灵活运用、组合各种管理,提升生产效率,实现高效、经济性的生产。

本章将介绍作为生产现场的负责人应该知道的现品管理的基础知识和管理对象物品,减少其管理工时,为高效、经济性地生产优质QCD产品,生产现场的负责人要在日常进行推进的管理方法和推进方法。

4.1 现品管理是什么

现品管理，是以生产现场的负责人为中心，与以作业人员为首的相关部门共同进行合作互助，将工厂内实际存在的各种物品以及自己所负责车间中各种物品的状态进行适当管理，并与高效、经济性的生产活动联系在一起是非常重要的。

1. 现品管理是什么

在工厂内，以原材料为首的构成零件类和在制品（参阅4.9节）、产品，还有制造产品所需的刀具、模具，甚至是油脂类等辅助材料等各种各样的物品都被放得满满的。

对这些物品进行搬运、移动、储存、保管等适当的状态管理被称为现品管理。另外，根据行业不同，有些企业也把现品管理称为现物管理。

以生产现场的负责人为中心，与以作业人员为首的相关部门共同进行合作互助，认真进行现品管理，尤其是自己负责车间的现品管理，减少作业人员寻找今后进行作业中所需物品的浪费时间，能够顺利取出该生产所需的物品，实现高效、经济性的生产活动，同时也能构筑表面上清爽的生产现场。

2. 现品管理的推进方法

作为现品管理的代表性推进方法，有通过粘贴现品票（示例见右图）的**识别管理**、**位置管理**（参阅4.3节）、**分色管理**等。

在通常情况下，**现品票**（Identification Tag）上会记录产品等物品的名称、编号*、数量、制造编号*、交付期等。然后，在现品上粘贴或附加记录上这些的票等，为了能够明确识别现品而进行的管理被称为识别管理。

---

* 编号：为了实现明确识别，对产品、零件及原材料等分别标注固定号码。

* 制造编号：某产品在制造时所给与的固定号码，在生产中的各种管理和出货，甚至出货后的产品寻找等使用的号码体系，很多时候也称为生产编号。

4.1 现品管理是什么

如果工厂内的物品没有附带现品票的话,会造成错误使用物品,识别物品浪费时间,同一物品重复生产,或者在规定的地方匆忙生产引发错误和损失等各种各样的纠纷,引起生产现场的混乱。为了防止这些事态的发生,使生产顺利进行,以生产现场的负责人为中心,在管理对象上贴上现品票,相关人员能够在短时间内准确识别现品,这是非常重要的。

所谓分色管理,是将现品管理的对象进行分色以便于缩短寻找的时间及防止误用等,也可以说是可视化管理(参阅 1.24 节)的一种,代表性的例子为不良品是红色,修改品是黄色,主件和极限样品*是白色,在同一产品用的工具工装上预先规定好同一颜色,在现品上涂上指定颜色供管理用等。

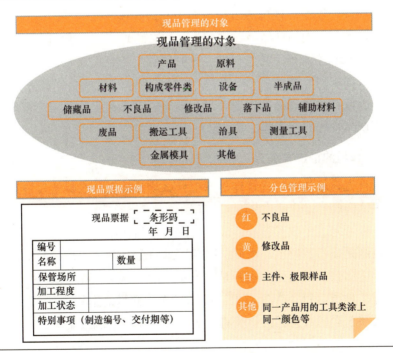

* 极限样品:指在产品上的损伤及喷涂不均匀等的产品瑕疵程度界限的样本,一般和采购方协商决定。运用方法请参阅 3.4 节、3.12 节、3.16 节。

4.2 现品管理的位置、数量和流程

为高效、经济地推进生产活动，以生产现场的负责人为中心，以自己所负责车间为首要对象，在工厂内对现品的搬运、移动、储存、保管等状况进行管理的同时，对各种现品从位置、数量和流程三个方面进行严格的管理是非常重要的。

1. 现品管理的三管理是什么

工厂内摆放着各种各样的物品（参阅4.1节），在这样的情况下，要想使生产现场进行高效、经济性的生产活动，及时把握生产所需的物品在哪里、在什么样的状态下存在及保管是非常重要的。

为此，以生产现场的负责人为中心，必须掌握以自己负责的车间为首的工厂内的现品分别放在哪里（位置）、几个（数量）以及该商品的状态（流程）是怎样的。只有能够牢牢把握这些，才能确保生产活动顺利地进行。

因此，关于现品的位置管理、数量管理、流程管理三个管理被称为现品管理的三管理，备受瞩目。

2. 三管理的推进方法

首先，最初的位置管理是指把什么物品放在什么保管位置进行管理，构成位置管理（参阅4.3节）的一部分。

接下来关于数量管理，掌握管理对象品种中有多少保管量并加以控制是非常重要的。为此，确保管理对象品种适当数量的管理和减少适当数量活动同时进行是非常重要的。这里，确保适当数量的管理，是指对每个管理对象品种进行规定数量的定数管理*，设定上限和下限的数量并进行管理，也可以使用架子和胶带等进行可视

---

* 定数管理：类似确保标明1箱放12个的产品最终放入了12个指定对象，不出现数量不足的管理。

4.2 现品管理的位置、数量和流程

化管理（参阅 1.24 节）。另一方面，减少适当数量活动，是指每个管理对象的物品所设定的上限和下限的设定值本身也在下降的活动，与强化本企业生产体质的活动联系起来实施是非常重要的。

关于流程管理，是指是否转移到与该产品工顺*不同的场所而进行的管理，与减少储存时间的活动两者一同进行十分重要。这里所谓的工序管理，或者说是指管理对象品是否被移动到与原本的搬运路线不同的地方，容易出现弄错了工序顺序或是跳跃工序等，通过颜色线管理或移动工作票、FP（参阅 3.13 节）的设置等进行管理。另外，所谓减少储存时间的活动，是指加工等待（参阅 4.5 节）、减少管理对象品储存的时间和在制品（参阅 4.9 节）的管理，与生产周期（参阅 5.6 节）缩短活动等一同实施是非常重要的。

现品管理的三管理		
现品管理的三管理	**【内容】**	**【代表性措施】**
位置管理	管理哪个产品放在哪的保管位置	货位管理 / 制作保管分类账 / 制作保管地图
数量管理	确保适当数量的管理及减少适当数量的活动	成员人数管理 / 以适当数量进行管理 / 生产体制强化活动
流程管理	工序的管理及减少滞留时间的活动	颜色线管理 / 移动工作票 / FP的设置 / 生产周期缩短活动

＊工顺：工序顺序的简称。

4.3 在位置管理中提升生产效率

虽然统称为位置管理，但是为了提升生产效率，生产现场的负责人要把亲眼看到的管理和5S等活动、现品管理和库存管理联系起来作为实施的基础，这是必不可少的。

▶▶ 1. 位置管理是什么

在众多的生产现场中，有些车间很杂乱，不知道生产所需的原材料、构成零件类、治具类等工具在哪里，有时找起来要花费很多时间。这些车间中产品的QCD（参阅1.11节）一般很低，而且S（安全）和M（道德）也很低。

要从这种情况中解脱出来，生产所需的物品（管理对象品）在哪里以及收纳了多少，任何人都能马上知道。作为管理方法，在必要的时候可以马上拿出来使用，这就是**位置管理**。

位置管理具体方法可以分为自由位置系统（Free Location System）和固定位置系统（Fixed Location System）两类。自由位置系统预先确定了收纳同一品种物品的区域的大框架，是将其收纳在空闲地方的方法。固定位置系统根据各产品编号（参阅4.1节）预先确定收纳场所，在规定的地方对规定的物品进行收纳。

通过实施位置管理，可以马上取出生产所需的东西，可以马上了解生产所需物品的库存状况，具有让职场变得整洁等优点，既可以享受到上述好处，也可以减少寻找、调查等浪费，可以以该职场的SQCDM（参阅1.18节）等为首，提升生产效率[*]。

为了使这些位置管理成功，实现顺利地生产，在规定的地点（定位）规定的物品（定品）只放置规定的量（定量）这样的**3定**的想法，作为现品管理（参阅4.1节）的一环来实践是非常重要的。为此，

---

[*] 生产效率：输入能效与减去损失部分后的输出能效的比率。

4.3 在位置管理中提升生产效率

生产现场的负责人在确保生产所需的保管对象物品的保管场所（参阅4.12节）时，要把可视化管理（参考1.24节）和5S（参考1.23节）等活动与现品管理、库存管理（参阅4.6节）联系起来，缺一不可。

▶▶ **2. 位置管理的推进方法**

作为位置管理的推进方法，基于3定和可视化管理的思考方法，步骤如下图所示，目前有很多企业也在实施以下步骤。

作为位置管理的具体推进方法，生产现场的负责人应与该车间的作业人员一起，在通道和保管区域画上白线，准备架子和数据网，准备货物的高度限制标识，确保管理对象物品的放置场所是很必要的。另外，在运用阶段，注意不要把物品放在通道或架子上等规定场所以外，或是超出指定堆叠层数，关键是管理负责人在车间内进行指导并贯彻实施。

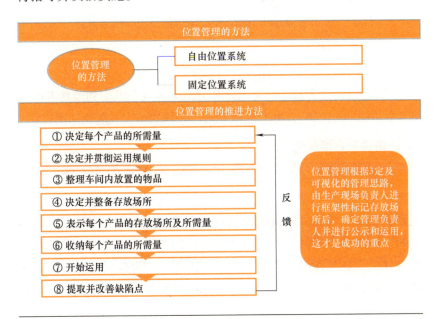

4.4 推进小批量生产

在社会和消费者需求变化激烈的竞争环境下，以生产现场的负责人为中心，缩短负责产品的生产时间，提升生产的灵活性，推进能够适应需求变化的小批量生产是不可缺少的。

▶▶ 1. 小批量生产是什么

在大量生产某个产品的情况下，将适当的数量在相等条件下生产出一批，称之为批量*生产，根据情况的不同也称之为成批生产（参阅 2.2 节）等。这时，统一生产的数量叫作批量规模或生产批量。

由于批量生产在各工序的批量加工完成后进入下一个工序（具体示例参阅 4.5 节），所以工序数和批量规模越大，在制品（参阅 4.9 节）和成品越多，生产周期（参阅 5.6 节）越长。因此，生产部门通过缩小批量规模来缩短生产周期。其中，将批量规模进一步缩小生产称为小批量生产。

这些小批量生产可以缩短生产周期来提升生产的灵活性（参阅 2.20 节），因此很多制造商采用这种方法来实现与顾客和消费者的需求变化相适应的创新，越来越需要生产现场的负责人起到作用。

▶▶ 2. 小批量生产的优势

以生产现场的负责人为中心推进所负责产品的小批量生产，可以缩短生产开发周期，能够迅速对应客户的订单，更容易应对生产计划的变动，可以大幅减少原材料、半成品、产品的库存以及保管空间，可以减少现品管理工时和库存管理工时，减少对出入容器时的浪费，推进各种问题点的表面化和改善等，得到如右图所示的优势。这就是所谓的"生产的简约化（参阅 6.21 节）"。因此，很多制

---

* 批量（Batch）：1 批生产的量。

4.4 推进小批量生产

造商致力于推进小批量生产，致力于缩短生产周期，高效地利用有限的经营资源。

在这样社会和消费者需求变化激烈的竞争环境下，通过较少的经营资源投入，能够适应这些需求变化的小批量生产正是时代的要求。为了具体推进这些小批量生产，生产现场的负责人和以作业人员为首的相关部门进行合作互助，推进第 5 章详细叙述的计划时间的缩短是不可缺少的。

* 运作资金：企业推进生产活动时必要的原材料购买、经费支付、票据结算等所需的资金。

4.5 推进单件流生产

生产现场的负责人和相关部门进行合作互助，推进单件流生产，减少半成品、缩短该产品的生产周期、减少现品管理工时和生产空间等，顺利实现简约生产的要求。

▶▶ 1. 单件流生产是什么

为了在重复生产中推进更加高效、经济性的产品制造，要求原材料和零件不能滞留*在工序内，要顺利地进行流动生产。因此，作为有效的生产方式，可以列举**单件流生产**。

单件流生产是指将被加工品或被组装品按工序顺序一个接一个地加工或组装，依次流进下一个工序后，重复完成所规定产品的生产方式。

单件流生产方式是指流程生产方式，即某个工序在加工被加工品或被组装品并流入下一个工序期间时，其他工序也可以完成各自的工作并流入下一个工序，适合大量生产廉价均质的工业产品。

▶▶ 2. 单件流生产的效果

在消费者需求剧烈变化的现在，为了适应这种变化，换言之为了提升生产的机动性和灵活性，在极力减少在产品等的生产量的同时，通过大幅度缩短切换时间，从大批量生产到小批量生产、从小批量生产向单件流生产转移。

例如，如右图所示，如果批量生产（参阅4.4节）中每次都会发生加工（工序）等待和搬运等待，该产品的生产周期（参阅5.6节）变长、生产过程不灵活，不能适应消费者需求的变化，或是由于不良品发生导致的人数不足、补充生产有等待时间等，可能会被判断为该设备和生产线能力不足。

* 滞留：物品没有流动，在同一地方停滞的状态。和储存（参阅2.12节）并列为要素工序的停滞的一种。

4.5 推进单件流生产

因此，生产现场的负责人作为高效、经济地生产所负责产品的一环，不仅要与作业人员等相关部门进行合作互助减少生产批量，而且要尽量避免批量生产，推进单件流生产。换言之，通过生产现场的负责人推进单件流生产，可以缩短该产品的生产周期，容易应对消费者需求的变化，同时也可以减少各工序间的半成品，减少现品管理工时和生产空间，实现生产的简约化，作为企业也能取得很大的效果。

另外，在启动新产品和换代产品等的生产时，生产现场的负责人对生产工艺部门从一开始就要求实施单件流生产而不是批量生产，这是非常重要的。

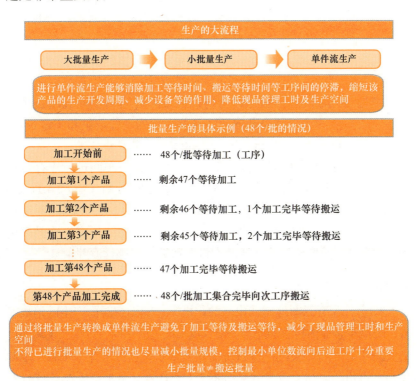

4.6 通过库存管理增强生产体质

为了在指定交付期内高效、经济地生产某个产品,生产现场的负责人与以作业人员为首的相关部门进行合作互助,为了尽可能在少库存、少工时的情况下生产,修改库存管理方法,强化生产体质是非常重要的。

▶▶ 1. 库存管理是什么

以原材料、半成品或产品等形式,在企业内持有的物品称为库存(Inventory)。这些库存有吸收、调整需求量和供给量差异的重要作用。虽然这么说,但是库存大也并不是好事。过大的库存会使企业内物品溢出,不仅掩盖了各种问题点,还会增加管理工时,压迫资金周转。另一方面,在库存过少的情况下,会发生等待时间(参阅5.13节)、库存候补和追迫交付,也会阻碍顺利生产和出货等的执行。因此,为了维持企业内所持有的库存的良好数量和质量状态,库存管理(Inventory Management Control)是非常重要的。

此外,生产现场订购原材料和零件等,在该车间进行库存调整时,以生产现场的负责人为中心,利用ABC分析(参阅4.11节)的实施结果,重点管理对象A组物品采用定期订货方式*,通过订货量的增减来调整库存量。另一方面,对B组物品和C组物品采用定量订货方式*,通过增加或减少订购次数来调整库存量。

▶▶ 2. 如何减少库存

库存分为有意图地制造出来的积极库存和无意图而产生的消极库存。要减少企业内持有的库存,使其成为简约的车间,以生产现场的负责人为中心,与相关部门进行合作互助主要包括以下几个步骤。①调查现在身边的库存;②重点是分类为积极库存还是消极库存;③针对

---

* 定期订货方式(Periodic Ordering System):在固定的采购间隔内,每次采购时决定采购量的库存管理方式。

* 定量订货方式(Fixed Order Quantity System):固定采购量库存管理方式,也被称为采购点方式,是采购时间变动的采购方式。

4.6 通过库存管理增强生产体质

消极库存，推进减少活动，同时对为什么会发生消极库存进行分析；④探索真正的原因；⑤制定对策方案；⑥实施对策；⑦接下来确认对策的结果，如果对策有效果的话；⑧进一步减少对策对象和下一个对象；⑨在相关的工作单位也进行水平（横向）展开（参阅 1.24 节）。为了防止再次发生，要切实进行抑制（参阅 3.15 节），推进**库存减少**。

这样，通过依次削减消极库存，各种问题点浮出水面，在一个等级上的管理和改善变得容易的同时，也能以较少的库存量和工时进行生产，增强生产体质。

另外，在推进积极库存减少的情况下，首要的是将生产联系起来，制定能够减少的条件后再实施对策方案是非常重要的。

生产现场订货的库存调整方法

【ABC分析】	【订货方式】	【调整方法】
A组品	定期订货方式	根据订货量的增减调整库存
B组品	定量订货方式	根据订货次数的增减调整库存
C组品		

减少库存的步骤

① 调查目前的库存量

② 分类为积极库存及消极库存　　　　　优先减少消极库存

③ 减少消极库存并调查分析消极库存的发生原因

④ 探究发生的真正原因

⑤ 制定、讨论对策

⑥ 实施对策

⑦ 确认效果　否 → 重复

是

⑧ 对策对象的进一步消减及对下一对象的消减

⑨ 向其他车间的水平（横向）展开 & 暂停

4.7 彻底实行先进先出

在产品寿命越来越短的当下,在从材料仓库等向生产现场提供原材料和零件时,生产现场的负责人要采用避免产生长期滞留产品的先进先出法,并使其顺利实施,这是非常重要的。

1. 先进先出法是什么

对于产品生产所必需的原材料和零部件,很多企业在接受检查后暂时保管在仓库里,在必要的时候交给生产现场。

这时,作为出库入库的方法,有**先进先出法**[*]、**后进先出法**[*]、随机法等。产品和半成品[*]的出库入库等也用同样方法进行。

这里所谓先进先出法,是指从先入库的物品开始按顺序出库的方法,在各种管理方面有很多好处(见右页),在相当多的企业中被采用。另一方面,后进先出法是指从后入库的物品开始依次出库的方法。此外,所谓随机法,是指不考虑入库顺序而出库的方法。

计算出库金额的方法有先进先出法、后进先出法、移动加权平均法、总平均法、个别法、标准成本法等。

2. 减少保管品

原材料、零件、甚至产品等的出库方法,如右页所示,各有利弊。在这样的情况下,消费者需求的多样化、个性化和产品寿命的短期化正越来越严重的现在,考虑到保管品的质量劣化和腐化等因素,采用先进先出法的企业越来越多。

先进先出法使用入库日期和批量编号[*]等,从入库顺序较早的开始依次确定出库顺序,所以入库时要认真把握日期、数量、保管场所等。

在生产现场,为了根据这些现状将质量劣化等损失控制在最小

---

[*] 先进先出法:First In First Out。
[*] 后进先出法:Last In First Out。
[*] 半成品:产品生产过程的中间产品,是具备未来可以销售状态的产品。
[*] 批量编号:在决定批量生产时,给与各个生产批量的识别号码。

4.7 彻底实行先进先出

限度,需要彻底实行长期产生滞留品风险小的先进先出法。生产现场的负责人必须让作业人员反复理解并贯彻这件事。

继而,为减少仓库和生产现场的管理工时并进行顺利生产,要尽力减少原材料和半成品、产品等保管品的库存量并加以改善,这是逐渐提升企业业绩非常重要的一点。

库存方法的种类与特征	
种类	特征
先进先出法	• 不容易产生长期滞留品 • 防止质量劣化 • 防止陈腐化 • 为了顺利实施需要下工夫管理等
后进先出法	• 不需要太细致的管理 • 比先进先出法需要的保管空间少 • 由于长期滞留有可能会发生质量劣化及陈腐化等
随机法	• 空余空间可以入库 • 可以将容易出库的产品快速出库 • 由于长期滞留很容易发生质量劣化及陈腐化等

现品的库存方法基本采用
先进先出法
彻底实行需要生产现场负责人
发挥很大作用

出库金额计算方法的种类
出库金额计算方法

- 先进先出法
- 后进先出法
- 移动加权平均法
- 总平均法
- 个别法
- 标准成本法

4.8 减少原材料

产品生产的原材料和其他库存一样,在企业内有库存过多的倾向。运营资金增大是企业经营压力增大的主要原因。为此,减少企业内保存的原材料的库存量和使用量是非常重要的。

▶▶ 1. 原材料是什么

原材料(Raw Material)是生产产品时所必需的原料和材料的总称。

换言之,原材料是在看到最终产品时与原来的形状状态不同的物品。原材料有以下特征:在生产现场中,辨别产品适用何种原材料是很困难的,将用在多个产品中的同一材料区分出来而进行管理也是很困难的。

▶▶ 2. 减少原材料的方法

为高效、经济性地管理原材料,减少公司内保存的原材料是有效的方法。为此,生产现场的负责人要与相关部门进行合作互助,共同利用下述方法,减少原材料的库存和使用量。

为减少原材料自身的库存,生产现场的负责人要与以作业人员为首的相关部门进行合作互助,推进5S和位置管理等活动,集中原材料的保管场所,明确使用产品名称和使用部门,缩小订货量,这些改善是很必要的。

例如,在多个产品大量使用同一原材料的情况下,为减少去原材料仓库替换的次数,多数情况下,各生产现场要进行整理并确保同一原材料的集中。根据上述生产现场的行动,虽然在账本上显示有库存,但在原材料仓库中会没有现品。因此,共同使用该原材料的其他车间的作业人员必须在相应的工作岗位上寻找并获取该原材

4.8 减少原材料

料。生产现场的负责人为了省去这些到处寻找的损失，找出双重订货、大量订购的情况等，为了改善并减少运作资金（参阅 4.4 节）等，需要一个一个地切实减少企业经营压力的主要因素。

接下来要减少原材料的使用量，除了需要生产现场的负责人和相关部门进行合作互助，推进设计评审（参阅 6.18 节）和试制等活动之外，还要提升出材率和良品率（参阅 6.5 节）。

这里的出材率是指实际生产的产品量对于投入的原材料量的比率，可以用下图所示的公式求出。

作为提升这些出材率的对策，要在材料提取上下功夫，减少废料量，将端材*等应用到其他产品中，使用这样的方法，从同一原材料中增加可以使用的量是非常重要的。

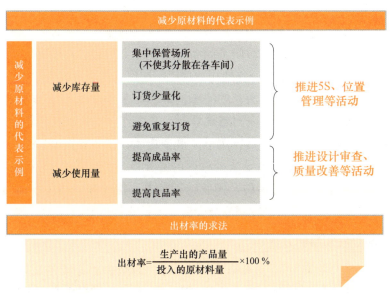

选材和二次材料的利用对于提升出材率很重要

---

* 端材：指的是板材等材料制作成产品后残留的材料，如何使其更少是管理的关键。

4.9 减少在制品

在制品也可以说成是隐藏在生产线内的库存，减少在制品不仅可以减少库存，还可以缩短生产时间、减少管理工时。因此，生产现场的负责人发挥的作用变得非常重要。

1. 减少在制品的必要性

在制品（Work-in Process）是指从材料仓库中取出的原材料和零件等在生产工序中或生产线端（参阅 4.10 节）等，未作为成品入库的物品。

这些在制品主要是由于工序间的周期时间（参阅 2.15 节）差异和组装所需的构成部件交付延迟等原因，在无法顺畅流通之处产生了物品的滞留，也被称为是隐藏在生产线内的库存。换言之，在制品是由于工序间的周期时间不同和构成部件类的交付延迟等原因而发生的，还有吸收这些部件的缓冲功能，所以很难表现出来。

在制品之所以引起大家的注意，是因为在多数情况下当较大的事故或灾难发生时，或者财务结算时，其多作为存货出现在资产负债表上。作为结算时的具体例子，很多管理者在结算书出具并看到其金额大小后，立即倡导减少库存的必要性，这样的企业有很多，但也只不过是暂时的措施。摆脱这种状态，构建强大的生产体质，脚踏实地地进行日常的在制品减少活动才是非常重要的。

2. 减少在制品的方法

在进行批量生产（参阅 4.4 节）时，为减少不必要的在制品，以生产现场的负责人为中心按照以下步骤进行小批量生产、单件流生产（参阅 4.5 节），然后进入到一人生产[*]。

---

[*] 一人生产：某个生产模块的作业由一个作业人员负责的生产方式。

4.9 减少在制品

具体而言，主要包括以下步骤。①调查有哪种在制品，以及在什么位置，数量有多少；②调查各工序的周期时间；③工序间的周期时间是在制品数量增大的原因，要改善周期时间的偏差，做到即使没有在制品也能进行顺利地生产；④缩短工序间的距离；⑤作业人员负责多个工序，减少作业人员人数；⑥转移至**一人生产方式**。换言之，通过减少作业人员人数和空间，来减少工序内在制品的数量。

在丰田生产方式中，对每个设备都规定"标准持有*"的个数，如果超出了个数就自动停止设备，并进行防止在制品增加的管理。

这样一来，生产现场的负责人通过减少在制品，不仅可以减少库存资产，还可以缩短生产领导实践，减少在制品的管理工时。此外，多数企业引入以单元生产方式*为代表的一人生产方式，减少在制品也便于企业更容易转移至一人生产方式的优点。因此，生产现场的负责人对减少在制品的作用愈加重要。

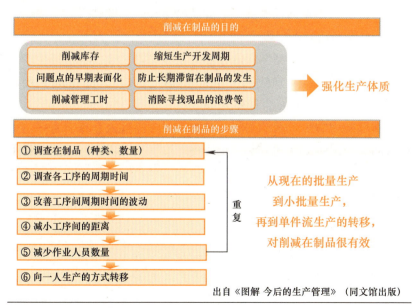

出自《图解 今后的生产管理》（同文馆出版）

---

* 标准持有：推进作业的前提下最小限度的工序内在制品的数量。
* 单元生产方式：某个模块或者产品由一个或者多个作业人员生产的方式。越是多能工化（参阅 7.12 节），越是可以实现少人数生产的生产方式。

4.10 减少成品库存

要想构建简约的经营体制、成品的流通顺畅，极力减少成品的库存是不可缺少的。为此，生产现场的负责人与相关部门进行合作互助，推进软性和硬性方面的对策变得非常重要。

1. 如何减少成品库存

在制造商中，全部完成生产流程的产品，或者说可以出货的半成品（参阅4.7节）一般称为成品。

这些成品以往都是先保存在成品仓库等处，然后根据顾客的要求发货。这种做法需要搬运、保管、分类成品等作业，同时需要进行这些作业的作业人员、搬运工具或空间等很多经营资源。

为了在当下严峻的企业间竞争中胜出，生产现场的负责人与相关部门进行合作互助，要求这些成品的流动能够顺利，减少成品的库存，构筑简约的生产体质。

作为减少这些成品库存的具体方案，可以大致分为缩短生产周期（参阅5.6节）、生产线端*出货等软性方面的对策，也可采用新的生产方式等硬性方面的对策。

这里所谓的生产线端出货，是指不将成品进入仓库，直接从生产线向客户出售成品的方法，是一种能取得巨大成果的方法。为了使该线端出货成功，构建能够切实执行与客户联动的生产计划的强大生产体质是不可或缺的。

2. 减少成品库存的生产方式

目前，作为减少成品库存并使经营资源最小化的生产方式，采用变种变量生产、混流生产或混合生产、同期生产的多品种少量型

---

*线端：指的是生产线的末端。

4.10 减少成品库存

生产形态（参阅 1.13 节）的企业有所增加。

这里所谓变种变量生产，是指能够根据当时生产环境的变化和需求动向来改变生产品种和生产量的生产形态所谓混流生产，是指在同一生产线上生产的物品以各种混合形式生产的形态，也被称为混合生产。所谓同期生产，是指按照以混流生产为基础，按照构成产品核心部件的组装顺序生产、供给构成部件的形态。因此，为了使同期生产方式成功，生产现场的负责人必须掌握高质量和交付期信赖性的根源——更高的管理能力和技术能力，在负责的工作岗位顺利地展开进行。

通过实现这些生产方式，可以将组装完成的物品直接进行线端出货，因此可以大幅减少成品的库存。为此，生产现场的负责人和相关部门进行合作互助，推进软性和硬性方面的对策是非常重要的。

4.11 通过 ABC 管理提升管理效率

通过在组装车间等处理构成零件类的管理中导入 ABC 管理，可以在不改变经营资源的投入量的情况下改变管理比重，提升管理效率。

▶▶ 1. ABC 管理是什么

生产现场有很多现品。其中，组装车间与机械加工车间相比，要处理数倍的构成零件等现品。而且，从大物品的重量零部件到小物件的轻量零部件，存在着各种各样的现品。

ABC 管理作为有效管理这些现品并改变经营资源投入量的方法，此处可以列举其推进方式。具体而言，调查在该车间的现品和其购买金额及使用量等，按从大到小的顺序排列，如右图 ABC 曲线（参阅 3.19 节：排列图）所示，使用"**8/2 法则**[*]"的经验规则对 A、B、C 的 3 个组（参阅 4.13 节）进行分层和分析。这被称为 ABC 分析，使用 ABC 分析来改变各组品的管理比重，使管理更加高效，这就是 ABC 管理。

▶▶ 2. 在现品管理中应用

为了将工厂内所持有的现品用有限的经营资源高效管理，以生产现场的负责人为中心，通过 ABC 分析对管理对象进行分层分析，引入根据该管理对象改变管理比重的 ABC 管理是有效的。

具体而言，属于 A 组的现品金额上高额物品很多，所以要进行**重点管理**。另一方面，属于小物件较多的 C 组现品，将其管理交给生产线的负责人等，以简化管理。一般来说，在处理属于 C 组小连接零件的组装车间中，如螺栓和拉锁等，每次都要办理出库手续的话会浪费工时（参阅 2.11 节），也会降低生产率。因此，这些零件类在工作场所作为高用量支付[*]品而常备，通过简化作业人员的出

---

[*] 8/2 法则：成果或结果的 80% 来源于 20% 的要素或原因的经验法则，也称为 80/20 法则、帕累托法则、28 法则等。

[*] 高用量支付：把供应商所持有的原材料或零件等放在自己公司的仓库或生产线进行代管，出库的时候作为采购量进行支付的方式。

4.11 通过 ABC 管理提升管理效率

库手续，可以提升生产效率。

通过对 C 组物品的管理简化，生产现场的作业也变得轻便起来，作业人员也会有幸福感。与此同时，未确定的工时可能会移向 A 组重点管理的工时。

上述 ABC 管理的具体案例请参阅 4.13 节。

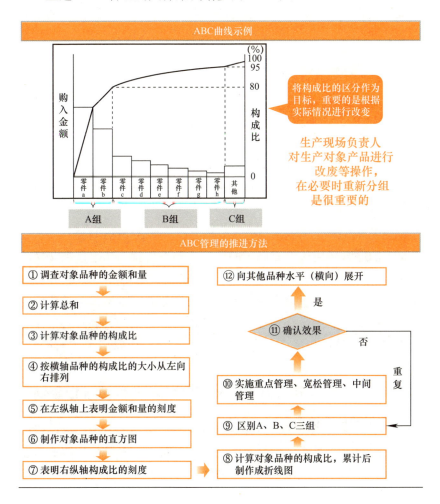

4.12 事先确定生产必要零件的保管场所

为了推进高效、经济性的生产，生产现场的负责人事先确定产品所需的原材料、零件、工具等的保管场所，并将其保存在规定的地址中，在短时间内能够顺利地取出物品是非常重要的。

▶▶ 1. 确定保管场所的必要性

生产某个产品所需的原材料、零件、工具等，与生产设备和生产线分开搬运到规定的**保管场所**，并保存在规定的位置是非常重要的。这些零件类物品在该生产完成后会被清理，为下次的生产做准备。下次使用时，能否快速准备这些零件将决定下次生产时的准备工作时间长短。因此，既需要考虑到下次使用物品的情况，还要缩短整理作业时间。

如果没有推进这些事项，生产某个产品所需要的原材料、零件、工具等的保管场所还没有确定的话，工作人员就不知道该把交换的零件等保管在哪里，只能用自己的方式将其保存在有空间的地方。这样一来，在后期整理作业中就会消失企业的一贯性，下次使用的时候其他的作业人员会到处寻找，导致下一次生产时的准备工作会花费更多的时间。

为了防止这些故障并顺利生产，生产现场的负责人要确保和固定位置管理（参阅43节）的具体方案，积极推进此活动是非常重要的。

▶▶ 2. 提升效果的具体案例

要实现生产对象品的顺利生产，不仅要缩短后期整理作业的时间，也必须缩短下次作业的准备时间。为此，生产现场的负责人不

4.12 事先确定生产必要零件的保管场所

仅要与作业人员进行合作互助，也要与相关部门共同进行合作互助，确保交换的零部件等的保管场所并单独确定零部件的保管场所，这些保管场所如右图所示，在各种手册中明确记录保管场所的位置，采用保管专用车等，通过上述措施顺利进行存取，缩短切换时间（参阅 5.7 节）是非常重要的。

另外，对于有必要进行替换的零部件等物品的保管场所要设置在生产设备或生产线附近，其中，模具等重物临近机床保管，尽量不要过多使用叉车和起重机，减少机器的等待时间。

生产必要零件的保管场所&位置的分配方法

	01	02	03	......	n
A	01A	02A	03A		nA
B	01B	02B	03B		nB
C	01C	02C	03C		nC
D	01D	02D	03D		nD

- 对于生产必要零件的保管场所的机箱类，从左到右标记 01、02、03、…、n，从上到下标记 A、B、C、…等如此分配，因此各保管场所对应 01A、02B、03C、…等标记，如此分配生产必要零件（套件保管用托盘单独保管，参阅4.13节）
- 分配的零件类要在步骤书中写明其位置，使其简明了任何人都能看懂保管在哪儿，并能够短时间顺利取出

生产现场负责人让作业人员将零件保存在规定的场所，因此任何人都可以快速准备生产必需的物品，省去来回寻找的消费，缩短生产准备时间和后续整理时间

第 4 章　生产现场负责人的现品管理

4.13 按照使用频率确定保管场所

为了促进高效经济的生产，生产现场的负责人对负责的工作场所采用 ABC 分析的思想，根据生产所需零件的使用频率确定存放地点，缩短整理和准备的非生产时间。

▶▶ 1. 把握使用频率

为了顺利地将生产某个产品所需的原材料、零件、工具等搬入生产现场，以生产现场的负责人为中心，首先调查和统计这些零件在一定时期内的使用频率。然后，参考 P-Q 分析*，纵轴为使用频率，横轴为品种，按照使用频率高的顺序从左侧开始排列各个品种，制作如 4.11 节所示的图表，使各个零件的使用频率可视化。由此可以正确把握哪个零件的使用频率高、哪个零件等的使用频率少等关系。

这些 ABC 曲线（排列图）将 ABC 分析（参阅 4.11 节）的方法应用于生产所需的各种零件类的**保管场所分配**，一般将纵轴构成比不足 80% 的横轴项目分配到 A 组，纵轴构成比 80%~95% 的分配至 B 组，纵轴构成比 95% 以上的分配至 C 组，层别法可参阅 3.19 节。

▶▶ 2. 根据使用频率分配保管场所

接着将 4.12 节中各种零件类的保管场所进行货架分配，从容易存取的位置开始依次分配使用频率高的零件类物品保管场所。具体而言，上述 A 组物品使用频率高，换言之用于主要产品的生产，所以分配容易取放的地方，对于重物等还要准备保管专用车。另一方面，C 组物品因为使用频率低，所以要留出 B 组物品的空间，一般放在最上面或最下面一层这样存取有点困难的地方，根据保管空间的情况，也会分配稍微远一点的地方。B 组物品利用中间的地方进

---

* P-Q 分析：通过把产品的种类（P）和生产量（Q）可视化，准确的把控现状的分析方法。

4.13 按照使用频率确定保管场所

行分配收纳。然后，按照各种零件类的保管场所所在地、门牌号等地址（参阅 4.12 节），明确记载在手册中。

由此一来，什么零件保管在什么位置，相关人员了解了零件的使用频率就可以轻松存取使用频率高的零部件了。

接下来，推进此活动，通过切实实行 5S（参阅 1.23 节）活动、位置管理（参阅 4.3 节）、可视化管理（参阅 1.24 节）等活动，可以减少各种零件的整理时间和下次生产的准备时间，进而缩短所有时间。工装管理（参阅 6.2 节）也要和这些活动一同推进。

生产现场的负责人通过实施上述活动，缩短生产品种替换所需的整理时间和准备时间，增加生产附加价值的生产时间。为此，在一些产品的生产中将同类零件集中进行保管，即采用**成套保管**的方式也很有效。

各种零件类的ABC分析示例			
区分	A组	B组	C组
使用频率的构成比（目标）	不足纵轴80%的横轴项目	纵轴80%~95%的横轴项目	纵轴95%以上的横轴项目
各种零件类的使用频度	高	中	低
管理比重	重点管理	中间管理	宽松管理
保管场所	·便于收入取出的场所 ·专业推车化等	中间场所	·收入取出少有困难的场所 ·稍远的场所等

由于各种零件类的保管场所、保管方法的不同会导致后续整理、准备等非生产时间发生巨大变化，因此落实管理十分重要

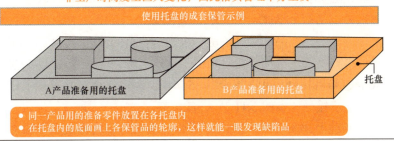

使用托盘的成套保管示例

A产品准备用的托盘　　B产品准备用的托盘　　托盘

- 同一产品用的准备零件放置在各托盘内
- 在托盘内的底面画上各保管品的轮廓，这样就能一眼发现缺陷品

4.14 妥善处理不合格产品

在发现不合格产品的情况下,生产现场的负责人为防止二次问题的发生,如由于错误使用或与其他产品混在一起的情况,要仔细记录并对不合格产品进行妥善处理,踏踏实实地想办法进行再发防止是必要的。

▶▶ 1. 不合格产品的管理

不合格产品,是不满足该产品规格或脱离规格的产品,其中包括返修品和不良品(参阅 2.11 节)。

对于这些不合格产品的管理,在质量管理保证的国际标准 ISO 9001:2015《质量管理体系》的要求事项"8.7 不合格产品的输出管理"中被列出,在审查是否进行切实管理中可以看出它的重要性。具体而言,为防止错误地使用、交付不合格产品,要进行不合格产品的识别、管理和适当的处理。

▶▶ 2. 不合格产品的处理方法

在生产现场中发现了不合格产品时,如右页的步骤所示,以生产现场的负责人为中心直接对不合格程度进行评价,在从批量对象品中选出不合格产品的基础上,尽量不混入其他产品而进行隔离。然后联络公司内外相关人员并进行报告,讨论不合格产品的相关处理方法并接受指令具体、切实地实施处理。

作为不合格产品的处理方法,根据不合格的程度分为以下 4 种:①不符合规格要求事项需要再加工(返修,参阅 2.11 节);②经过返修或未返修后特别采用(参阅 3.15 节);③重新评级并进行了用途变更而让步接受(参阅 2.11 节);④废弃。

在处理上述不合格产品时,需要以生产现场的负责人为中心与

4.14 妥善处理不合格产品

相关部门进行合作互助，保存并确认时间、不合格的内容、程度、数量、处理方法、负责人姓名和确认人姓名等。因此生产现场的负责人可以日后进行检证并采取对策，也可以对该案件进行确认追踪，这是非常重要的。

此外，作为生产现场的负责人，要制作不合格产品发生时的处理标准并彻底告知作业人员，为防止二次问题的发生进行管理。同时，对于为什么会发生不合格产品不能不了了之，查明真正原因采取对策进行再发防止是非常重要的。

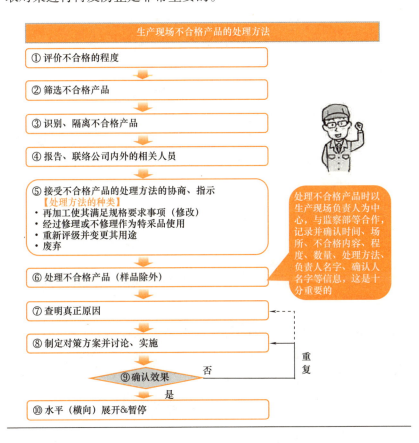

4.15 保证工厂内的现品便于移动

为高效经济地进行工厂内保管的物品的搬运，生产现场的负责人采取活性指数这种有效的方法，对搬运对象物品的状态进行评价和改善，使其保持便于移动的状态。

▶▶ 1. 活性指数是什么

通常来说，工厂内物流（移动过程）并不会自己产生附加价值，所以要通过极少的经营资源来实现必要的物流*。为此，在生产设备和生产线配置等工厂内布局上使用 SLP（参阅 2.14 节）等手段，构建方便合理的布局是十分必要的。于是，为更有效实施工厂内物流，将工厂内放置的物品等搬运对象物品保持在易于移动的状态，并为下次移动做好准备，推进高效经济性的生产是非常重要的。

为将上述对象物品的搬运便利性进行定量化，会使用**活性指数**这个指标。活性指数是将搬运物品的便利性程度进行定量化的表现，也可说是面向生产现场尺度的指标。

▶▶ 2. 活性指数的使用方法

活性指数可以通过在现场进行现品的实际调查求出，即调查工厂内保管的现品状态是否按照如右页所示表格中的状态进行放置。调查结果通过产品或生产线单位进行统计、评价，就可以提取出改善对象。然后对提取出的改善对象进行详细分析，探讨评价物品是否是必要的。在必要的情况下，则制定提升活性指数的改善方案并着手实际的改善活动。在不必要的情况下，则撤下对该对象物品的改善。在执行完上述改善活动后再次计算活性指数，与改善之前进行比较并反馈给下次的改善，这是非常重要的。

---

* 物流：指的是物资在空间和时间上的移动活动，针对特定对象领域有采购物流、生产物流、销售物流、回收物流等称呼。

4.15 保证工厂内的现品便于移动

在实际的改善中，以生产现场的负责人为中心，与以作业人员为首的相关部门共同进行合作互助，利用改善的推进方法，如下图所示，提升所负责车间的活性指数。特别是在有重物的情况下，通过提升活性指数让作业人员从重体力作业*中解脱出来，生产现场的负责人通过观察进行实际的评价和改善非常重要。

为构建更高效的生产现场，生产现场的负责人与相关部门相互进行合作互助，对于工厂内保管的现品保持在易于移动的状态而共同推进提升活性指数的活动，同时推进减少现品数量的活动也是十分必要的。

物品的摆放方式与其活性指数的关系

物品摆放状态	活性指数	内容	接下来移动的工序				工序数
			集中	立起	拿起	移动	
凌乱摆放	0	东西直接放在地板或架子上的状态	○	○	○	○	4
盒装	1	装在周转箱、袋子等容器中处于集中状态	×	○	○	○	3
带有软垫	2	放在托盘、软垫等立刻就能拿起来的容器上	×	×	○	○	2
车上	3	放在推车等东西上的状态	×	×	×	○	1
移动中	4	放在滑运道、传送带上处在移动状态中	×	×	×	×	0

换算成100分的满分制让职场间竞争是有效的方法

出自《图解 今后的生产管理》（同文馆出版）

根据活性指数改善物流的推进方法

① 调查工厂内保管的现品的活性指数
② 以产品或生产线为单位进行统计、评价
③ 以产品或生产线为单位比较并提取出改善对象
④ 详细分析改善对象
⑤ 制定改善目标
⑥ 制定对策方案并讨论、实施
⑦ 确认效果（是/否，重复）
⑧ 水平（横向）展开&暂停

*重体力作业：例如提起重物、快速运转重物等体力负担较大的作业。

4.16 通过运用物料搬运（MH）实现顺利生产

双色图解生产现场管理实务

MH 指原材料、零部件和成品等的搬运设备以及与搬运相关的全部作业。生产现场的负责人为推进高效经济性的生产，应用改善和工序再编等活动来减少 MH 是很有效的。

▶▶ 1. MH 是什么

MH 是 Material Handling 的简称，指原材料、零部件和完成品等在存取或搬运设备时所伴随的作业总称。

MH 的具体内容是在该产品高效经济性生产的布局（参阅 2.14 节）的基础上，将原材料和零件等的供给、组装、加工完成品进行排出和移动等存取活动，整体搬运的活动也列入其范围内。MH 有组装、供给和移送三类，已成为促进自动化的必不可缺的基本技术。

最近越来越多的企业在 CIM*、FA* 等工厂内部搬运自动化中利用 AGV* 的自动搬运系统（见右图），因此 MH 作为基础技术的重要性越来越高。

▶▶ 2. 追求高效的 MH

在推进自动化和连续自动运转（参阅 6.15 节）的基础上，有很多企业受到 MH 的阻碍。例如，由于供给部断货而导致待机、目标中的供给零件脱落导致生产暂停等成为阻碍自动驾驶的主要原因。结果，很多企业没有实现当初的投资目标，这样的案例很常见。

作为生产现场的负责人，为了防止这些事情的发生，需要采取有效对策，追求并实现有效的 MH。为此，要找出所负责产品的形状、尺寸等最适合的 MH，改变包装形态，改善生产体系并减少处

---

* CIM：Computer Integrated Manufacturing System 的简称，计算机集成制造系统。
* FA：Factory Automation 的简称，工厂自动化。
* AGV：Automated Guided Vehicle 的简称，自动导引车。

4.16 通过运用物料搬运（MH）实现顺利生产

理次数。具体而言，要尽力排除临时存放、姿势变更、部件返回等，统合工序并扩大分担等，减少 MH 次数，整理公司内部有实际业绩的 MH，同时也要整理应对问题对策的实施案例，通过其他公司的案例来提升 MH 技术，应用成组技术（GT，参阅 5.21 节）方法组建 GT 小组*，便于现品存取。根据不同情况，关于产品形状、尺寸等变更向产品设计部门进行提案。这里组建的 GT 小组，通过分配并应用 GT 代号*推进产品的标准化、共通化以及工序和设备的标准化、共通化（参阅 6.21 节）。通过推进上述事项，后续的作业管理（参阅第 5 章）和设备管理（参阅第 6 章）也会变得容易。

生产现场的负责人以上述事项为基础，追求更准确、更高效的 MH，通过改善和工序重组减少 MH，实现顺利生产。

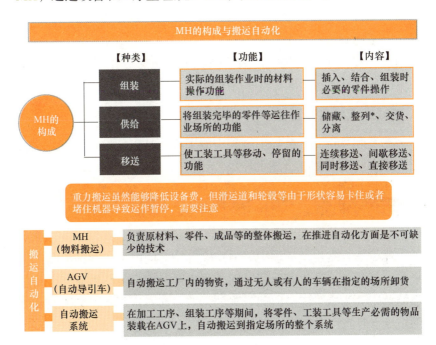

* GT 小组：使用 GT 方法分类的零件的分组。
* GT 代号：通过 GT 方法区分零件等的形状或大小等分类的标识符号。
* 整列：把供给零件的方向和姿势进行一定整理。

4.17 实施高效盘点

从生产活动本身来看,要极力缩小伴随盘点产生的非生产时间,将生产时间最大化是非常重要的。为此,生产现场的负责人与相关部门共同进行合作互助,在短时间内实施高效、顺利的盘点。

▶▶ 1. 盘点是什么

制造商在进行结算*时,在实地调查产品和原材料的持有量,或在账本上调查库存量或流动状态,这种行为称为盘点(Inventory Stocktaking)。

盘点可以分为实地盘点和账面盘点,实地盘点根据时间可分为一齐盘点法、定期盘点法、常时盘点法、循环盘点法。在上述盘点法中,考虑到工厂间的移动以及公司内外的前后道工序的产品移动等情况,在生产现场进行的大多数是全公司的一齐盘点法。同时,为了准备结算而在期末实施的情况较多。

▶▶ 2. 缩小盘点时间的影响

在实际盘点时,将加工过程中的工件等从生产设备中取出,或者直接在加工的状态下进行计数、计量后,由会计部门的工作人员和注册会计师等公司外专家进行确认。因此,虽说是一齐盘点法,但实际的问题是,由于是按照部门单位的顺序进行,所以根据车间的不同,会产生等待参与者到来的等待时间(参阅 5.13 节)。

对于在日常生产活动中努力排除等待时间的生产现场的负责人来说,伴随盘点产生的等待时间是很大的时间损失。因此,生产现场的负责人为减少盘点时间带来的影响,如右页所示,必须想办法缩短盘点时间,进行高效盘点。

---

* 结算:企业等一定期间内(一般为一年)计算收入和支出,明确这个期间内的利润、损失和财产状况等经营业绩。决算时会制作资产负债表和利润表,利润处理方案,营业报告书等财务报表。

4.17 实施高效盘点

具体而言，以生产现场的负责人为中心，将对象物品保持在易于计数计量的状态下，事先确定好实施的顺序，优先实施三班制（参阅5.8节）部门和延迟的生产现场，在盘点结束时，取得参与者许可迅速进行再生产，减少计数错误和盘点差异*，通过想办法有效利用参与者到来前的等待时间，将盘点带来的时间损失缩小到最小是非常重要的。

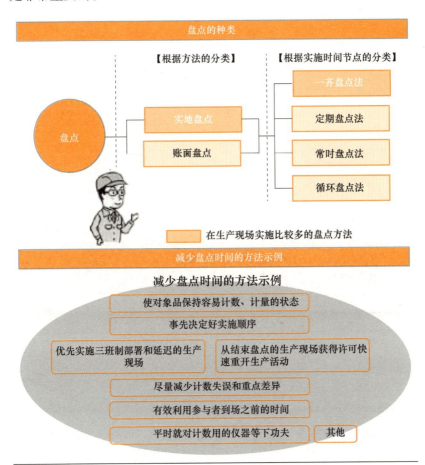

---

* 盘点差异（Inventory Difference）：账本上的库存数和实际的库存数的差异。

生产现场负责人进行现品管理的关键

在现品管理上,经常是陷入了"理论与实践不一致"的状态。比如有天发生了这样的事情,某生产现场的员工A一手拿着生产指示牌,在原材料仓库内以一脸不可思议的表情四处寻找。一问才知道,原来在生产科的账簿上应该入库的B产品用的材料C,在指示的保管场所等地方怎么都找不到。换言之,即使订货和收货上没有什么问题,但却出现了在必要时找不到关键实物的状态。因此作业人员等相关人员在生产之际不得不去寻找该货品,浪费和损耗便也悄然发生了。

这些现象的发生,是考验生产现场的负责人的管理能力的时刻。换言之,仔细考察这些现象就会发现,使用同一原材料生产类似产品的其他车间的工作人员,每次生产出库都会遇到麻烦,把生产要求量以上的原材料带到该生产现场的情况层出不穷。因此,该生产现场的负责人必须和带入多余的原材料的车间的现场负责人进行合作互助,认真进行作业人员的教育,使其不带入多余的原材料,防止双重订货。

这样一来,生产现场的负责人既要在自己负责的工作岗位上推进现品的分色管理和位置管理等的可视化,也不要忽略每天发生的这些现象,而应逐个踏实地去除这些现象,力求构建节奏流畅的生产现场。具体而言,与其他车间的现场负责人进行合作互助,为了防止出库时的填写遗漏和填写错误等记录的不完备,制定让作业人员无误记录的机制,推进让作业人员不将多余的原材料带入该生产现场的作业人员教育,以及打造防止隐瞒生产现场的不合格产品产出等不恰当行为的机制等。

作为生产现场的负责人,要牢记这些事情,必须让作业人员切实进行现品管理,构建环节流畅的生产现场。

第5章

生产现场负责人的作业管理

制造商为稳定、高效、经济地生产出优质 QCD 的产品，必须有固定的作业方法。如果作业人员都按照自己的方式进行生产，就不能保证可以稳定生产出优质 QCD 的产品。为此，必须设定标准作业和标准时间，以及只要是具备了一定技术的作业人员，无论谁来生产都必须遵守并运用的各种作业方法，使其能够生产出满足要求事项的产品。

本章将对以下内容进行介绍：在高效、经济地生产的基础上，生产现场的负责人应事先了解的作业管理基础知识，在日常作业中推进的各种方法，标准作业和标准时间的设定方法，缩短生产周期和切换时间的推进方法，生产体制的确定方法等。

5.1 作业管理是什么

为使产品进行高效经济的生产，生产现场的负责人与相关部门进行合作互助，对作业方法的现状进行调查分析，探索并设定适合安全、安心、轻松工作的作业方法，将其运用于实际并加以改善是非常重要的。

▶▶ **1. 作业管理是什么**

作业管理（Work Management）是指生产现场的负责人与相关部门进行合作互助，对作业方法的现状进行调查分析，探索并设定确切、安全地生产产品所必需的标准作业（参阅 5.3 节）和标准时间（参阅 5.5 节），一边反复运用于实际并加以改善，一边为实现高效经济的生产进行的一系列活动。换言之，作业管理是对生产现场存在的产品所需要的安全、安心、轻松的作业方法、条件及时间等进行调查分析，反复摸索和改善，找出并运用最适合的作业方法，这是制造的基本。因此，让作业人员按照标准作业和标准时间等规定的作业方法发出作业指示（参阅 1.6 节，具体项目见右图），这是高效经济的生产不可或缺的条件。

为妥善使用上述作业管理的两大工具——标准作业和标准时间，生产现场的负责人需定期调查和分析至今为止的作业内容，改善成更好的作业方法，并将其反映在基准/标准类中并实际运用，如标准作业票（参阅 5.3 节）和标准时间表（参阅 5.5 节）等。

为高效经济地进行上述作业管理，将必要的基础知识称为作业研究（参阅 5.2 节），生产现场的负责人要理解、吸收其内容并积极用在自己所负责的业务中。

▶▶ **2. 妥善管理**

从日本在 1972 年第 57 号法律即《劳动安全卫生法》来看（参

5.1 作业管理是什么

阅 7.2 节），需要根据第 65 条第 3 项来实施作业管理，如下图所示。

在日本的《劳动安全卫生法》中，将作业环境*和作业时间与作业人员进行的作业内容分开，重新重点制定了企业家或管理者应关注作业人员的健康方面。因此，以管理者为首的生产现场的负责人要充分理解法律意图，对作业人员进行的作业按照法律进行妥善管理、运营。

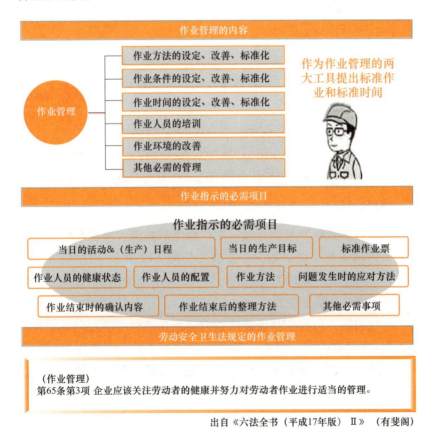

（作业管理）
第65条第3项 企业应该关注劳动者的健康并努力对劳动者作业进行适当的管理。

出自《六法全书（平成17年版） Ⅱ》 （有斐阁）

---

* 作业环境：作业人员进行作业的场所存在有害化学物质和化合物、粉尘、噪声、振动、温湿度、电磁波等有害的因素，要求进行适当的管理。

5.2 理解并运用作业研究的手段

为探索设定能够安全、安心、轻松作业的合理标准作业和标准时间，并将其运用下去，以生产现场的负责人为首的相关部门要理解工序分析、时间研究、动作研究等作业研究的手段，并将其运用于实际中。

▶▶ 1. 作业研究是什么

作业研究（Work Study）是指消除各项作业中潜在的浪费、不均衡和超负荷，合理设定可以进行安全、安心、轻松作业的标准作业（参阅 5.3 节）和进行其作业所必需的时间即标准时间（参阅 5.5 节）的全部研究。

换言之，作业研究是探索设定合理的标准作业和标准时间中必需的全部手段。为使生产现场进行的作业变得合理，以生产现场的负责人为首的相关部门需要理解作业研究的手段并将其运用于实际中。

▶▶ 2. 理解运用各个手段

当下，企业竞争愈加激烈，生产现场的负责人要理解包含作业研究在内的各种手段，如工序分析（参阅 2.12 节）、**时间研究**、**动作研究**、PTS 法（参阅 5.5 节）和运转分析等，运用标准作业和标准时间的设定是非常重要的。

此处的时间研究，是指将作业人员正在进行的作业分解成要素作业*，测量进行各个要素作业所需时间的手段，也被称为时间分析。此外，动作研究是指调查分析作业人员的动作，重构最适合作业内容的手段，也可称为使用动素（参阅 2.8 节）符号进行动素分析。通过使用此手段，消除作业人员的无用功，进而可设定合理的标准作业。

---

* 要素作业：几个基本动作集合在一起，构成整体作业一部分的作业。（参阅 5.14 节）

5.2　理解并运用作业研究的手段

然后，PTS法是指通过分解作业人员的基本动作（参阅2.8节）并设定作业必需的标准时间的手段（参阅5.5节）。

接下来，运转分析是通过调查分析作业人员和设备的稼动率（参阅6.10节）和运转内容，重构最适合作业方法的手段。

为进行高效经济的生产，以生产现场的负责人为首的相关部门要理解并运用作业的研究手段，制定并运用可以安全、安心、轻松作业的标准作业票（参阅5.3节），修正并改善必要的时间表是非常重要的。

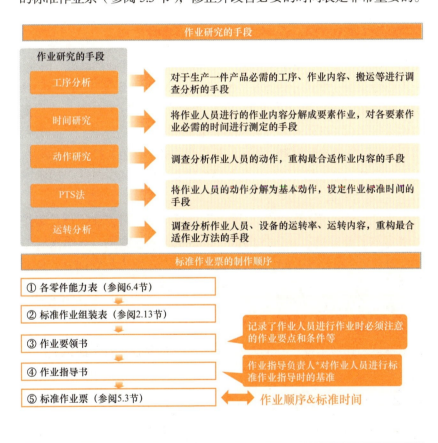

* 作业指导负责人：在具备作业指导资格人士（参阅5.9节）中对该作业实际进行指导的负责人。

5.3 设定合理的标准作业

标准作业规定了安全合理的作业方法，标准作业中不能缺少质量、成本、交付、安全等基本事项。生产现场的负责人制定并实践标准作业，提升其完成度是非常重要的。

1. 标准作业的必要性

所谓标准作业（Standard Operation），是以产品或零部件等的制造工序为对象，将人（作业人员）、物和设备有效结合，按照目标质量将物品低成本、迅速、安全地制造出来，是生产现场作业的基础。因此，标准作业是最合适的作业方法，它必须消除作业中潜在的浪费、不均衡、超负荷（参阅 1.22 节），更轻松、经济、快速、正确、安全、安心地进行作业。具体而言，它规定了作业顺序、作业要领、作业条件、管理方法，以及使用材料、使用设备等制造必需的相关事项。换言之，标准作业是无论谁都可以做出的相同的作业，这是减少偏差（参阅 3.5 节）、稳定地制造出质量优良（参阅 3.1 节）的产品所必需的。

因此，生产现场的负责人要设定标准作业，对作业人员是否按照规定进行作业进行全工序的检查，这是非常重要的。如果没有遵守标准作业，生产现场的负责人在重新培训作业人员的同时，还要弄清楚不遵守规定的理由，联系标准作业的改进对策进行改善，所以作业人员能好好遵守规定是非常重要的。

此外，关于各工序的单位作业的 4M（参阅 1.10 节）所规定的标准被称为**作业标准***，与以整个制造工序的作业为对象的标准作业是有区别的，注意不要混淆。

2. 标准作业所要求的内容

标准作业是以熟悉该作业的生产现场的负责人等自学的作业方

---

* 作业标准：为了执行标准作业所必要的设备及加工条件、作业条件及作业方法等的标准，也就是作业的标准。

5.3 设定合理的标准作业

法为基础制定的，不知道实际情况的第三者制定出的标准作业，不能把作业的关键放在标准作业上，很有可能成为偏离焦点而无法使用或使用困难的标准。

必须从制定出来的**标准作业票***中读取出质量、成本、交付期、安全等生产基本事项，如下图所示。

此外，在实际作业出现了改善方案的情况下，在生产现场的负责人和标准作业制定者关于作业方法进行讨论的基础上，将作业方法进行合理改善，提升标准作业的完成度。

* 标准作业票：记录作业顺序、标准持有（参阅 4.9 节），以及周期时间等涉及安全及质量确认内容的表单。

5.4 在标准作业中加入动作经济的原则

为推进高效生产活动,生产现场的负责人与作业人员、相关部门进行合作互助,将动作经济的原则和四项基本原则有效结合,制定并运用有效消除无用功的合理标准作业,同时不断进行修正和改善是非常重要的。

1. 动作经济的原则是什么

所谓动作经济的原则(Principles Of Motion Economy),是同QCD(参阅1.11节)一样包含经验的原则,目的是高效经济性地生产优质产品,消除作业人员无用功,轻松、高效、合理、安全、安心地进行作业。

此动作经济的原则大致分为基本原则、关于身体使用的原则、关于作业现场配置的原则、关于设备工具设计的原则。

2. 动作经济四项基本原则

在制定标准作业(参阅5.3节)时,采纳动作经济的四项基本原则是必不可缺的。动作经济的四项基本原则如下:①减少动作数量;②动作同时进行;③缩短动作距离;④使动作变轻松。

① 减少动作数量是指减少作业人员无用的动作,例如寻找物品或替换物品,减少基本动作(参阅2.8节)的数量。

② 动作同时进行是指同时使用作业者的双手和脚,消除单手或单脚保持着这样的状态,使工作更加有节奏,同时减少作业人员自身的疲劳。

③ 缩短动作距离是指通过缩小作业区域*和移动范围,排除超出必要的大动作,减少动作所需时间。

* 作业区域:生产现场等作业人员执行作业的范围。

5.4 在标准作业中加入动作经济的原则

④ 使动作变轻松是指通过改善花费力气的作业和以狭窄姿势进行的作业等，使作业人员的动作更加轻松。

生产现场的负责人制作了组合这些动作经济的原则和四个基本原则的矩阵图（见下图），着眼于各交叉部的动作并推进改善。因此，能够按照目标制定确保 QCD 和安全的合理标准作业。

这样制作的标准作业，在实际运用中，生产现场的负责人与作业人员及相关部门进行合作互助，在感觉到有问题的时候进行修改、改善，对进一步提升完成度是非常重要的。

运用动作经济原则的检查清单例

基本原则	减少动作数量	动作同时进行	缩短动作距离	使动作变轻松
关于使用身体的原则	• 是否有无用的动作或重复的动作 • 是否能将多个动作组合进行	• 是否双手动作 • 是否双手对称动作	• 配件和工具是否配置成不用移动就能拿到的状态	• 是否有重复作业 • 是否充分利用重力
关于作业现场配置的原则	• 是否有寻找或替换零件、工具 • 零件、工具是否处于容易拿到的状态	• 零件箱、工具的摆放场所是否配置成可以同时取得零件与工具的状态	• 零件和工具等是否放在附近 • 移动途中有妨碍的东西吗	• 作业高度是否合适 • 能否改变布局和保管位置
关于设备工具设计的原则	• 工具的种类是否统一 • 是否能将多个工具整理成一个	• 是否能用单手拿工作道具 • 是否可以一次性拿多个	• 是否将主操作盘、副操做盘、测定台设置在作业员的附近	• 是否尽可能减轻了 • 是否设置了把手等使其方便使用

※上述为基本，需要配合各车间的具体作业内容进行追加和应用
出自《"生产管理"工作》（同文馆出版）

缩短动作距离的改善示例

移动距离180cm的情况

改善

移动距离改善为100cm的情况 | 因改善节省的时间

移动时间

此时间累计 ➡ 积少成多

5.5 合理设定标准时间

对于熟悉作业的作业人员来说，使标准作业顺利进行所需的时间就是标准时间。由于生产计划和工作计划要以标准时间为基础制定出来，生产现场的负责人要设定合理的标准时间，并让作业人员严格遵守是非常重要的。

1. 标准时间是什么

标准时间（Structure Of Standard Time）是指非常熟练的作业人员顺利完成标准作业所需的时间。因此标准时间以实际工作时间为主，如右图所示，由**主体作业时间和准备切换作业时间**构成。

这里所谓的主体作业时间，是指每个周期发生的工作时间，由直接对生产做出贡献的主作业[*]时间和间接产生贡献的附加作业时间构成。另一方面，准备切换作业时间是由工作的准备、善后处理、切换（参阅 5.7 节）和搬运所需的时间构成的。

另外，主体作业和准备切换作业的各个作业时间还可以分为实际作业时间和裕度时间（参阅 2.10 节）。换言之，在执行作业时，将不可避免延迟等裕度时间预先纳入标准时间内，补偿生产所需的间接时间。

通过合理确定这些标准时间，明确了单位时间的标准产量，制定有说服力的生产计划和工作计划等。因此，生产现场的负责人必须合理设定标准时间，让作业人员遵守。

2. 标准时间的确定方法

在确定实际标准时间时，虽然企业不同，但生产现场的负责人与相关部门进行合作互助，以标准作业为基础确定了秒表法、PTS法（Predetermined Time Standard System）、实际资料法、标准时间资料法、经验估算法、工作抽样法（参阅 2.19 节）、瞬间观测法等方

[*] 主作业：诸如材料和零件的变形或变质等直接实现该作业目的的作业。

5.5 合理设定标准时间

法，将其设定为标准时间表。

这里的 PTS 法也叫作既定标准时间法，是一种针对构成作业的基本动作和动作距离，寻求合适既定时间的作业时间的方法，通常用于谋求高精度标准时间的情况。WF 法*和 MTM 法*是 PTS 的代表手段。

另外，在标准时间引入阶段或在相对来说不需要高精度的情况下，可以使用经验估算法和以实际作业为基础的秒表法以及工作抽样法设定标准时间，一边运用一边进行改善。

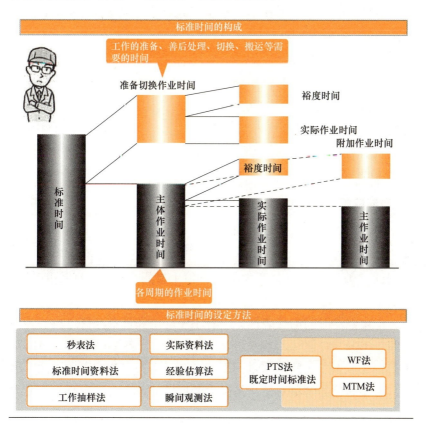

* WF 法：Work Factor（作业因子）法。
* MTM 法：Methods Time Measurement（动作时间测定）法。

5.6 缩短生产周期

可以说周期时间越短,企业活动进行得越流畅。生产现场负责人的任务是缩短生产周期,顺利完成提升灵活性的生产,加强企业管理。

▶▶ 1. 生产周期是什么

从接受订单到交付给客户产品的企业活动总时间被称为**周期时间**。周期时间的长短反映了该企业的效率和企业能力,一般来说周期越短企业活动进行得越流畅。

周期时间分为设计周期、采购周期和生产周期。其中,与生产现场关系最密切的是**生产周期**,从企业管理方面来看,缩短该周期可以提升灵活性(参阅 2.20 节),完成高效经济的生产,这是对生产现场的负责人的要求。

上述生产周期是指从着手生产某一产品到产品交付或出货所用的总时间。

▶▶ 2. 如何缩短生产周期

生产周期主要由加工时间、搬运时间、停滞时间、检查时间构成(参阅 2.12 节)。缩短生产周期最重要的是缩短停滞时间,停滞时间通常被认为是不会产生附加价值(参阅 2.5 节)的无用时间,所以要求生产现场的负责人缩短其时间。

产生停滞时间的代表性原因有工序等待和批量等待之类的等待时间(参阅 5.13 节),这些等待时间都是由于各工序的作业时间不平衡、作业人员之间工作量不平衡、工具不齐全等原因造成的。因此,上述问题的解决对策,是以生产现场的负责人为中心与作业人

5.6 缩短生产周期

员和相关部门进行合作互助，采取措施取得各工序和各作业人员之间的作业时间平衡，也就是提升编排效率（参阅 5.12 节），或减少在制品（参阅 4.9 节）、减少生产线的作业人员数量等。

此外，越来越多的企业采用如下图所示的方法作为缩短生产周期的方法之一，抽出与生产 4M 中的人、物、设备、方法相关的加工时间、搬运时间、停滞时间和检查时间的问题点，对各种条目按照优先级依次改善。

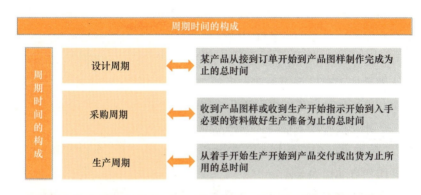

	加工时间	搬运时间	停滞时间	检查时间
人	●工作装卸时有等待时间	●每个搬运员的搬运路线不同	●生产&交易的时机有问题	●测定技能有个人差别 ●有等待检查时间
物	●原材料尺寸有波动 ●基准面小、不安定	●包装外形*有问题 ●搬运时摇晃	●相关产品没有全部集中 ●停滞时质量恶化	●测定证有问题 ●测定值波动
设备	●设备刚性*有问题 ●设备能力低下	●搬运道具使用困难、少、易坏	●设备故障多 ●没有搬运道具的等待时间多	●检查员少 ●检查道具精度低
方法	●切削条件有问题 ●组装作业困难	●搬运方法或搬运路线没有统一	●出入库的方法有问题 ●寻找对象产品的时间过长	●检查难以实施等检查方法上有问题

* 包装外形：高效、经济地搬运和拿取零件等需要的指定容器的姿态整理等，为了更方便搬运和拿取零件的状态。要求保证质量、作业方便，搬运效率等。

* 刚性（Rigidity）：某物体受到外力作用下不发生变形的能力，也称为"坏率"。

5.7 缩短切换时间

伴随着消费者需求多样化和个性化，多品种少量化生产和变种变量化生产正在推进。随之而来的是生产现场会频繁进行切换，这就要求生产现场的负责人必须缩短切换时间。

1. 切换是什么

在生产线中切换生产对象产品时，必须在生产开始前对适合该生产对象产品的设备、工具工装、图样、原材料等进行切换的生产准备。于是，在生产4M（参阅1.10节）准备结束阶段，进行试加工[*]，确认满足加工规格等质量要求事项之后进入正式生产。像上述这样，切换对象产品时，在正式生产开始前进行的全部作业叫作**切换**。

上述切换有以下种类：新产品对应切换、单分钟切换[*]、双秒切换[*]、单件工时内部切换、一次性切换、瞬间切换（瞬时切换）、样本秒切和自动切换等。

在推进多品种少量生产和变种变量生产的现在，缩短伴随切换次数增加而产生的时间，即缩短**切换时间**变得愈加重要。为此，各个企业致力于切换改善（参阅5.17节）。

2. 在短时间内有效进行

如上述所言，伴随顾客和消费者的需求多样化和个性化，产品种类不断增加，而且每件产品的生产量很小，所谓的多品种少量生产（参阅1.2节）正逐渐发展。为适应这种生产环境，进一步缩小批量规模（参阅4.4节），因此生产现场增加了切换次数。

当然，切换是需要时间的。这种切换时间不会直接对生产有所贡献，因此被定位成准备切换作业时间（参阅5.5节）。为此，在过

---

[*] 试加工：为了确认生产设备是否可以应对新产品的加工，以实际使用条件来进行的尝试加工。

[*] 单分钟切换：用时不到10分钟，也就是个位数的以分钟为时间单位内进行的切换。

[*] 双秒切换：每次的用时在100秒之内进行的切换。

5.7 缩短切换时间

去，增加批量规模使理论作业时间（见下图）减少，或者说减少每个产品所占用的切换时间比例。但是，这样做不仅增加了半成品和产品的库存，也无法及时应对顾客和消费者的需求变化。作为对策，强烈要求以生产现场的负责人为首的作业人员在短时间内进行高效率切换，缩短每次的切换时间（参阅 5.18 节），减少切换次数或增加生产品类的数量。为此，中心思想是理解并实践**缩短切换时间 7 个技巧**（见下图）。

切换的种类

切换的种类
- 新产品对应切换
- 单分钟切换
- 双秒切换
- 单件工时内部切换
- 一次性切换
- 瞬间切换（瞬时切换）
- 样本秒切
- 自动切换
- 其他切换

批量规模与切换时间的关系

$$y = t + \frac{T}{L}$$

y：理论作业时间（分）　　T：切换时间（分）
t：每个产品的作业时间（分）　　L：批量规模（个）

缩短切换时间的7条诀窍

第1条	了解切换时间的构成&现状（参阅5.18节）
第2条	内部切换转化为外部切换（参阅5.19节）
第3条	实现一次性良品化（参阅5.20节）
第4条	确立生产模式（参阅5.21节）
第5条	构建能够顺利进行作业的结构
第6条	构建提升切换意识的结构
第7条	使切换时间的缩短效果可视化（参阅5.18节）

5.8 理解并协助生产体制的确定方式

在生产生产计划要求的数量时，生产现场采取的工作形态即生产体制，并不是仅由该车间决定的，而是生产现场的负责人要理解、协助基于全公司的观点所决定的事项，在此基础上彻底执行所负责车间的生产计划是十分重要的。

▶▶ 1. 生产体制是什么

在日本的批量生产的制造业中，为了高效使用设备等经营资源，将作业人员分成组或班等，进行组织化，以交替的方式进行工作，即进行轮班作业，然后生产出生产计划所要求的数量。

例如，知道了某个月的生产要求数量，以两组交替进行生产的方式叫作两班制，以三组交替进行生产的方式叫作三班制，采用这种**工作形态**可以高效利用设备，满足生产要求。在这些工作形态的基础上，再以加班或者休息日工作等形式增加工作时间，通过这些调整来满足生产要求。这样就能在生产现场根据生产计划要求的数量，事先决定生产体制来应对该产品的生产。

也就是说，生产体制指的是制造业为了满足自己公司产品高效经济地生产，整个车间所必需的工作体制。

▶▶ 2. 生产体制的确定方法

量产工厂在确定生产体制时，以3个月生产计划等中日程的生产计划（参阅1.3节）作为基准。作为生产现场，从满足这个生产计划所需的人工[*]、工时（参阅2.11节）中推算出工作形态，通过加班和休息日出勤等调整来制作生产体制方案。

但是生产体制不是只看个别的组和班来决定的，必须以全公司

---
[*] 人工：一个作业人员一天时间所做的作业量的单位。

5.8 理解并协助生产体制的确定方式

的观点来决定。之所以这么说,是因为根据所要求的产品种类和生产量,各组和各班等的生产体制会出现很大的偏差,根据情况不同,可能会发生必要人员无法安排等情况。

因此,为了尽可能减少各车间生产体制的偏差并方便调整人员,对企业整体的调整是非常重要的。其中,在其他车间和工厂等(很少是企业间)出现偏差的时候,需要事先采取措施来支援或接收作业人员,以消除各车间之间生产体制的不平衡。为此,生产现场的负责人平时就要推进多能工化(参阅 7.12 节),努力构建灵活的生产体制,理解并协助全公司的生产体制决策,在此基础上执行负责单位要求的小日程生产计划是很有必要的。

此外,在长期持续生产体制的不平衡的情况下,作为该企业,需要理解并进行合作互助,实施作业人员的配置转换、采用新规定或者设备投资等活动,以谋求生产体制的均衡化。

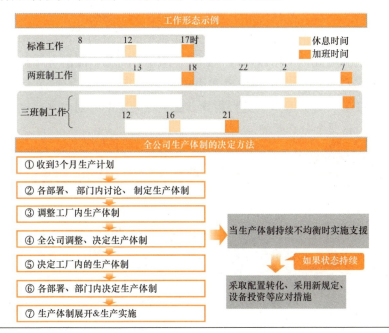

5.9 指导并遵守标准作业

在以生产现场的负责人为首的有作业指导资格的人向新员工等指导标准作业的情况下，不仅仅是进行指导，还要检查实际作业是否正确，并在规定的时间内确认作业是否正确进行，这是非常重要的。

1. 指导标准作业

如果是新分配的工作人员，通常是"从头教起"。特别是新员工，不仅不知道工作内容，很多时候连生产对象和各个部门的名称都不知道。换言之，我们在生产现场负责的产品绝大多数是某种成品的一部分，在很多情况下，都是我们第一次看到原材料、零件、产品。

然而，生产现场没法慢吞吞地照顾新人。新员工如果不能尽快成为独当一面的作业人员，就无法完成车间给定的生产目标（参阅1.8节）。因此，工作内容自不必说，从生产对象产品的名称和各部门的名称开始，从车间纪律和简单工序的标准作业（参阅5.3节）到OJT（参阅7.11节）进行指导，必须在规定的时间内进行规定的作业，这是十分必要的。

2. 遵守标准作业

包括生产现场负责人在内的有作业指导资格者*按照作业指导书（参阅5.2节）进行实际的标准作业并让新人参观，同时进行指导，然后让该新人进行实际作业并检查他们的记忆情况。因此可以在他们的操作和标准作业不同时立即指出并再次告诉正确的作业方法。反复进行此步骤，在掌握标准作业后，努力提升作业速度和维持作业节奏是工作教学方法（参阅7.10节）的基本。一开始就要让

---

* 有作业指导资格者：针对新人作业人员等能够正确指导某个作业的认证作业人员。

5.9 指导并遵守标准作业

员工遵守标准作业，让他们习惯工作。

然后，包括生产现场的负责人在内的有作业指导资格者，在使作业人员习惯该标准时间和标准作业的阶段，要留意他们是否偷工减料，即该做的作业没有做，或者擅自用自己擅长的其他方法进行作业而形成了自己的风格等，要定期评价检查标准作业的遵守情况并判断正误是非常重要的。换言之，不仅仅是指导标准作业和标准时间，还要经常关注作业是否正确。

另外，作为接收单位，事先确定好指导新人的作业优先级和日程等，为了一个一个地完成上级的作业，尽早培养出一个合格的作业人员是非常重要的。

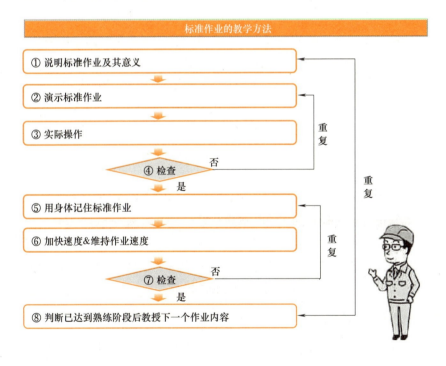

5.10 切实执行定时检查

双色图解生产现场管理实务

为了保证在质量稳定的工序中生产的产品质量,生产现场的负责人要让作业人员根据 QC 工序表等认真实施定时检查,确认并保证该工序完成品的质量。

▶▶ 1. 定时检查是什么

在生产质量可靠的批量生产产品的车间,通过抽样检查等方式对产品的质量进行确认。这个时候,为了不忘记抽样检查的实施时间,一般会采用在一定的时间点进行检查的方法。例如,虽然生产对象产品的工序能力指数(参阅 3.5 节)和周期(参阅 2.15 节)不同,但在该周期不长的情况下,很多企业会进行 2 小时的质量确认。具体而言,一般情况下,对工作时间从 8 时到 17 时的企业来说,在 8 时、10 时、13 时、15 时、17 时等休息时间进行质量确认。

以此方式在预定时间执行质量检查称为定时检查。定时检查的结果记录在 $\bar{X}$-R 控制图 * 中,用可视化的形式将质量特性(参阅 3.4 节)的偏差(参阅 3.5 节)和偏离(参阅 3.17 节)表示出来,然后将早期发现的问题和对策结合起来。

通常用 QC 工序表(参阅 3.4 节)、管理工序图或工序检查标准表等来记录定时检查的实施与实施结果。

此外,在上述标准和标准类中,越来越多的企业除了定期进行质量确定的定时检查外,随着多品种少量生产化的发展,在计划前后的质量确认和记录的实施也一同下达指令。

▶▶ 2. 进行仔细检查

对于影响工序中质量优良的因素(参阅 3.1 节),生产现场的负

---

* $\bar{X}$-R 控制图:平均值变化可视化的 $\bar{X}$ 控制图(参阅 3.2 节)和偏差可视化的 R 控制图(参阅 3.2 节)的组合控制图。

5.10 切实执行定时检查

责人必须在 QC 工序表和管理工序图中指定其实施方法。也就是在 QC 工序表和管理工序图中规定具体的检查方法和检查频率。

生产现场的负责人必须使作业人员了解并确信这些标准和标准类规定的定时检查的必要性，并适当地进行定时检查。此外，根据标准和标准记录定时检查的结果，必须将其准确记录在指定的记录纸上并且不能遗漏，这一点非常重要。

另外，通过定时检查，万一发生了质量问题，需要追溯质量确认[*]，在之前的定时检查前生产的产品也可以作为定时检查合格品来保证质量，有助于缩小对象产品的范围。

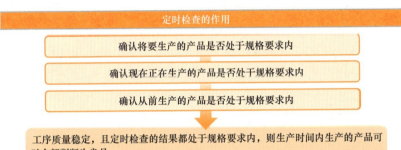

注：★：展示了实施定时检查的时机
　　☆：适当延长加班等工作时间
- 例如工作时间是8时至17时的情况，有很多企业特别将8时和17时的质量检查称为始·终业质量检查。
- 本示例显示的是标准工作企业的典型示例，像※显示的按照企业的工作形态、工作时间等做适当调整是很重要的。

---

[*] 追溯质量确认：在工序内发现不合格产品时，追溯到可以确认该产品的质量要求是否满足的节点，确认该产品的质量。

5.11 提取重要工序进行重点管理

生产现场的负责人对于对产品质量产生重大影响的重要工序，认真管理加工时的条件等是非常重要的。对于在重要工序中难以确认产品好坏的特殊工序，更需要注意加强管理。

▶▶ 1. 重要工序的种类

在保证某一产品质量的基础上，对该产品的质量产生重大影响的工序，由生产现场的负责人与相关部门联合协作进行提取设定，将其作为**重要工序**进行重点管理（参阅 4.11 节），保证该产品的质量。

作为重要工序的例子，可以列举出压入工序、铆合工序、焊接工序、热处理工序、表面处理工序等。这些工序都是根据设备等的设定条件进行的，因此设备的质量（参阅 3.1 节）会受到很大的影响，故而对设备条件等的条件管理是非常重要的。

另外，在重要工序中，焊接工序、热处理工程、表面处理工序等也被称为**特殊工序**进行区别管理。这些特殊工序指的是，在通常的检查和试验中，很难确认外观以外的成品质量，不实施有损检验[*]就无法确认产品好坏的工序。因此，特殊工序中要进行加热温度和加热时间等工序参数[*]的管理、设备之类的条件管理等，为确保质量特性（参阅 3.4 节）进行更慎重的管理。

▶▶ 2. 重要工序的管理方法

作为被设定为重要工序的工序管理方法，通常在生产线内进行的检查中，为了防止无法发现不合格产品而使它流出到后道工序的风险，也有以替代特性进行管理的情况。并且，作为该生产现场的负责人，在开始、结束、定时或切换时，将设备等的设定条件作为

---

[*] 有损检验（Destructive Inspection）：检查某个产品时，对该对象产品进行破坏或使其价值彻底消失的方法进行检查。为此抽样检查（参阅 3.17 节）是前提。

[*] 工序参数：例如热处理时为了确保产品质量，加热温度和加热时间等工序中应该监视和测量的特性值。

5.11 提取重要工序进行重点管理

工作日报等记录下来，并且亲自进行确认是非常重要的。

此外，负责特殊工序的生产现场的负责人在确保所负责产品质量的基础上，与相关部门进行合作互助，不仅包括公司内的工序，供应商（参阅 2.20 节）工序的优良质量也包括在内，进行管理非常重要。

特殊工序重点管理的代表性方法是**特殊工序认定制度**，重点是将作业人员限定为有资格者。

生产现场的负责人积极利用上述认定制度，确保负责产品的质量特性是非常重要的。这样一来，就可以成为获得客户信息的捷径。

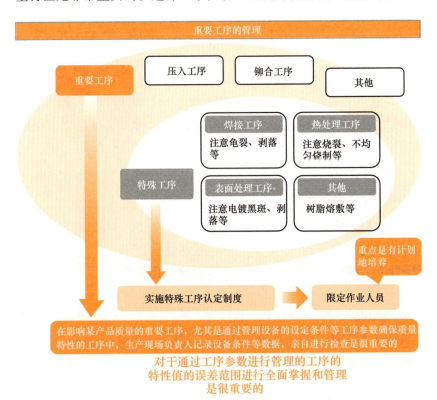

5.12 提升作业编排的效率

双色图解生产现场管理实务

为了提升分工生产线和多工序生产线的生产效率，生产现场的负责人需与有关部门配合，缩短瓶颈工序的作业时间，提升生产线的编排效率，重要的是实施少人化。

▶▶ 1. 作业编排是什么

通过分工生产方法可以批量生产具有很多零件的高度复杂的产品，例如汽车。在分工生产方法中，不是一个作业人员单独负责从生产线的第一个工序到最终工序的全部工序，而是指多个作业人员、生产线、工厂、企业分担各种工作来生产产品的方式。

在这里，将工作分配给多个工人称为作业编排。

在进行作业编排的时候，重要的是以经济的制造为目标，减少相关人员的损失，也就是所谓的配员损失。为此，重要的是要采取措施，如消除重复生产中的等待时间、有效利用零头人员*，通过改善零头人员实施少人化*等对策。

▶▶ 2. 如何提升编排效率

分配给各作业人员的工作时间，由于作业编排的关系，如右图所示，可能会产生一些偏差。这些作业编排的结果用**编排效率**（Balance Delay）表示，可以从如右页所示的公式中求出。如上所述，所谓编排效率，是表示各工序的周期时间（参阅 2.15 节）和作业时间的偏差程度的指标，其值接近 1 的话，可以说编排效率更好。

为了提升编排效率，生产现场的负责人与相关部门进行合作互助，尽量减少瓶颈工序（参阅 2.15 节）的作业时间偏差，使之均等化。这个活动被称为生产线平衡（Line Balancing）。为了顺利进行生产线平衡，需要按照不同的工序去除作业分配（参阅 5.15 节）。为

---

* 零头人员：作业人员分配到的作业工时不满 100% 的状态时的人数换算。重点是通过有效地使用兼任生产或关系生产等实现少人化。

* 少人化：通过推进多能工提升生产的弹性，即使是同样的生产通过改善削减必要的作业人数。重点是将削减的作业人员转换到更多附加价值的作业。

5.12 提升作业编排的效率

推进这样的提升编排效率的活动，右页所示的推进方法是很有效的。

换言之，为了提升编排效率，极力使各工序的作业时间均等化、密集化，作业负荷均衡化（参阅 5.15 节）是非常重要的。因此，需要以生产现场的负责人为中心实施以下对策。

① 改善瓶颈工序，减少其作业时间，尽量接近其他工序的作业时间。

② 将瓶颈工序的作业分配转移到其他工序，使各工序的作业负荷均衡化。

③ 通过改善瓶颈工序前后的工序来减少作业时间。

④ 彻底进行所有工序的作业细分，重新分配作业。

这样可以提升编排效率，使平衡损失（用 1 减去编排效率）（参阅 5.13 节）最少化，对经济性生产来说十分重要。

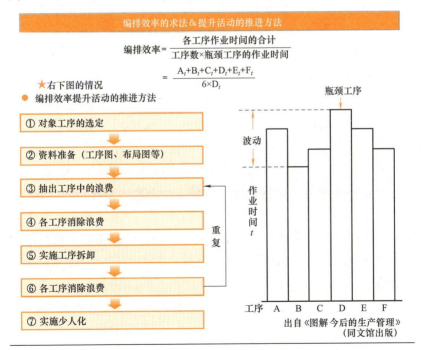

编排效率的求法 & 提升活动的推进方法

$$编排效率 = \frac{各工序作业时间的合计}{工序数 \times 瓶颈工序的作业时间}$$

$$= \frac{A_t + B_t + C_t + D_t + E_t + F_t}{6 \times D_t}$$

★ 右下图的情况
● 编排效率提升活动的推进方法

① 对象工序的选定
② 资料准备（工序图、布局图等）
③ 抽出工序中的浪费
④ 各工序消除浪费
⑤ 实施工序拆卸
⑥ 各工序消除浪费
⑦ 实施少人化

重复

出自《图解今后的生产管理》
（同文馆出版）

5.13 消除等待时间

作业人员要进行某项作业时产生的等待时间是不产生附加价值的浪费时间。生产现场的负责人和相关部门进行合作互助，尽早发现、改善、消除等待时间，提升该生产现场的效率是非常重要的。

▶▶ 1. 等待时间是什么

假设有一位作业人员负责设备 A、B、C 的运转。该作业人员将设备 A 加工后的零件取下，将新零件安装至设备 A 并启动，然后移动至设备 B。设备 B 也同样进行作业，之后移动到设备 C 进行同样的作业后，回到了最初的设备 A。此时，设备 A 还在自动运转中，作业人员不能进入设备 A 进行拆卸作业，必须等待设备 A 自动运转完成并停机后才可以。这个时候在进入下一个作业之前等待的时间是不产生附加价值的**等待时间**。

这样的等待时间是指在某个工序的作业人员为了进行自己负责的作业，在作为操作对象的设备动作完成后等待其停机，或者等待生产所需的产品前道工序完成等的待机时间。这个等待时间可以通过制作人机图表（参阅 2.13 节）来可视化，以此看出对策的必要性。另外，在 2.13 节的人机图表例子中，可以看出没有等待时间。

在批量生产的生产现场等，即使 1 个周期内的等待时间很少，因为每单位时间的周期数较多，所以 1 人天*作业下来，整个企业都会积累相当多的等待时间。换言之，等待时间对企业来说是不产生附加价值的时间，也就是浪费投入生产的经营资源的时间。为了提升生产效率，生产现场的领导需要和相关部门进行合作互助，尽早发现、改善、消除这些等待时间，将其变成产生附加价值的时间。

在丰田生产方式（参阅 1.24 节）中，认为有效利用作业人员等

---

* 1 人天：实施轮班制的车间中，一个作业人员一天的工作时间的总称。

5.13 消除等待时间

的持有时间可以尊重人性，应致力于彻底消除不产生附加价值的浪费时间，这是众所周知的。

▶▶ 2. 缩小平衡损失

在上一节所述的分工生产方式生产的情况下，该生产线内的等待时间可以用**平衡损失**这样的指标来表示。这个平衡损失，是表示作业编排（参阅 5.12 节）效率低下的尺度，也称为编排损失，可以用如下所示的公式计算。

换言之，在分工生产方式中，该值为某个工序的作业时间与瓶颈工序（参阅 2.15 节）的作业时间差。因此，为了推进高效经济的生产，生产现场的负责人和相关部门进行合作互助，极力消除等待时间，提升上一节所述的编排效率是非常重要的。

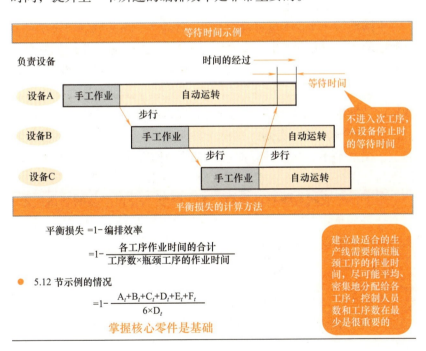

掌握核心零件是基础

5.14 推进动作（作业）改善

动作（作业）改善是为了高效、经济性地生产本公司产品，作为提升作业人员的动作（作业）附加价值、降低该产品制造成本的活动，其作用较大，生产现场的负责人对动作（作业）改善也起到了很大的作用。

▶▶ 1. 动作（作业）改善是什么

新产品发布后被消费者接受认可，各厂家会纷纷将类似产品投入市场。像这样在市场上上市的工业产品，同一类产品会逐渐增多。因此，消费者多样化的需求需要越来越细分化扩大。

这些产品根据制造商的不同，功能和制造方法也不同。如果制造方法不同的话，作业人员进行的动作（作业）也会不同。即使在同一企业内的生产线和同一生产线内的作业人员之间，或者生产类似产品的作业人员之间，动作（作业）都多少有些不同，这种情况并不少见。

因此，在某个产品的生产活动中，在统一作业人员进行的动作和作业并推进 QCD 稳定生产的同时，以自己公司独特的观点重新审视，更加合理地进行有附加价值（参阅 2.5 节）的动作和改善作业的生产活动是不可缺少的。像这样有关动作和作业的整体改善活动被称为动作改善和作业改善，统称为动作（作业）改善。

当下，企业间竞争日益激烈，为了降低本公司产品的制造成本，生产现场的负责人需要与作业人员和相关部门进行合作互助，积极推进工作（作业）改善，这是十分有必要的。

▶▶ 2. 动作（作业）改善的推进方法

为了生产出优质 QCD 产品，需要彻底消除作业者进行的动作（作业）的偏差和其中包含的浪费（参阅 1.22 节），推进更有效率的经

5.14 推进动作（作业）改善

济生产。因此，在生产现场积极开展作业研究的方法（参阅5.2节），重要的是将现行作业实施拆分和汇总，推进动作（作业）改善。

具体而言，生产现场的负责人与以作业人员为首的相关部门进行合作互助，灵活运用这些方法，以现在进行的作业为基础设定标准作业和标准时间，使现状可视化，提取该作业中潜藏的问题点来改善工作（作业），更有效率和经济性的实现生产是非常重要的。

此外，着眼于作业分类（见下图）的主体作业时间（参阅5.5节）中包含的主作业和附加作业自动化、准备切换作业和其他作业自动化，简化和减少作业是非常重要的。例如，主作业的组装自动化，多定位在没有直接产生附加价值的附加作业中，拆除时采用了内出装置（卸货的自动化）、设备启动时采用走动开关*等，检查作为准备工作的设备推进部位的好球区化（参阅6.11节）等改善活动，这对减少作业人员的作业是很有效的。

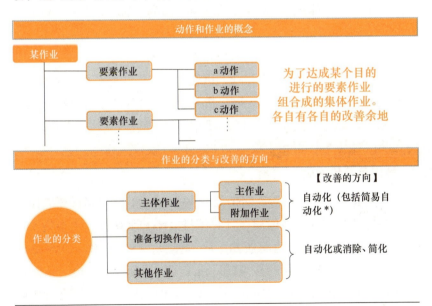

* 走动开关：某个工序的启动开关是离开该设备走向下一个工序时可以操作的开关。
* 简易自动化：针对现有的生产设备在不花费成本的前提下实现简便的机械自动化。

5.15 分配工作并均衡负荷

双色图解生产现场管理实务

为了提升生产线的编排效率，生产现场的负责人和作业人员及相关部门进行合作互助，分解、修改目前正进行的作业和工序的内容，极力平均且紧密地重新分配各工序的制药等，负荷均衡化是不可或缺的。

▶▶ 1. 分配作业的重要性

为了提升生产线的编排效率（参阅 5.12 节），给各工序的作业人员尽可能平等地分配作业是非常重要的。

换言之，各工序的作业时间紧密且相等是理想状态。但是，现实中，由于作业分配*的关系，各工序的作业时间不能够紧密且相等，就会发生作业时间的偏差。其结果，不仅降低了生产线的编排效率，还难以推进少人化（参阅 5.12 节），导致了该产品的竞争力降低。

为了摆脱这种状态，对于生产竞争力高的产品，有必要重新审视各工序分配的工作内容，改善编排效率。为此，生产现场的负责人必须与作业人员和相关部门进行合作互助，分解该工序的作业内容，从中抽出能变更前后道工序的作业，进行重组。将这种作业的内容分解后进行调整，使之与改善和少人化联系起来，称为"**作业分配**"。

另外，通过组装机械等分配工序内容并进行改善称为**工序分配**，但是其内容基本上是相同的。

▶▶ 2. 如何负荷均衡化

要使各作业者的负荷**均衡化***，首先调查各作业人员以要素作业单位的作业内容和作业时间，计算编排效率和平衡损失（参阅 5.13 节）。接下来，讨论是否将瓶颈工序（参阅 2.15 节）作业人员的作业分配开，将这些作业转移到前后道工序，讨论如果可能的话能否转移到作业时间最少的工序等。作为探讨的结果，在可以进行作业

---

* 作业分配（Work Distribution）：生产某个产品必要的作业分配给多位作业人员。各个作业人员的作业内容的均衡化是根本。

* 均衡化：通过平均化最终组装工序的生产品种和生产量甚至于时间，使前道工序等的负荷依次平均化。

5.15 分配工作并均衡负荷

内容变更的情况下,准备必要的工具和标准来变更作业,以提升编排效率并减少人员数量。

如果不能变更作业,就要讨论问题是什么,并与为了解决那个问题的改善活动联系起来。这时,重要的是要注意不要让全体作业人员的作业均衡化,使整体变薄,也就是工作不紧密而疏松。换言之,有意识地创造零头人员(参阅 5.12 节),改善、削减这些人员换算的时间是非常重要的。

为了提升生产线的编排效率,在以生产车间负责人为中心重复进行上述活动的同时,依次提升各工序进行的作业密度,使之与少人化联系起来的同时,使各作业人员的负荷均衡化是非常重要的。

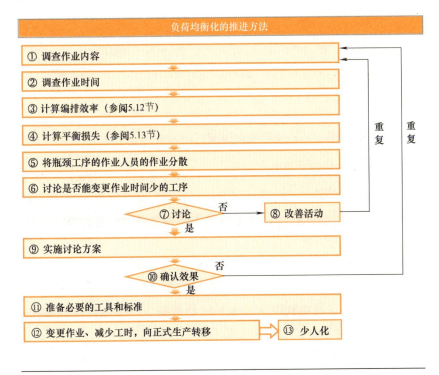

5.16 将作业人员的隐性知识转化成显性知识

生产现场的负责人要求将自己负责的车间中的直觉、诀窍技术中包含的隐含知识转化为显性知识，将人工作业置换为机械作业，稳定提升所负责产品的 QCD，并能够实现自动化。

1. 隐性知识和显性知识是什么

在生产现场进行的直觉、诀窍作业等所使用的技术经验（参阅 6.20 节）可以分为隐性知识和显性知识两种。

在这里，直觉、诀窍作业是指熟练作业人员进行的需要直觉和要领的作业，更换作业人员就会使产品的 QCD（参阅 1.11 节）发生变化的作业等，主要需要熟练作业人员通过长年的作业经验掌握技术诀窍等。另外，**隐性知识**是指长年的经验、技巧等难以通过语言、文字、图形等来表达的知识。所谓**显性知识**是指长年的经验、技巧等可以通过语言、文字和图等来说明或表现出来的知识。

2. 将隐性知识转化成显性知识

为稳定该产品的 QCD，必须确保在生产现场的熟练作业人员等进行的直觉、诀窍作业，无论谁来作业都会确保稳定的 QCD。因此，生产现场的负责人为顺利进行直觉、诀窍作业，需要将其定量化、明文化即所谓的形式化，并将其纳入作业标准（参阅 5.3 节），并与标准作业（参阅 5.3 节）联系起来。在此基础上，对明文化的直觉和诀窍作业附加其他作业人员的经验技术，将该作业机械化。另外，通过数字化和 NC 化来实现自动化（参阅 5.14 节或 2.17 节），使之升华为本公司的技术经验是非常重要的。像这样，将生产现场

5.16 将作业人员的隐性知识转化成显性知识

的诀窍作业等属于隐性知识的技术诀窍尽量形式化,替换成机械作业甚至自动化等行为,称为隐性知识转化成显性知识。

通过推进这些活动,可以使作业人员的直觉和诀窍作业不只是该作业人员的个人技术,而是作为组织的技术和经验进一步发展,在该生产现场共享并有效利用。

随着产品复杂化、高端化,在生产现场进行的作业也越来越复杂化、高端化,生产现场的负责人推进属于熟练作业人员的直觉、诀窍作业的隐性知识转化,将人工作业置换成机械作业,使之成为自动化产品,在稳定提升QCD的同时,将技术和经验的发展过程(见下图)传承下去也是非常重要的。

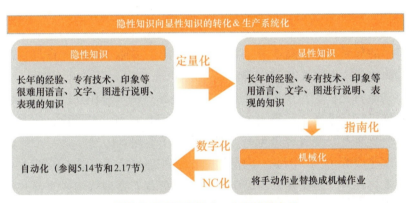

提取生产现场的技术、专有技能中的
直觉、诀窍作业,将其转化为显性知识,
制作成指南并NC化,使产品的QCD稳定提升是很重要的

出自《生产技术实践方法(第2版)》(秀和系统)

* 标准化:针对自由放置后会出现无序的物或事设定标准,为了保持其最佳秩序而根据标准进行管理的活动。有组织的实施和应用是很重要的。
* 技术标准:为了合理利用公司内存在的技术和经验,进一步推进标准化,将自己公司独自总结出来的技术进行相关的标准化工作。也称为公司内部规格,在企业内部拥有强制力的企业居多。

5.17 通过切换改善缩短生产周期

通过扎实的步骤来实施切换改善，会取得很大的成果。内部切换转化外部切换和追求再现性成为大幅度缩短时间的决定性因素，生产现场的负责人理解其推进方式并积极地推进是很重要的。

1. 切换改善及其优势

所谓切换改善，是指改善切换作业，以确保比目前更安全、安心、轻松、短时间的进行作业。通过推进切换改善可以有多个优势，如可以缩小批量规模（参阅4.4节）、缩短生产周期（参阅5.6节）、使生产线具有灵活性、尽量减少生产线、轻松应对订单变动*和确保交付期、减少库存（参阅4.6节）、缩小在制品（参阅4.9节）和产品的保管空间、减少管理费和运作资金（参阅4.4节）、谋求生产的简约化（参阅6.21节）等。

换言之，生产现场的负责人与相关部门进行合作互助，通过积极推进切换改善，将准备时间进一步缩短并减小批量规模，使多品种少量生产、变种变量生产、混合生产（参阅4.10节）进一步达到高端化成为可能。为此，内部切换转化外部切换（参阅5.19节）和追求再现性*是关键，所以生产现场的负责人要理解切换改善并积极推进。

2. 生产周期与切换的关系

随着多品种少量化生产的进展，现在产品的生命周期越来越短，将新产品等投放市场的周期（参阅5.6节）长短成为企业生存的关键。换言之，周期短意味着当顾客和消费者的需求发生变化时企业能够迅速开发生产符合这些需求的新产品，并提供给市场，在激烈的企业间竞争中处于优势地位。因此，周期长短是该企业整体生产

---

* 订单变动：自己公司产品的订单状况发生变动。
* 再现性：如果某事项成立的要素和要因的环境相同就会出现同样结果的特性。

5.17 通过切换改善缩短生产周期

体质强弱的标志[*]。其中，在重复生产阶段，各生产品种之间存在的产品切换时间的长短，也就是伴随着准备时间的批量规模大小对生产周期产生了很大的影响，需要按照以下步骤进行改善。

这些生产周期的起点是开始生产时（参阅 5.6 节）。但是，如果下一个产品的生产所需的生产设备或生产线正在生产其他产品的话，会出现当下正在生产的产品及下一个产品的内部切换不能完成的情况，此时就不能着手生产该产品。因此，在下一个产品开始生产时，除了该产品的专用设备或专用生产线以外，还要考虑包括切换在内的内容。

出自《现场改善的切换手法》（秀和系统）

[*] 标志（Barometer）：推测某个事物的状态和程度的基准，原义指气压表或晴雨表。

5.18 缩短每次的切换时间

伴随着多品种少量生产和变种变量生产的发展，生产现场频繁地进行着切换。因此，以生产现场的负责人为中心，进一步缩短每一次的切换时间变得越来越重要。

1. 每次切换时间和切换作业的构成

一次的切换作业所需的时间被称为**每次切换时间**。这些切换作业的构成，一般可以分为**准备作业**、**交换作业**、**调整作业**和**整理作业**。

这里所说的准备作业，是指将下一个生产的产品所用的切换零件、工具类准备放在机旁*的作业；所谓交换作业，是指将现在生产的产品所不能用于下一个产品生产的切换零件、工具类从该生产设备和生产线取出的作业；调整作业，是指为了满足接下来生产的产品所要求的规格，对必要的地方进行加工的作业，包括质量确认。

所谓整理作业，是指将上述交换作业中取下的切换零件、工具类、剩余的工件等整理到规定的位置，并为下一个生产做准备的作业。

如 5.5 节所示，准备切换作业时间包含了切换时间。换言之，切换时间包含在标准时间内。因此，为了推进高效经济性的生产，以生产现场的负责人为中心，进一步缩短切换时间、标准时间，实现工时减少（参阅 2.16 节），从而进一步缩短生产周期是非常重要的。

2. 每次切换时间与切换总时间的关系

根据企业和生产现场的不同，为了提升生产效率和产量，有时会看到批量规模变大，而理论作业时间（参阅 5.7 节）变小。在这些企业和生产现场，不能适应客户和消费者的需求而错失销售机会。

* 机旁：紧挨着生产设备等的地方。

5.18 缩短每次的切换时间

为了防止这种情况发生，为了应对客户和消费者的需求变化而反复进行紧急切换，从而无法确保生产时间，陷入所谓的切换匮乏*之中。这样就不能实现非常高效率、经济性的生产。换言之，为了在满足顾客和消费者的需求变化的同时实现高效的、经济性地生产，以生产现场的负责人为中心，进一步缩短每次切换时间，迅速地应对这些需求是不可缺少的。

此外，我们也可以看到有企业把每次切换时间和某个期间内进行的切换总时间混淆在一起。因此，本书将每次切换时间称为切换时间、1人天（参阅5.13节）或1天、1个月的切换所需的时间称为切换总时间来加以区分。

* 切换匮乏：指切换占用了过多的时间，而本来应该用于生产的时间不足，生产设备的能力无法充分发挥的状态。

5.19 将内部切换转化为外部切换

通过更改目前为止在内部切换的作业顺序和做法，向外部切换过渡，生产现场的负责人通过推进内部切换向外部切换的转化，缩短因切换导致的设备停机时间。

▶▶ 1. 内部切换转化为外部切换是什么

在切换作业中，不停止生产设备或生产线就无法进行的切换被称为**内部切换**，不停止生产设备或生产线也可以进行的切换被称为**外部切换**。

将迄今为止按照内部切换进行的一部分切换作业，更换相应的切换作业顺序，或改变做法等，使其在生产设备或生产线运转中完成切换，这被称为**内部切换转化为外部切换**。

这样，尽量不使运转中的生产设备或生产线停止，而是在切换作业中，准备对生产下一个产品所需的工具类和加工物、调整交换所用工具的尺寸、装入交换所用的构成零件，再对拆下的工具类和加工物进行善后，将事先进行或运转后进行的作业称为内部切换转化为外部切换。生产现场的负责人带着作业人员通过与相关部门的进行合作互助，实现内部切换转化为外部切换，可以大大缩短正在进行的内部切换时间。

▶▶ 2. 切换改善的基础

如上述例子所述，内部切换转化为外部切换可以通过重新审视迄今为止进行切换作业并更换其顺序，换言之，即变更切换顺序和切换方法等来实施改善。

像上述这样将内部切换转化为外部切换，可以改变作业人员的切换意识*，促进在短时间内进行切换的创意想法，或是生产现场的

---

* 切换意识：为了在企业间竞争日益严峻的当下获得胜利，必须更好更快速的实现切换工作等针对作业人员的意识。

5.19 将内部切换转化为外部切换

负责人（根据企业的不同也可安排专职人员）实施切换支援等，不做太大的变更，就可以缩短伴随切换的设备停机时间。换言之，不进行设备改善（参阅 6.18 节），而通过作业改善（参阅 5.14 节）就可以得到很大的效果。因此，内部切换转化为外部切换是作为切换改善（参阅 5.17 节）的自动化方法的基础，所以要求生产现场的负责人理解并积极推进。

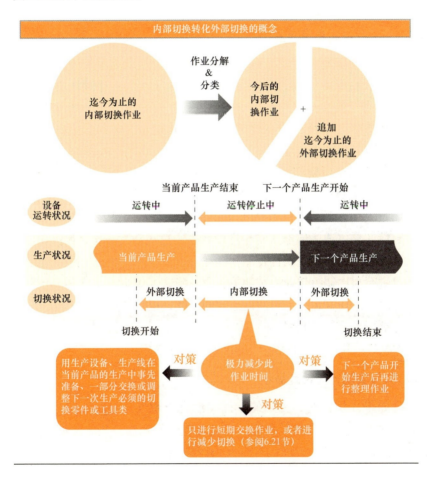

5.20 实现一次性良品化

要推进高效率、经济性地切换，一次性良品化的实现是不可缺少的。为此，生产现场的负责人与作业人员和相关部门进行合作互助，从根本上排除不良原因，提升再现性，一次完成质量确认作业是非常重要的。

1. 一次性良品化是什么

在切换作业的时候，如果不进行下一步生产产品的质量确认作业，或者由于不恰当的实施导致连续发生了不合格产品（参阅 2.11 节）的话，就不知道切换作业如何进行。结果，可能会造成给后道工序和顾客带来巨大的麻烦，损害了长年建立起来的信用，彻底损失好不容易得到的企业利润。

为此，在切换作业中，必须要确认在产品切换后进行加工的产品是否满足该产品所要求的规格，即切换后满足产品最初加工的产品质量所要求的质量特性（参阅 3.4 节）。重要的是，在确认了生产情况后，使之成为能够正常生产的状态。这被称为**一次性良品化**。

通过实现这些一次性良品化，在减少不合格产品产生的同时，还可以进行再次调整作业、试加工、质量确认等作业，以及排除上述的伴随时间。换言之，一次性良品化的实现，根据调整作业的结果，缩短可能导致多次重做的调整时间，在短时间内进入正式生产。因此，一次性良品化是将调整作业等的削减部分转向生产的极为有效的方法。

2. 如何实现一次性良品化

如果在切换时，更换的零件类没有再现性（参阅 5.17 节），而是每次调整其位置和尺寸等，不仅要花时间切换，还无法期待一次性良品化的实现。

5.20 实现一次性良品化

为了实现一次性良品化，需要使用原因分析*和 PM 分析（参阅 3.6 节）等方法，生产现场的负责人要对没能达到一次性良品化的不合格产品的产生原因进行彻底的追究并采取措施。此外，使工具工装等的基准面牢固、不移动基准面、根据对接基准确定位置，用定位销或内嵌*等确定位置，在 T 形槽定位时预先设置可调夹具，采用选择 LS*等实施减少调整的方案，在缩短调整作业时间的同时，提升更换零件的再现性也是非常重要的。

为了实现一次性良品化，生产现场的负责人要与作业人员和相关部门进行合作互助，从根本上排除不良原因，为了不反复进行切换时的调整作业而提升再现性，改善切换时的质量确认作业以便一次性完成是不可缺少的。

为了实现一次性良品化，排除不良原因、提高再现性、减少切换时间的调整作业很重要

出自《现场改善的切换手法》（秀和系统）有改动

---

*原因分析：在生产现场等面对的某一事项，通过反复的追究其发生的原因来寻找真相的方法。

*内嵌：在产品组装时，为了方便取出芯而构思的轴和孔等形状。

*LS：Limit Switch 的简称。检测位置并发出信号的接触式开关，即限位开关。

5.21 事先确定最佳生产模式

生产现场的负责人即使不能改变每一次的切换时间，也能理解并接受切换总时间的变化，选择使之最小化的生产模式，实际运用并提升生产效率，为企业业绩的提升做出贡献是非常重要的。

1. 生产顺序的影响

为了满足某个生产现场给定的当日生产计划，进行高效经济性地生产，需要根据生产顺序来调整切换总时间（参阅 5.18 节）的变化，生产现场的负责人和作业人员要理解并反映到切换作业中，缩短切换时间。例如，假设有一种生产设备或生产线的切换时间如右图所示。在这里，从正在生产的 A 产品到生产 B、C 产品，第二天和第三天也同样重复生产 A、B、C 产品，在反复生产同样数量产品的情况下，查看生产顺序对切换总时间的影响（以时间为例便于理解）。

从右图中可以看出，第一天按 A→B→C 的顺序生产的话，切换总时间为 25 分钟。第二天从 C 产品开始生产的话，即使不做切换也可以直接生产 C 产品，所以从 C 产品开始生产。之后按照 A 产品、B 产品的顺序生产的话，切换需要 35 分钟。但是按照 B 产品、A 产品的顺序来生产的话，切换要花 50 分钟，比前者多出了 15 分钟。

另一方面，如果当天按 A→C→B 的顺序生产的话，切换总时间为 65 分钟，比 A→B→C 的顺序多出 40 分钟。而且，第二天不切换就可以直接生产 B 产品，然后再生产 A 产品的话，切换总时间要花 55 分钟。

同样，从 3 个产品的 3 天生产循环的切换总时间来看，只要改变生产顺序，就会产生最小 100 分钟、最大 170 分钟，即 70 分钟的差距。因此，在本例中，可以说在 A→B→C 的基础上重复生产的生产模式可以使切换总时间最短。

5.21 事先确定最佳生产模式

这样，在实际的生产现场，即使不能改变每一次的切换时间，也要按照生产顺序，换言之按照切换的顺序，由生产现场的负责人和切换负责人理解并实际运用切换总时间的差值，从而提升生产效率。

▶▶ 2. 在生产模式中缩短切换时间

从上述例子可以看出，只要改变生产顺序，切换总时间就会发生变化。实际的生产设备或生产线，肯定不止这3个产品，几乎都是以更多的产品为对象，存在着多个**生产模式**。而且，根据产品的不同，也不一定每天生产。因此，计算切换总时间是非常复杂的工作，需要花费很多时间。

因此，生产现场的负责人与作业人员和相关部门进行合作互助，探索思考 <u>GT</u>* 生产的方式方法，事先确定最佳的生产模式，利用 IT 设备等，简单地选择生产模式，缩短切换总时间，为提升企业业绩做出贡献，这是非常重要的。

生产顺序对于切换总时间的影响（示例）

案例研究

切换所需时间示例
- 从A产品到B产品的切换……10分
- 从A产品到C产品的切换……35分
- 从B产品到A产品的切换……20分
- 从B产品到C产品的切换……15分
- 从C产品到A产品的切换……25分
- 从C产品到B产品的切换……30分

生产模式	切换总时间
A→B→C ⇒	25分
A→C→B ⇒	65分
B→C→A ⇒	40分
B→A→C ⇒	55分
C→A→B ⇒	35分
C→B→A ⇒	50分

● 从至（From-To）表*

从	至		
	A	B	C
A		10	35
B	20		15
C	25	30	

● 切换所需时间的变化

	最小	最大	差异
第一天	25分	65分	+40分
第二天	35分	55分	+20分
第三天	40分	50分	+10分
合计	100分	170分	+70分

生产现场负责人理解、接受由于生产顺序不同，切换总时间会出现差异，将切换总时间最小化，创造更容易选择生产模式的环境，这是很重要的

---

* GT：Group Technology 的简称。为了推进高效率和经济性生产，把生产对象品等类似部分集中起来的手法。

* 从至（From-To）表：切换作业等对象组合存在很多种方式时，把这些关系进行梳理更方便整体理解的表格。

生产现场负责人进行作业管理的关键

　　生产现场的设备等随着产品功能和安装逐渐变得复杂化和高端化，作业人员所需要的技能以及在生产现场进行的工作也有了复杂化、高端化的倾向。在这些生产环境发生变化的过程中，为了确保该产品所要求的 QCD，生产现场的工作人员必须按照规定的方式，对规定的内容进行作业。

　　例如，在新设生产线和士气低下的生产现场等，日均产量和生产效率都有偏差。在这样的案例中，每个作业人员的工作方式都不一样，各自按照自己的方式生产的可能性很高。在这样的情况下，很难期望能够稳定生产 QCD 一致的产品。

　　为解决上述情况，需要以生产现场的负责人为中心，设定能够遵守的标准作业和标准时间等的基准／标准类。因此重要的一点是，生产现场的负责人要让自己负责的车间的工作人员彻底遵守标准作业和标准时间等。但在没有遵守的情况下，要进行再次培训，确认其不遵守的理由，根据情况不同也有必要对基准／标准类进行重新评估和修改。

　　并且，作为生产现场的负责人，非常重要的是要从平日起对自己负责的车间的作业人员进行教育，让他们思考并通过锻炼使他们切身领会到工作失误时的影响程度，以及不幸遭遇事故时自己必须要做的是什么。为此，生产现场的负责人有必要在平日里就和工作人员商量作业失误等的对策，共同认识到事先确定预防对策和万一发生故障时的应对对策和行动，这些能在紧急时刻发挥效果。近年来，人手不足的情况较多，人工作业也在不断向机械化推进，因此生产现场的负责人必须推进着眼于这些动向的作业管理。

　　作为留心这些事情的生产现场的负责人，为了稳定、高效、经济地生产优质 QCD 的产品，应设定及运用这样的作业方法，只要是有一定技能的作业人员，不管由谁进行生产，产品都能满足该产品要求事项，这是十分重要的。

第6章

生产现场负责人的设备管理

要在工厂等生产现场生产产品，生产4M是必不可缺的。其中为稳定、高效、经济性地进行生产，Machine（设备）作为生产4M之一，能够在生产时以正常、良好的状态运转，要求以生产现场的负责人为首的相关部门共同协作，进行维持和管理。

本章将对以下内容进行介绍：生产现场的负责人应知晓的设备管理的基础知识，在生产设备类的必要时刻为能以正常、良好的状态进行运转并维持，生产现场的负责人应在日常推进的各种管理方法和设备综合效率的提升方法，使用者改造优良设备并对其他设备进行反馈的方法等。

6.1 设备管理是什么

生产现场使用设备类按计划生产产品时，需要以生产现场的负责人为中心，与设备维护部门联系并进行合作互助，维持并管理生产活动必需的设备类处于随时可以正常、良好运转的状态。

▶▶ **1. 设备管理是什么**

生产现场生产某产品时，使用生产的4M（参阅1.10节）之一的设备类是不可或缺的。这里所说的生产活动必需的设备类一般是指机械、工具、各种装置、金属模具、测量仪器、车辆搬运工具等。

为了使这些设备类能够有效帮助到生产活动，从有计划导入此类设备开始，到实际设计、制作、设置、使用，再到后续的报废和再利用的全部阶段都需要使其能够高效利用的管理。为此目的进行的所有管理被称为**设备管理**（Equipment Management）。

▶▶ **2. 设备管理的对象阶段**

设备管理的对象阶段，如右图所示包括计划阶段、设计制作阶段、安装*阶段、使用维护阶段、报废再利用阶段等。其中尤其与生产现场有密切联系的是使用维护阶段。

换言之在工厂内运转的设备类是经过了前期的活动与管理，才进入了现在的使用阶段。这些设备类终有一天会伴随着生产结束、设备老化而面临着报废，或者是彻底检修（参阅6.9节）、翻新（参阅6.9节）等最后阶段的再利用。

按生产现场所提出的生产计划开始生产时，如果发生了对象设备类故障（参阅6.17节）无法运转、小停机（参阅6.16节）等无法按计划进行生产的情况，这样是无法完成生产计划的。生产现场使

---

* 安装：将生产设备等安装到指定位置的全部步骤。

6.1 设备管理是什么

用相关设备按计划顺利生产，需要以生产现场的负责人为中心，与设备维护部门等联系并进行合作互助，维持管理相关设备，使其随时都处于能够正常、良好运转的状态。

阻碍此类设备运转的主要项目可以举出如下图所示的5大浪费。作为生产现场的负责人应该彻底消除这5大浪费，维持相关设备类处于随时能够正常、良好运转的状态，实施适当的设备管理完成要求的生产计划。

* 设备投资：企业对于事业所必须使用的机械装置等有形资产的资金投入。

6.2 工装管理是什么

为了实现高效、经济的生产所实施的工装管理，对于单项单位的个别管理来说是不可或缺的。因此，各企业都应以生产现场的负责人为中心，与相关部门联系进行合作互助，共同开展管理。

1. 工装管理是什么

工装管理是指保持生产某产品所必需的夹具类、工具类、金属模具类在所规定的功能的状态，并能够在必要时间在生产现场顺利地生产必要量所进行的所有管理活动，是进行高效、经济的生产所不可或缺的管理项目。

此夹具类、工具类、金属模具类，其中尤其是夹具类和金属模具类很少能够与其他产品共用，几乎都是为某一产品专用，因此更需要慎重管理。换言之，在有生产要求的时间节点，必要的夹具类、金属模具类如果发生故障、破损、不足等情况，就不能按照该产品的生产计划顺利生产。因此，为了使其保持能够随时正常、良好使用的状态，实施个别管理是不可或缺的。

此工装管理的优劣直接影响作业性、切换时间（参阅5.7节）的长短等生产效率，因此各企业应该以生产现场的负责人为中心，钻研对工装的管理。

2. 工装管理的推进方法

企业内持有的夹具类、工具类、金属模具类应附上固定管理编号，与其他物品进行明确区分是不可或缺的。因此，有效方法是以生产现场的负责人为中心与相关部门联系进行合作互助，在夹具类、工具类、金属模具类上刻印上工具编号[*]。另外，为了能一眼分辨出

---

[*] 工具编号：为了明确识别某个产品在生产时所必要的夹具类、工具类及模具类工具，针对各个工具给与固定的编号。从这个编号就能知晓产品和工序等。

6.2 工装管理是什么

是其他产品的夹具类、工具类、金属模具类,应该进行颜色管理等可视化管理(参阅 1.24 节)。更进一步制作夹具类、金属模具类定期点检标准和交换基准等的标准类,留意并运用如下图所示的管理重点。

另外,需要大量相同的夹具类、工具类、金属模具类的情况,落实定数管理,使其保持必要数目和随时可用的状态是非常重要的。因此,需要对夹具类、工具类、金属模具类实施现品管理(参阅 4.1 节)、5S、位置管理(参阅 4.3 节),在规定场所妥善保管。

另外,生产现场使用的各种测量仪器的管理请参阅 3.10 节内容。

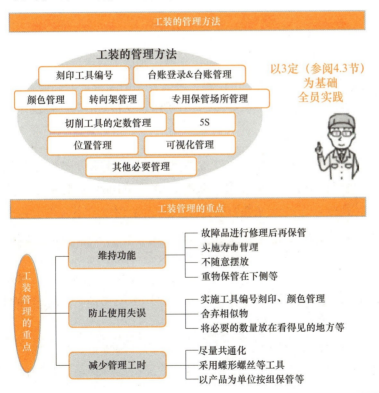

6.3 高效运用设备类

在设备的机械化与自动化程度不断提高的同时,为使其保持在正常、良好状态并高效运用此类高端设备而实施的设备维护的重要性也随之增加。要求生产现场的负责人高效运用自己所负责车间的设备类进行生产活动。

▶▶ **1. 设备类的分类**

生产商生产产品所必需的东西包括机械、装置等设备类。因此设备也在对于生产不可或缺的 4M(参阅 1.10 节)中占有一席之地。

此设备类按照形态可以分成土地、建筑、建筑物;机械、装置;工具工装、测量仪器、金属模具;车辆、搬运工具等。另外,这些设备类按照目的可以分成生产设备、研究开发用设备、公共设施[*]、运输设备等。生产商应该将这些设备有机组合来推进各种产品的生产。

▶▶ **2. 设备维护的必要性**

管理设置在生产线中的设备,使其保持在需要生产时随时能够正常、良好运转,即可动率(参阅 6.10 节)100% 的状态是十分重要的。在需要生产时相关设备发生故障无法使用,不仅无法帮助实际生产,还会妨碍生产。

在生产某产品时要使必要的生产设备类能够随时运作,日常维护活动是非常重要的。换言之,设备的机械化、自动化程度不断提高的同时,维持设备功能在正常、良好状态的活动,即设备维护的重要性也在提升。

设备维护如右图所示,可以大体分为专门维护、折中维护、自主维护。此处的专门维护是指隶属维护部门的维护员实行的设备维

---

[*] 公共设施(Utilities):生产活动所必要的电气、煤气、水道等设施。

护，折中维护指的是制造部门等设备运作部门与维护部门分担实施的设备维护，自主维护是指隶属设备运作部门实行的设备维护。一般企业规模越大越有专门化的倾向，由于企业规模、生产内容、作业人员技能等不同，关于实施哪种维护方法要根据企业自身的实际情况选择并分开使用。

要求生产现场的负责人理解自身企业的设备维护体制，维持、持续自己负责的车间的设备类一直保持正常、良好的状态，高效运用并完成日常生产。

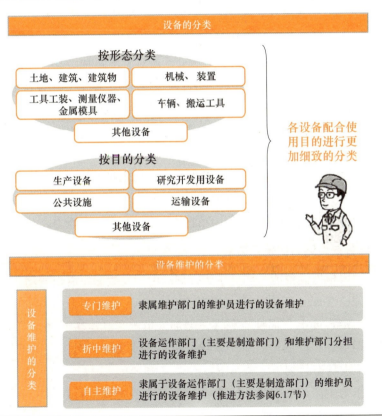

6.4 把握设备能力

作为生产现场的负责人,了解自己负责的车间的设备类在单位时间能加工多少产品,把握并有效运用设备的生产能力进行日常生产活动的同时,应对异常状态把握设备的最大能力也非常重要。

1. 设备能力是什么

设备能力是指某一设备在通常的组合状态下运转时,单位时间内能够稳定加工的生产能力,计算方法如右页的计算公式所示。有些企业将此设备能力称为加工能力。

即使同一设备和相同加工方法,生产对象不同时,根据加工规格的不同等,加工时间也会变化,因此应该根据生产对象设定设备能力。

一般在确保设备能力的状态下能够进行最高效、最经济的生产,如右页所示,使用零件加工能力表等进行设定,在相关生产现场展开使用。

此外,应对异常状态时应增加生产线内人员配置、投入熟练工,或紧急实施外部加工、延长运转时间等改变通常的组合状态,单位时间加工量最大化状态下的生产能力被称为设备最大能力。

2. 设备最大能力的使用方法

一般根据设备能力制订生产计划。但当发生紧急需求变动*、设备故障(参阅 6.17 节)等异常状态时,生产现场会采用非常手段,这在一定程度上会牺牲盈利性,增加人员配置和运转时间,可在一定时期增加生产数量。生产现场的负责人实施此类对策,对于尽早恢复正常状态起到了巨大作用。

作为生产现场的负责人在今后不仅需要把握、有效运用所负责

---

* 需求变动:自己公司产品等的需要数量的变动。这里所指的是生产计划开展后的突发的采购订单导致的突然的需求变动。

6.4 把握设备能力

车间的设备能力，还应该为了应对异常状态把握设备最大能力。

当相应生产线被要求生产超过设备能力以上的产品数时，计算用人海战术*也无法弥补的时间，即在计算工作时间的延长部分时，设备最大能力也可以作为计算依据使用。

设备能力的计算方法

$$设备能力 = \frac{一天的设备运作时间}{一个产品的加工时间} \quad (个/天)$$

投入设备能力以上的人力会降低盈利性*

零件加工能力表示例

零件加工能力表			零件编号			年 月 日		
			零件名称			批准	调查	制作
			加工车间					
			加工生产线					
工序顺序	工序名称	机械编号	所需时间			刀具交换		每个的加工时间	设备能力
			手工作业时间	自动作业时间	完成时间	加工个数	更换时间	每个的更换时间		
合计						一天总运转时间				

第 6 章　生产现场负责人的设备管理

*人海战术：动员更多的人员，通过大量人员的力量来完成某些工作的方法。
*盈利性：指经营事业时，收入和支出的平衡状况。在探讨某项活动能否产生利润时使用。

6.5 提升设备综合效率

双色图解生产现场管理实务

可以用设备综合效率表示是否有效使用设备。要提升设备综合效率，生产现场的负责人应该带领作业人员与相关部门联系并进行合作互助，减少相应设备的停机损失、性能损失、不良损失。

▶▶ 1. 设备综合效率是什么

设备综合效率（Overall Equipment Efficiency）是表示设备使用效率程度的指标，计算方法如右页公式所示。

此设备综合效率是时间稼动率、性能稼动率与良品率相乘得来的，数值越高说明设备使用越高效。

因此为了提升生产现场使用设备的综合效率，TPM活动（参阅6.7节）正致力于降低妨碍设备效率化的7大损失（见右图）等活动。

▶▶ 2. 提升设备综合效率

如设备综合效率计算公式所示，要提升设备综合效率，应该分别提升相应设备的时间稼动率、性能稼动率和良品率。

时间稼动率用设备的停机损失带来的负荷时间*的减少比例表示，因此有必要减少负荷时间中的停机时间。具体来说，应该推进减少设备故障所带来的停机时间、切换调整设备的停机时间、工具更换时间等对策。

性能稼动率是由运转时间内生产的数量的多少决定的数值，因此需要提升运转时间内的生产数量。具体来说，应该推进排除小停机（参阅6.16节）、设备空转*等性能损失和减少速度低下导致的净运转时间损失等对策。

良品率用由不良品、返修品等导致的加工数量减少的比例来表

---

* 负荷时间：生产计划中休息的时间和为了维护的休息时间、早会、其他的休息时间等从作业时间中减去的时间。

* 设备空转：稍微停歇等事故导致空转的状态。

6.5 提升设备综合效率

示，需要减少加工数量中的不良品数和返修品数。具体来说，对于生产阶段不良品、返修品的发生或完成阶段不良品、返修品的发生等不良损失推进对策，降低不良损失。

综上所述，要提升设备综合效率，生产现场的负责人应该带领作业人员与相关部门联系并进行合作互助，减少负责设备的停机损失、性能损失、不良损失。

＊作业时间：在工厂等场合，基于生产计划操作机械等进行生产活动的时间。

6.6 缩短设备停机时间

要充分运用经营资源之一的现有生产设备,需要以生产现场的负责人为中心,与作业人员和相关部门联系并进行合作互助,缩短伴随生产发生的设备停机时间和故障停机时间。

▶▶ 1. 设备停机时间的分类

设备停机时间指的是生产设备类在运转中或将要运转的情况下,设备故障的发生等影响到设备正常、良好运转或设备无法运转的时间。此类设备停机时间大致可分为伴随生产发生的设备停机时间与故障停机时间。

一方面,伴随生产发生的设备停机时间指的是正常生产中必定会产生的时间,例如工具更换时间、检查时间、切换时间等。另外有些时候还会伴随生产发生材料等待时间。另一方面,由于故障导致设备无法正常、良好运转的时间被称为故障停机时间,不仅包括修理(参阅 6.17 节)所需的时间,还包括修理等待时间。

此类设备停机时间不仅是阻碍完成生产计划的重要原因,而且会降低生产率、产量、设备综合效率(参阅 6.5 节)等指标,阻碍高效、经济性的生产。

▶▶ 2. 缩短设备停机时间

一方面,要缩短伴随生产发生的设备停机时间,需要推进缩短工具更换时间、检查时间、切换时间和消除材料等待时间等对策。因此需要以生产现场的负责人为中心,作业人员与相关部门联系并进行合作互助,贯彻落实如右图所示的项目。另一方面,要缩短故障停机时间,需要推进预防故障发生、缩短修理时间等对策。因

6.6 缩短设备停机时间

此，生产现场的负责人需要同上述一样贯彻落实如右图所示的项目，在缩短各设备平均修复时间（MTTR）的同时，延长平均故障间隔（MTBF），可参阅 6.8 节。

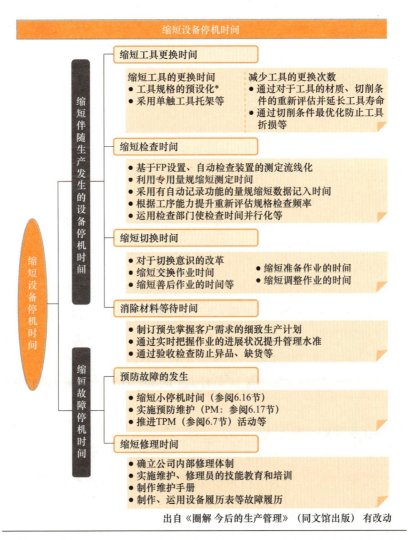

出自《图解 今后的生产管理》（同文馆出版）有改动

＊预设化：对于工具更换和准备时的必要的尺寸调整和内容物的变更等，事先在机外执行的方法。

6.7 推进 TPM 活动减少设备损失

熟练、高效使用设备实现生产目标的有效方法是推进全员参加的预防维护活动——TPM 活动，以此减少设备损失。因此，生产现场的负责人理解自主维护并推进活动是十分重要的。

▶▶ 1. TPM 是什么

日本设备维修协会对 TPM（Total Productive Maintenance）做如下定义：1）以追求生产系统效率的极限（综合性效率化）作为企业体制建立的目标；2）在生产现场中构建以生产系统的生命周期全体为对象，"零工伤、零不良、零故障"等预防所有损失的结构；3）横跨生产、开发、营业、管理等所有部门；4）从高层领导到一线业务员，全员参加；5）通过重复小集团活动实现零损失。

换言之，TPM 活动是将设备作为管理对象，通过全员参加将设备保持在应有的状态，目的在于改善企业体制。其发展过程与设备发生故障后进行修理的事后维护（参阅 6.17 节）、故障发生前进行事前应对的预防维护（参阅 6.17 节）、提升设备性能的生产维护、全体参加的预防维护相关联。要开展这一系列的 TPM 活动应当致力于如右页所示的"开展 TPM 的 8 大支柱"。

另外，以改善企业体制为目的的活动还有 TQC*（全面质量控制）活动，其以质量方面为管理对象。

▶▶ 2. 自主维护的推进方法

TPM 将生产现场作业人员所致力的 TPM 活动称为自主维护。此自主维护的主要内容是由现场作业人员组成的被称为 PM 小组的重复小集团活动的最前线组织，推进高效熟练使用自己的设备所必

---

* TQC：Total Quality Control 的简称，全面质量控制。

6.7 推进 TPM 活动减少设备损失

需的活动。

TPM 活动中的自主维护的具体推进方法推荐使用如下图所示的 7 个步骤进行推进，主要包括①初期清扫（扫除、点检）；②发生源、困难点对策；③制作自主维护临时标准；④总点检；⑤自主点检；⑥标准化（和维持管理）；⑦彻底自主管理。

自公司将 TPM 推进活动作为全公司或工厂全员活动的一环时，生产现场的负责人应该理解自主维护的必要性，与作业人员和相关部门联系并进行合作互助，成为该活动的领头人，实现减少设备损失的活动目标。

* 标识：是指生产设备等的问题发现日期和其具体的内容进行记录，把出现问题的地方绑上可视化的黄卡和红卡等卡片。在完成应对后迅速清除是基本要求。

6.8 将设备履历表运用至设备管理

为了使设备一直以正常、良好的状态运转,生产现场的负责人要与相关部门联系并进行合作互助,制作设备履历表,客观记录运转状态的同时,将其运用于相关设备的预防维护和今后的设备更新中。

▶▶ 1. 设备履历表是什么

为了使用状态正常、良好的生产现场设备,生产现场的负责人应与相关部门联系并进行合作互助,记录相应设备的运转时间、主要设备故障及修理内容、设备停机的原因及时间等明确相关设备的停机履历。此类以设备为单位制作成的记录表被称为设备履历表。

如右图所示,设备履历表上记录有设备管理编号(根据企业不同也有称为机械编号、机号等的情况)、取得时间等该设备的固有信息,可以兼作设备台账。利用此设备台账,可以在预测磨损配件的更换时间,同时,还可以进行彻底检修(参阅6.9节),并与过去的记录对比,开展如何做设备更新才能改善设备使其变得更易使用、更不易损坏等的预防维护(参阅6.17节),以及设备更新的基础资料使用。因此也有企业模仿医院病历将其称为"设备故障病历"。

▶▶ 2. 设备故障对策运用至设备管理

光是制作完成设备履历表也无用武之地。定期检查相关设备至今为止的使用状况、修理状况,包括相关设备在内,有效预防设备故障的发生是非常重要的。

换言之,与设备故障履历对照,将计算故障率*、MTBF*、MTTR*运用于相关设备的预防维护、准备预备品上、将设备停机时间最小化,通过实施永久性对策防止再发是非常重要的。

---

* 故障率:通过以下这个公式求得。故障率 = 合计故障停机时间 × 100 ÷ 合计负荷时间(%)
* MTBF:Mean Time Between Failures 的简称,平均故障间隔。
* MTTR:Mean Time To Repair 的简称,平均修复时间。

6.8 将设备履历表运用至设备管理

换言之，通过分析设备履历表里记录的内容，推断相关设备特有的、高价预备品的购买周期，事先安排，在需要时入手等的预备品管理也非常重要。另外，购买类似设备时也可以提出应该改善的部分和要求，将具体的处理内容反馈给新设备。如此运用设备履历表里记录的内容，逐步减少设备的停机时间，将设备改善成易于使用的设备是非常重要的。

设备履历表示例					
设备履历表					
设备管理编号	设备名称	担保部门	加工配件名称	取得时间	
TM-1230	○○性能试验机	S248	○○阀	00年1月31日	
生产线名称	加工工序	每天稼动时间	制造商	取得金额	
○○组装生产线	性能测定	8小时	☆☆工业	□□□□千日元	

设备故障履历表								
发生日时	故障内容	修理内容		停止时间	记录	确认	备注
		应急处理	永久对策				
11.3.11 14:46	▲▲部破断		3.14更换	25小时	横手	茂木	□□□千日元
17.1.21 15:15	△△部破断	配线交换	2.1配线处理变更	6小时	横手	茂木	

※1.确认者在确认修理后的质量与设备性能后签名
2.确定修理费的情况下将其记录在备注栏

构建强有力的生产体制需要缩短各设备的平均修复时间（MTTR），延长平均故障间隔（MTBF）

6.9 提出改造成易于使用的设备的建议

将既有的设备改造成易于使用的设备，重要的是涵盖生产现场的负责人所负责车间的要求。另外，将一些专有技术反映在新引进的设备中，从一开始就将设备改造成易于使用的设备是非常重要的。

▶▶ 1. 设备改造的必要性

如果让作业人员评价生产现场运转的设备，就能够清晰地了解哪些设备易于使用。所谓易于使用的设备就是如右页所示的工序能力（参阅3.17节）强、作业性好、产生碎屑少、容易切换（参阅5.7节）、不发生小停机（参阅6.16节）、不发生故障、发生故障时自动停机、容易清扫等此类易于作业、能够安全安心操作的设备。

要使生产现场变成SQCDM（参阅1.18节）优秀的生产现场，需要在目前使用的既有设备中加入如右页所示的内容，努力将设备修改成易于使用的设备。将现有设备进行改造的行为被称为设备改造，或者叫作改造。

换言之，设备改造是修改既有设备在使用便利性上存在问题的部分。如此一来，为了让设备易于实现预期的目的，应该考虑相关生产现场的SQCDM，提取对象设备进行设备改造。

尤其是通用设备的情况，它与专用设备不同，不是为了某个专门的目的而被制造出来的，所以在量产车间里，它因为功能太过丰富且价格又过高，反而成了难以使用的设备。或者会发生经常使用的部分出现磨损，导致必要的功能不能满足要求水准的情况。

因此，作为生产现场的负责人，应将这些设备自行改造成易于使用的设备，或向生产技术等职员部门提议改造检修*、翻新*等，

---

* 检修（Overhaul）：分解和维护修理机械装置。
* 翻新：在对象设备类进行分解维护修理时增加新的功能，实现精度恢复和更高的功能等，达到新的目的。

6.9 提出改造成易于使用的设备的建议

构筑 SQCDM 优秀的生产现场。

▶▶ **2. 设备改造之际**

设备改造等具体的业务一般由生产技术等职员部门负责。因此设备改造时,作为生产现场的负责人应与职员部门密切联系,正确传达相关设备的现状、生产现场对设备的改善要求等。另外,将经常使用的设备改造成自己易于使用的设备,高效、经济地实现生产目标是非常重要的。

另外,作为生产现场的负责人,在推动生产技术部等职员部门将一些专有技术反应在新引进的设备中,从一开始就使这些设备成为易于使用的设备,也成为重要的作用。

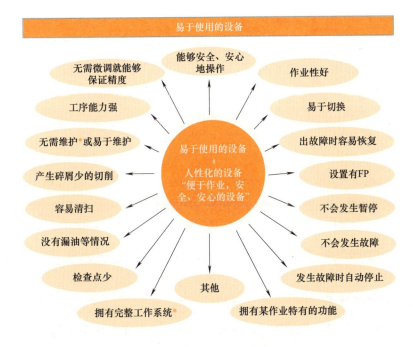

* 维护(Maintenance):维持设备的稳定运转和产品质量的活动。
* 完整工作系统:在机械加工的系统中,所加工完成品达到设定量的目标值时,自动感知并且自动停止设备的系统。

6.10 提升可动率

要想及时、顺利地进行生产，需要以生产现场的负责人为中心，提升原有生产设备类的稼动率、可动率，有效运用设备。为了适应生产环境的变化，近年来越来越重视可动率。

▶▶ 1. 稼动率与可动率的区别

稼动率，是指一天的作业时间中，有多少时间是直接对生产起作用的直接生产时间，或是表示可利用时间中有效运转时间的比例的指标。例如，一天的作业时间是 8 小时，直接生产时间是 6 小时，那么稼动率就是 75%。

要提升此稼动率，应调查分析运转内容，即通过运用运转分析（参阅 5.2 节）的方法缩短作业人员的等待时间、设备间的移动时间、切换时间等设备没有运转的时间。

另一方面，需要某一设备时该设备正在使用或可连续运转的概率是可动率，或者说可用率。因此，将该设备保持在需要使用时随时能运转的状态，即可动率 100% 是目标状态。

要提升此可动率，重要的是推进贯彻落实预防维护（参阅 6.17 节）、预防伴随故障（参阅 6.17 节）发生的设备停机、极力缩短停机时间等活动。换言之，通过进行缩短平均修复时间 MTTR（参阅 6.8 节）、延长平均故障间隔 MTBF（参阅 6.8 节）、缩短工具更换时间*和切换时间等减少设备停机损失（参阅 6.5 节）活动能够提升可动率。

▶▶ 2. 重视可动率

根据世界经济动向、本公司产品竞争力、库存状况等情况，生

---

* 工具更换时间：在使用中对磨损和破损的工具进行更换所需的时间。提高加工方法的再现性（参阅 5.17 节）对于缩短此时间是非常重要的。

产需求量会变化。换言之,经济状况好、公司产品竞争力高、库存少的情况下,生产需求量会增加,相反生产需求量会减少。

生产环境变化,需求的稼动率也会变化。为了灵活应对此类变化,同时从防止过量生产的角度出发,近年来越来越重视可动率。换言之,在收到生产需求时,生产必要设备处于一直都正常、良好地运转或可以使用的状态,能够尽早生产并提供给市场。

因此,作为生产现场的负责人应该知道稼动率和可动率的区别,从平时就将生产现场的专有技术反映在不发生故障或很少发生故障的生产设备中,构建能够维护(参阅6.9节)既有的生产设备并使其一直保持在正常、良好状态的生产现场,缩短切换时间、改善生产设备类的设计弱点等提升设备可动率的对策。生产现场的负责人在维持管理自己负责的生产现场并使其能够及时、顺利地进行生产中起到了很大作用。

稼动率的求法

$$稼动率 = \frac{有效稼动时间}{工作时间或可利用时间} \times 100\%$$

$$= \frac{实际稼动时间}{总时间} \times 100\%$$

稼动分析(参阅5.2节)是提升稼动率的好方法

可动率(可用率)的求法

$$可动率(可用率) = \frac{可操作时间}{可操作时间 + 不可操作时间} \times 100\%$$

提升可动率(可用率)需要推进极力缩短已经产生的停止时间、预防设备停止等减少设备停止损失的活动

6.11 确保实施日常点检

为了设备能够一直以正常、良好的状态帮助生产,和汽车的启动检查一样,生产现场的负责人要督促作业人员确保实施日常点检、日常清扫,在出现事故前发现异常点并进行处理。

1. 日常点检是什么

为了保证生产中不发生必要设备老化、故障等影响生产活动的事故所进行的日常检查作业被称为**日常点检**。

日常点检一般多是开始作业时实施。汽车的启动检查就是一个广为人知的开工检查。根据企业及对象设备的不同,除了开工检查外,也有在批量切换和结束作业时进行检查的情况。如此确保实施日常点检,在发生设备故障等大事故前就预先发现异常点并做出对策,这对于使用正常、良好状态的设备来说是非常重要的。

2. 日常点检的内容

日常点检使用的检查表由技术部门和维护部门设定,运转该设备的生产部门实施日常点检的情况比较多见。

日常检查的实施内容主要包括发现并调整异常噪声、振动或发热等设备异常点,零件的更换、加油和拧紧,顺便清扫(参阅 6.12 节)等日常清扫。其中尤其重要的是重点设备的**点检**项目,对于会影响到质量的项目进行准确的设定和实施。生产现场的负责人督促作业人员对所负责设备进行日常点检后,应该将结果记录在点检表上。

另外,生产现场的负责人在确认记录表的同时,应该仔细观察设备周围。如果设备周围摆放着各种工具、物品的情况,那么该设备发生异常的可能性很高。

6.11 确保实施日常点检

同时,生产现场的负责人应该积极推进如气压调整 3 件套*的组合、变更至容易看见的位置等检查部位的好球区化*等易于点检的活动。这些活动不仅缩短点检时间,在防止遗漏点检的同时能够提升该职场的生产率。因此,将点检部位集中到一点、减少分散点检等活动的推进和日常清扫活动的推进是非常重要的。

另外,对于设备的水平、滑块部分、旋转部分等的磨损、摇晃情况等进行定期点检(参阅 6.12 节)也是非常重要的。

日常点检检查清单示例

日常点检检查清单

对象生产线 _____
对象零件编号 _____

	课	系	组	批准	调查	制作

点检项目	频度	判定基准	日	日	日	日	异常处理
安全装置是否正常	1/班	没有异常					
是否漏油	1/班	没有漏油					
运作油量是否适当	1/班	油面计在H-L之间					
润滑油量是否适当	1/班	油面计在H-L之间					
设定压力是否正常	1/班	在指定范围内					
是否有异常噪音	1/班	没有异常噪音					
作业面是否有划痕	1/班	没有划痕					
转速是否正常	1/班	在指定范围内					
轴承、旋转部位是否发热	1/班	没有发热					
传送带是否松弛或损伤	1/班	按压后没有松弛或损伤					
固定部分是否松弛	1/班	没有松弛					
设备周边是否摆放有工具等	1/班	没有摆放					

※1.点检结果尽可能记录实测值
2.出现异常的情况一定要向上级报告

* 气压调整 3 件套:由过滤器、调节器、旋转器组成的气压调节单元。
* 好球区化:气压调整 3 件套、油压系统及润滑油系统等仪表类集中在类似棒球的好球区域一样,集中配置在作业人员容易点检的位置。

6.12 确认实施定期点检和定期清扫

为了实现顺利地生产，在必要的时候让必要的设备在正常、良好的状态下运转是非常重要的。为此，生产现场的负责人要让作业人员在对所负责设备进行日常点检和日常清扫的基础上，切实实施定期点检和定期清扫。

1. 实施定期点检

为使设备在正常、良好的状态下运转，不仅要进行日常点检（参阅 6.11 节），还要实施详细的**定期点检**。

所谓设备的定期点检，是指根据与生产的关系，将日常点检中无法进行的检查项目以周或月为单位进行检查。具体而言，是设备的水平测量及水平输出、输出转速及滑动部形状的测量和调整、测量仪器的精度确认及更换校正等。

作为生产现场的负责人，将切实实施了定期点检的结果与日常点检同样作为记录保留下来，使之与设备履历簿（参阅 6.8 节）进行对照，并把其记入到各个对策中是非常重要的。这样一来，就可以用于预防维护（参阅 6.17 节）和检查周期的修改等。

另外需要注意的是，有些设备是法律规定必须定期点检的，比如冲压机和机架等。日本劳动安全卫生法第 45 条[*]规定了关于定期自主点检的实施，劳动安全卫生法第 15 条规定了具体实施的对象设备。作为生产现场的负责人，要马上确认没有实施定期自主点检的设备是否符合这些法律，并根据要求进行处理。

2. 实施定期清扫

人们常说："生产体质优秀的车间，5S（参阅 1.23 节）运转顺畅，并且很干净。"顺便说一下，生产设备也完全一样。换言之，自己使

---

[*] 日本劳动安全卫生法第 45 条：第 1 项规定"作业人员对锅炉及其他的机械等，必须依据日本厚生劳动省的政令规定，定期实施自主点检，并且必须记录其结果"。

6.12 确认实施定期点检和定期清扫

用的设备，用自己的手弄干净是非常重要的。由此提升产品的 QCD（参阅 1.11 节）的同时，也能加深作业人员对设备的理解和热爱。

话虽如此，但在生产现场有非常多的设备。在自动化高度发展的今天，设备数量多于作业人员人数的车间比比皆是。在这些车间，虽说是作业结束时开展清扫，但每个人负责的设备数量很多，很难做好。特别是在机械加工的车间，光处理碎屑就会占用很多时间。

因此，不仅仅是平时的**顺便清扫***等日常的清扫活动，周末等最后作业结束时也要有集中清扫时间，包括生产现场的负责人在内的全员清扫活动也是非常重要的。这就是所谓的**定期清扫**。

在机械加工车间等，在结束作业时或周末等抽出时间，进行在每天的活动中无法做到的清扫，让作业人员由内而外进行有计划、自主地清扫活动是非常重要的。

另外，清扫时用鼓风（参阅 6.13 节）吹散碎屑的话，碎屑会被推到狭窄的地方，甚至有引起该机器类工作不良等二次问题的危险性，所以注意鼓风机位置是非常重要的。

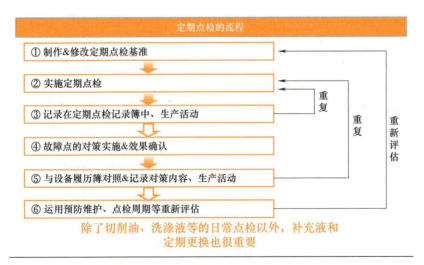

除了切削油、洗涤液等的日常点检以外，补充液和定期更换也很重要

---

* 顺便清扫：利用生产作业中的移动时间对相关设备进行简单清扫。

6.13 消除设备的漏油和漏气

设备漏油漏气等情况会对生产现场的 SQCDM 的所有方面产生不良影响。在发现这些现象的情况下，生产现场的负责人与作业人员及相关部门联合协作，尽早采取对策，提升生产现场的 SQCDM 是非常重要的。

1. 治理漏油

在生产现场巡检时会发现通道等地面或者干式加工设备*的表面有被油弄湿的情况。严重时，油会冒出来或流出来，这就是发生了**漏油**。

在设备或者其周围看到漏油情况是很糟糕的，不仅会给公司内外相关人员留下不好的印象，还会出现滑倒等安全方面、道德方面、生产性方面等问题，同时，还会带来间接材料费用和能源费用等损失大的问题。因此，在发现漏油的情况时，生产现场的负责人与相关部门共同进行合作互助，立即采取对策是最重要的。

这些漏油是指切削油和清洗液在加工物（工作物）和卡盘等旋转体等处被吹跑，或是液压油、润滑油、切削油、清洗液等从管道接头向外部喷出，或是润滑油从滑动部泄漏过多引起的。

因此，对于这些漏油，生产现场的负责人要与作业人员及相关部门相互配合设置防护罩，在防护罩的接缝上涂上腻子、加紧管道、更换密封圈和管道、改变管道路径、减少润滑油供应量，设置回收油箱（油盘）进行漏油回收，之后实施发生源头对策、取下回收油箱、封住漏油等措施提升生产现场的 SQCDM（参阅 1.18 节），这是非常重要的。

2. 治理漏气

在正常生产的情况下，漏气的声音经常会被设备发出的声音淹

---

* 干式加工设备：在金属等的切削加工设备中，不使用切削液进行机械加工的设备。

6.13 消除设备的漏油和漏气

没，只能听到来自消音器和鼓风*的声音。

但是，在作业结束后所有设备停止运转时，如果在工厂内走一走就会听到各处发出"嘶——嘶——"的声音，此时就会明白发生了**漏气，蒸汽泄漏**的情况也是如此。

这些漏气和蒸汽泄漏基本上与漏油同样恶劣，因此要求生产现场的负责人与作业人员及相关部门进行合作互助，尽快实施对策。

漏气和蒸汽泄漏的具体对策是，生产现场的负责人与作业人员及相关部门协作，在工厂内安静的时候，一边巡检一边依次找出发出嘶嘶声的地方。即使加压也不能停止声音的部位，就更换密封件、管道、管道路径等，通过实施这些对策来封住漏气和蒸汽泄漏，提升生产现场的 SQCDM，这是非常重要的。但是，在治理蒸汽泄漏时，因为暴露部位有热气，因此需要注意在采取对策时避免火伤。

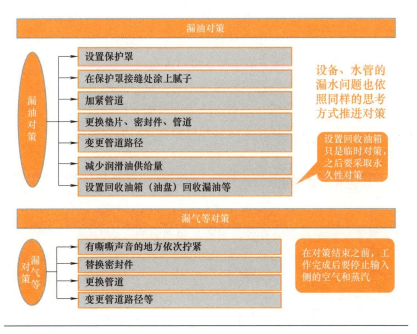

---

* 鼓风（Air Blow）：为了去除切割遗留下的粉末，通过压缩空气吹除。

6.14 推进设备等的节能对策

以环境意识的提升和能源等问题为背景，生产现场的负责人与作业人员和相关部门进行合作互助，积极推进设备和车间的节能对策，以减少工厂内使用的能源成本。

1. 节能对策是什么

最近围绕着产业界能源相关的很多问题堆积如山，如以地球变暖为首的环境问题，或者因核电站停机而引起的电力供给问题以及燃料费变动引起的价格问题等。

作为与能源问题相关的法律，日本于 1979 年制定了《关于合理使用能源的法律》(**节能法**)。

此节能法规定，工厂和办公室等有义务定期报告能源使用状况，制作并提交实现节能的中长期计划。然后，管辖厅积极推进实地调查和内部检查，以确定节能法是否恰当实施。

随着经济的发展，环境问题越来越严重，资源节能厅为了今后实施突击检查，强化检查体制，提出了贯彻节约能源的方针。在这样的背景下，为了确保企业自身利益而推进的能源对策活动被称为**节能对策**。

2. 节能的 6 个着眼点

每年 2 月是节约能源月 (参阅第 1 章的小专题)，不仅是产业界，整个社会都在开展有效利用资源和能源的活动。

生产现场的能源节约活动，其成果直接反映在水电热费、重油等燃费，即间接费用的能源成本上。诸如此类的节能活动成果直接导致制造成本 (参阅 1.9 节) 的减少，因此各公司也积极开展了以

6.14 推进设备等的节能对策

整个工厂为单位的节能对策。

在制造业中，6个节能着眼点如下图所示，即"去除""停止""降低""改正""收集""替换"，生产现场的负责人要以此为标准制定节能对策。其中，"去除"和"停止"是根据节能计时器*设置待机时间和空转时间，在缩短暖气运转时间上有很大的成果。

当下，能源问题日益严重，生产现场的负责人要与相关部门进行合作互助，不仅是以降低所负责产品的成本和提升产品竞争力为目的，还要作为构成社会的一员肩负起环境保护的责任和义务。

节能法的目的
（目的） 第1条 本法律目的是为确保有效利用国内外围绕能源并响应经济性社会环境的燃料资源，讲述工厂、建筑物以及机械器具的能源使用合理化的相关措施，以及总体推进能源使用合理化的必要措施，以此为国民经济的健全发展做出贡献。

出自《六法全书（平成17年版）Ⅱ》（有斐阁）

生产现场负责人的节能6大着眼点及具体示例

步骤	着眼点	具体内容
去除	思考为什么需要，去除不需要的东西	排除或缩短设备的待机时间、空转时间，撤除或关掉浪费的照明灯等
停止	停止与附加价值无关的浪费的运作	设置节能计时器、缩短设备的暖机运转时间等
降低	重新评估压力、温度等设定值、运转条件，降低使用量	降低油压、气压、加热和冷却温度的设定值，降低油罐的液面高度等
改正	改正浪费能源的非正常点	修补漏油、漏气、漏水点，更换垫片等
收集	收集余热等舍弃的能源	余热利用（加热水、作业预热、发电）、利用储压器等
替换	替换成低价的能源或效率更高的机器	利用热泵*、油空压顶出器替换成机械式顶出器等

* 节能计时器：指感知生产设备等在一定时间内的待机状态，自动关闭该生产设备的电源的计时器。

* 热泵：将空气中的热量集中压缩或吸收，并作为较大热能而利用的泵。有压缩式和收缩式两个类型，冷热空调等也在使用。

6.15 推进连续自动运转

为实现连续自动运转的目的,即引进不需要人工的全自动加工生产线和全自动组装生产线等全自动设备,实现连续生产。生产现场的负责人与相关部门进行合作互助,彻底消除小停机是非常重要的。

1. 连续自动运转是什么

即使在作业人员离开生产线的情况下,全自动加工生产线和全自动组装生产线等的生产设备也能够继续进行连续自动生产,这被称为**连续自动运转**,将继续运转的时间称为**连续自动运转时间**。根据企业不同,也会称为连自、连自时间。

连续自动运转根据运转目的有各种各样的连续自动运转时间种类。例如,以休息时间连续生产为目的的 10 分钟连续自动运转、以午休时间连续生产为目的的 1 小时连续自动运转、以班次间连续生产为目的的 4 小时连续自动运转、以夜间连续生产为目的的 15 小时连续自动运转。上述这些连续自动运转的目的时间和名称,根据该企业的工作实际情况和工作时间而来。

2. 连续自动运转成功的关键点

为成功连续自动运转、实现引入全自动设备的目的,必须消除小停机(参阅 6.16 节)这个最大阻碍因素。为此,生产现场的负责人和作业人员要与相关部门进行合作互助,利用录像等手段查找小停机的原因并采取对策。关于 SQCDM(参阅 1.18 节)如何有效应对小停机产生的不良影响,请参阅 6.16 节。

另外,即使是连续自动运转设备也不能无限制地生产,对于连续自动运转,即使设备状态好也不要过量,要按照生产要求的数量

6.15 推进连续自动运转

进行生产。

　为此，生产现场的负责人与相关部门进行合作互助，在生产进行到超出后道工序要求的程度时，需要设置自动停止生产的设备。这样当检测生产完成品达到预先规定的量后使设备自动停止的**全职检测装置**，可以防止过量连续自动运转。生产现场的负责人和员工通过装备这些**自动停止装置***，在使连续自动运转带来的弊端最小化的同时，还将停止信号依次传递到前道工序，推进生产线等构成设备群，宛如一台设备一样联动。另外，从安全方面来说，企业也必须要统一全部作业解除后的设备作业。

---

* 自动停止装置：指运转中的生产设备等在出现任何异常情况下，能自动感知发生的异常，使设备自动停止的装置。

* 完全无人运转设备：即使在作业人员不在的情况下，也能自动发现异常并进行应对的全自动设备。

* 重启：中断设备的控制回路或是计算机软件，然后进行二次起动。

6.16 消除小停机

小停机的发生对生产现场的 SQCDM 带来不良影响。生产现场的负责人要与相关部门协作，对小停机对策进行优先排序，仔细观察，找出真正的原因并有组织地逐一消灭，这是非常重要的。

▶▶ 1. 小停机是什么

小停机，是指在自动搬运过程中加工物在搬运途中出现滞留等使设备停机的情况下，生产现场作业人员在短时间内（一般 5 分钟内）使其恢复到正常状态的停机。

在发生这些小停机的情况下，作业人员必须尽快消除其原因，让其恢复正常生产。但是，在生产现场这个复位操作*是始作俑者。之所以这么说，是因为按照节奏集中工作的作业人员会因为小停机的发生而中断有节奏的动作。而且，为了挽回因停机而造成的损失，急于进行恢复操作。

结果，在消除小停机原因的瞬间，设备突然启动，导致作业人员被夹在设备中间发生工伤等情况，小停机的加工物也被暂时放置。换言之，在进行小停机处理后，错误地把其加工物放到下一个工序导致质量问题的发生等，引起了与 SQCDM（参阅 1.18 节）相关的各种二次问题。

生产现场的负责人为了从这些不良情况中解放作业人员，使其安全、安心地进行作业，需要尽快制定小停机对策。生产现场的负责人通过消灭这些小停机，使自动机器可以进行连续自动运转（参阅 6.15 节），在 SQCDM 方面为企业带来更大的成果。

▶▶ 2. 推进小停机对策

总体而言，虽说是小停机对策，但在生产现场会发生各种各样

---

* 复位操作：是指消除造成小停机的原因，将该设备的中途动作回归到设备原点（原位置），重新启动的一系列的动作。除此之外，在消除造成小停机的原因时，使用钥匙杆等辅助防护用具（参阅 7.5 节）时不得徒手工作是基本要求。

6.16 消除小停机

的小停机，很难取得预期的成果。之所以这么说，是因为小停机集中在作业人员被分配的作业中，很多时候在无法观察的状态下发生。因此，很难找出真正的原因，复发的可能性很高。

生产现场的负责人应以自己为中心组建小停机改善团队，在某一期间让专职作业人员仔细观察小停机发生的现象，找出具体的原因并采取对策。可以事先进行录像拍摄，抓住小停机发生的瞬间，将其发生小停机的现品进行放大观察、调查，追查原因并推进相应对策，这是非常重要的。

不管怎么说，将小停机问题交给忙于生产的作业人员的话，很难像想象的那样得到解决。生产现场的负责人与作业人员及相关部门进行合作互助，按下述步骤排好优先顺序，有组织地依次采取对策，防止再次发生、甚至消除小停机，这一点非常重要。

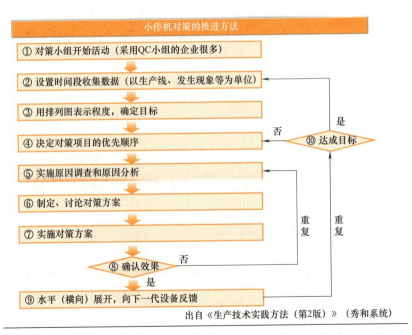

出自《生产技术实践方法（第2版）》（秀和系统）

6.17 推进设备故障对策

为了在需要的时候设备随时以正常、良好的状态运转，实现顺畅地生产，生产现场的负责人和相关部门等进行合作互助，指导各种维护活动并推进设备故障对策的同时，进行无故障管理是非常重要的。

▶▶ 1. 设备故障是什么

所谓**设备故障**，是指设备不能正常工作，对生产有妨碍的状态，很多时候也被单纯地称为**故障**。换言之，当生产设备类面临故障状态时，该设备类无法为完成生产计划（参阅1.3节）做出贡献。不仅如此，作为企业为了履行对客户的交付责任，也会投入比平时更多的经营资源来代替生产，很有可能造成巨大的损失。

因此，如果设备发生故障，必须尽快找出故障的真正原因，实施再发防止对策，使之恢复到正常、良好的状态。这个活动被称为**修理**。

这些设备故障引起的停机间在TPM（参阅6.7节）中作为故障损失被分类为停机损失，被定位为提升设备综合效率（参阅6.5节）的阻碍因素。

▶▶ 2. 设备故障对策与预防对策

设备故障对策的种类，可以大致分为实际发生故障后再进行对策的事后维护、在发生故障之前预先进行防止故障发生对策的**预防维护**[*]和近年来关注的**预知维护**[*]。

一方面，事后维护的对策通常是修理，但是很多情况下必须尽快重新开始生产，所以很多情况下需要紧急修理。

另一方面，在预防维护和预知维护的情况下，为了在施工时不影响生产，可以一边调整事前的准备状况和对策日期一边实施对策，

[*] 预防维护：对于使用中的生产设备等，在故障发生前把握它的征兆并有计划地进行维护活动。
[*] 预知维护：通过IoT（参阅7.16节）等连续测量和检测设备的状态，掌控其状态并在最合适的节点实施维护。比起预防维护是一种浪费较少的维护活动。

6.17 推进设备故障对策

这样可以从容应对生产活动。因此，为了使生产现场的生产计划能够迅速完成，以生产现场的负责人为中心与相关部门合作互助，利用设备履历表(参阅 6.8 节)的同时,实现预测对生产的影响，推进应用预防维护和预知维护的设备故障对策，这不仅是公司内部要求的，也是客户所要求的。其中以生产现场的负责人为中心，确定以瓶颈工序（参阅 2.15 节）设备等为首的重点管理的对象设备，制定设备故障导致的停机时间的削减目标，带动作业人员一起致力于缩短每台重点设备的停机时间（见下图）的同时，切实实施日常检查等日常设备管理，为防止故障发生，推进设备故障的预防发生对策，对于实现高效、经济、顺畅的生产来说是非常重要的。

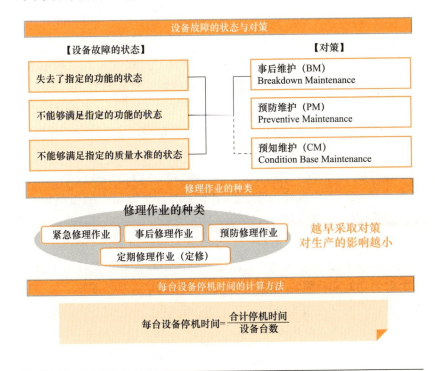

6.18 推进设备改善

在推进设备改善的时候，生产现场的负责人需要和相关部门协作，采纳每天接触设备的作业人员的意见，尽量不花费费用消除现有设备的问题点，提升使用方便度。

1. 设备改善的推进方法

为了改善某个设备的切屑脱落而进行改造（参阅 6.9 节），像这样改善设备的使用便利性（参阅 6.9 节）、自动化（参阅 2.17 节）等对设备本身进行加工的改善称为**设备改善**。

为了推进设备改善，和其他设计对象一样，一般包括以下几点。①选定对象设备；②明确改善后的规格，了解改善的程度；③对需要改善的地方进行详细设计；④**设计评审**，采纳相关人员的意见。在设计评审通过的情况下；⑤对完成的设计安排零件类进行加工和组装调整；⑥进行试运行；⑦如果试运行无问题就进入正规生产。此外，如果④设计评审或⑥试运行中发现故障，则必须分别返回前一步，除去故障，再次进行设计评审或试运行。

为有效、经济性地推进设备改善，有效地改善这些设备，需要根据改善的问题内容和大小，确定改善的种类和组织的参与程度，注意要按照 2.17 节所述的内容和以下事项来进行推进。

设计评审（Design Review）也被称为设计审查或 DR，是使用组织的全体力量提升设计对象的完成度的活动，即对设计对象物品所要求的功能和性能等规格、产品的 QCD 规格等是否满足，以及是否维护性*优良且可安全放心使用等进行评审，提出在设计阶段进行的各种不合格事项和提案，并对预测的问题点进行纠正。

---

* 维护性：维护（参阅 6.9 节）的容易程度。

▶▶ 2. 设备改善的注意点

在进行设备改善的时候，考虑到现有设备所处的环境来实施改善是非常重要的。具体而言，生产现场的负责人和相关部门联合进行合作互助，采纳每日接触设备的作业人员的意见，消除当前设备的不良之处。在进行设备改善前，再次探讨能否通过作业改善（参阅 2.17 节）和工法改善（参阅 2.17 节）将改善费用与时间降低到最小程度。在改善时尽量采用简单的机构，注意不与现行部件的产生干涉*，不降低现有设备的性能等，注意以上几点并推进改善活动是非常重要的。

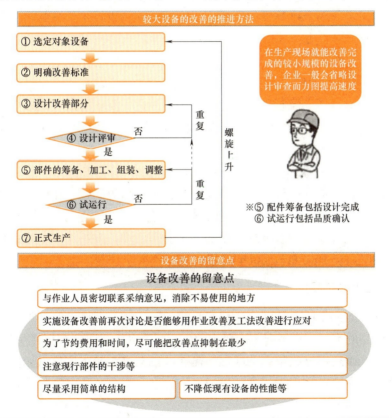

较大设备的改善的推进方法

① 选定对象设备
② 明确改善标准
③ 设计改善部分
④ 设计评审
⑤ 部件的筹备、加工、组装、调整
⑥ 试运行
⑦ 正式生产

螺旋上升

在生产现场就能改善完成的较小规模的设备改善，企业一般会省略设计审查而力图提高速度

※⑤ 配件筹备包括设计完成
⑥ 试运行包括品质确认

设备改善的留意点

- 与作业人员密切联系采纳意见，消除不易使用的地方
- 实施设备改善前再次讨论是否能够用作业改善及工法改善进行应对
- 为了节约费用和时间，尽可能把改善点抑制在最少
- 注意现行部件的干涉等
- 尽量采用简单的结构
- 不降低现有设备的性能等

* 干涉：进行组装或运转某个物品时，由于既有的物品导致了组装动作没有办法实现的状态。

6.19 有效利用 MP 信息和工序信息

为了提升产品的完成度和市场竞争力,生产现场的负责人将在生产过程中取得的 MP 信息和工序信息等信息作为发信源,与相关部门进行合作互助,并反馈给生产设备等,有效利用这些信息是非常重要的。

▶▶ 1. MP 信息是什么

在进行某个产品的生产过程中,可以获得以技术信息为首的各种信息。在企业间竞争日益激烈的如今,将这些技术信息作为技术联系单和图纸变更委托书(参阅 6.21 节),再加上 MP 信息和工序信息(见下述内容)等,生产现场的负责人作为发信源,向设计部门和技术部门等上流相关部门进行反馈。因此,要求有效利用设备维护(参阅 6.3 节)和各种改善等。通过这些平时的监测*,可以在提升产品完成度的同时提升产品的市场竞争力。

这里所谓的 MP 信息,就是好好利用生产设备类的维护业绩和生产信息,预测生产设备类引起的不良和故障等问题,在生产设备类的计划、设计、制作阶段中预先加入防止这些故障发生的对策,将伴随运转发生的故障最小化的整个管理活动,也叫作实施**维护预防**(Maintenance Prevention)时的信息。

▶▶ 2. 工序信息是什么

正如人们所说的"生产现场是活的"一样,即使在每天生产同样产品的重复生产情况下,每天的生产状况其实时时刻刻都在变化。为了准确把握这些形态的状况,需要的信息之一是工序信息。换言之,工序信息是指为了高效地、经济地生产某个产品而构建的各工序相关的各种信息。

* 监测(Monitoring):针对某个行为或对象等是否存在问题或课题进行调查和监控。

6.19 有效利用 MP 信息和工序信息

这些工序信息可以由生产现场的负责人反馈给前一个工序并微调前一个工序，还要向后一个工序传达信息，促进事前应对和对策。为了防止再次发生，将这些信息利用到设备维护上，修理部门也可以用于预防维护（参阅 6.17 节），通过向生产工艺部门反馈等方法改善该设备的使用方便性，并反映到下一个工序计划和工序设计中，将这些信息利用到生产活动中是非常重要的。

这样在推进生产的基础上取得的 MP 信息和工序信息等信息，由生产现场的负责人作为发信源，与相关部门进行合作互助、积极利用，在强化生产体质的同时，也提升了该产品的完成度，进而提升该产品的竞争力。

6.20 将技术信息反馈给设备设计部门

在推进生产方面取得的技术、经验等技术信息，由生产现场的负责人作为发信源，通过与相关部门进行合作互助，向产品设计和设备设计等进行反馈，实现比现在更先进的制造是非常重要的。

▶▶ 1. 反馈的必要性

生产部门的技术人员，根据开发设计部门给出的图纸，研究对象产品要做成什么样的产品，才能实现更有效率的经济生产，建立工序计划[*]，建立生产系统并与实际的生产活动紧密相连。然后，在生产启动（参阅3.7节）阶段获得的技术经验[*]和在生产阶段获得的技术经验中，将关于产品和设备的技术经验等反馈给各个设计部门，并反映在设备改良和下一代设计中，对于提升产品的竞争力来说是非常重要的。这样一来，可以更加经济、快速稳定地进行制造。

这样的活动在全公司逐渐积累，为了高效率地生产产品和提升市场竞争力，从而使企业利润的增加，在竞争激烈的现在，企业在经营上的要求正越来越强。

▶▶ 2. 反馈的具体方法

制造商在激烈的企业竞争中，将在生产阶段等得到的技术、经验信息中的技术信息（参阅6.19节），作为技术联系单和图纸变更委托书（参阅6.21节）、MP信息和工序信息，通过向设计部门等相关部门反馈，实践着比现在更先进的制作的方法。

作为这些技术信息反馈的具体方法，如右图所示，技术联系单和图纸变更委托书由生产部门和供应商到设备计划部门，由设备计

---

[*] 工序计划：一边解读产品图纸一边制订某个产品的生产流程的具体化的一系列计划，确定该产品生产时所必要的工序、产线形态和构造等。

[*] 技术经验：在推进生产活动等的创意构想和改善，直觉、技巧、失败和问题的回避方法及应对方法等宝贵的技术经验和知识情报等集大成之物。

6.20 将技术信息反馈给设备设计部门

划部门向产品设计部门和设备设计部门进行反馈；MP 信息和工序信息由生产部门到设备计划部门，由设备计划部门向设备设计部门分别进行反馈。此外，根据信息内容，有时可以不通过设备计划部门直接反馈给相应部门。收到反馈的部门将讨论结果写在技术联系单和图纸变更委托书的回答栏上，当然一定要回答发送源。虽然根据企业的组织形态有所不同，但是作为为了更高效、更经济的制造而组建的机制，结合本公司的实际情况来实施这些渠道的话，不仅能使本公司的生产工艺能力可视化，还能提升生产工艺能力。

生产现场的负责人与相关部门进行合作互助，积极利用这些机制，提升以所负责产品的 QCD 为首的产品竞争力，在完成产品生产上也起着重要的作用。

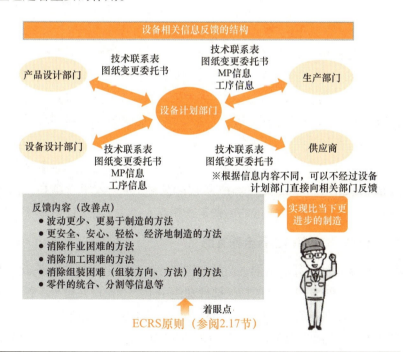

6.21 与产品设计部门进行合作互助，推进设备共通化

生产现场的负责人向生产工艺部门和产品设计部门提出设计共通化和系列化的提案，积极推进为了高效、经济地生产而进行的活动，为实现更先进的产品制造做出贡献。

▶▶ 1. 产品与切换的关系

当下，顾客和消费者的需求变化激烈，尽可能不增加生产设备或生产线，根据多个生产对象产品的各自的规格，在必要的时候实施切换（参阅 5.7 节），生产尽可能少的批量规模（参阅 4.4 节）是最近主流的生产方法。

在这些生产方法中，如果之前生产的产品和下一个生产的产品之间形状和尺寸有很大差异的话，那么切换作业也会变得很辛苦，也需要花费很长的时间。这些产品的形状和尺寸越是相同，切换之处就越少，切换时间就越短，如果产品的形状和尺寸都相同，就没有必要进行切换。

像这样，产品之间有很多共同的部分，或者说越是**共通化**，相应的切换作业和使用的设备种类也就越少，生产效率就越高，生产的简约化[*]与实现更先进的制造紧密相连。

▶▶ 2. 与产品设计部门进行合作互助

如果产品设计部门推进产品和零部件的共通化及与其他产品的共通化，以构成部件为首的切换部件和使用工具会比现在更少，在生产现场会更容易进行分工生产。为此，在生产现场，需要在推进 GT（参阅 5.21 节）生产的同时与生产工艺部门密切进行合作互助，作为 VA/

---

[*] 简约化：没有多余的功能，使其达到最低限度的状态。

6.21　与产品设计部门进行合作互助，推进设备共通化

VE 活动的一环，积极地制定更易制作的产品设计变更方案。为了实现这一目标，生产现场的负责人与生产工艺部门的作业人员联合，通过如右图所示的**技术联系单**（**兼图纸变更委托书**）等向产品设计部门提出提案（参阅 6.20 节），或在设计评审（参阅 6.18 节）时提出建议等，积极推进形状和尺寸的共通化，能对工作起到不小的推进作用。

换言之，生产现场的负责人需要与生产工艺部门和产品设计部门的作业人员进行合作互助，承担提升产品完成度这一任务。这样，生产现场的负责人通过向生产工艺部门和产品设计部门发行技术联系单和图纸变更委托书等，根据提出产品的共通化提案，可以以切换部件为首，使设备类实现共通化、系列化*，易于设备维护，这样可以提升效率和经济性生产，为企业业绩的提升做出贡献。

技术联系单表（兼图纸变更委托书）

收信人			管理编号		
技术联系单（兼图纸变更委托书）			年 月 日		
			批准	调查	制作
对象部件编号		工序名称			
对象部件名称		产品区分	重要部件、一般部件		
讨论委托内容			附件资料（有：　、无）		
讨论委托理由					

回答书

讨论结果如下回答

【讨论结果】			年 月 日		
			批准	调查	制作
【理由】					

改善与产品设计有关的切换的推进方法示例

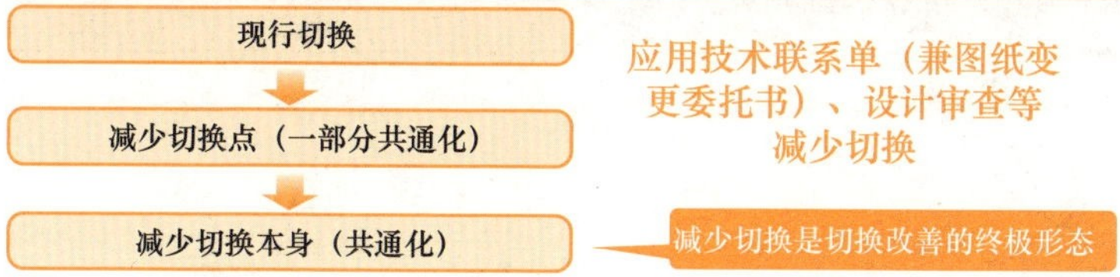

现行切换
↓
减少切换点（一部分共通化）
↓
减少切换本身（共通化）

应用技术联系单（兼图纸变更委托书）、设计审查等减少切换

减少切换是切换改善的终极形态

---

* 系列化：将同一类的产品通过能力、尺寸、颜色等进行区分，使产品多样化，更方便使用。

小专题　生产现场负责人进行设备管理的关键

在生产现场，为了及时生产本公司产品，拥挤地设置了很多设备。在生产某个产品时，如果必要的设备发生故障的话，就无法按期完成该生产现场的生产计划。为了不发生这种情况，生产现场的负责人必须使自己负责的设备始终保持在正常、良好的状态。因此，生产现场的负责人为了掌握负责设备的生产能力，使其无论何时都能以100%的可动率正常、良好地运转，需要作业人员用指示的方法切实实施日常检查和定期检查等，同时需要实施机器小停机和故障的对策、设备改善等，从而提升设备的综合效率。

并且，最近在生产现场新设置的设备，以自动化、省力化的设备为首，正在逐渐实现高端化。

现在，以IoT和AI技术等为首的设备控制技术正以惊人的势头向前发展。这里的IoT是Internet of Things的简称，指的是物和物、机器和机器连接产生"信息"的技术。另一方面，AI是Artificial Intelligence的简称，指的是人工智能，是自动解析大量数据，通过学习来推进效率化的最新技术。随着生产设备的复杂化和高端化，搭载这些技术的设备必然会投入到生产现场。

像这样新投入生产现场的设备，不仅更新了老化的设备，还增加了应对人手不足的省力设备等复杂化、高端化的设备。生产现场的负责人在引进这些新设备时，为了使之成为便于使用的良好设备，最大限度地反映自己的经验和技术以及生产现场的需求，也能起到重要的作用。

另外，生产现场的负责人为了使这些沿着设备投资流程而投入的设备在任何时候都能以正常、良好的状态运转，需要预先培养（参阅第7章）能够应对新技术的作业人员和维护人员。

作为牢记这些事情的生产现场的负责人，重要的是要亲手维护自己负责的车间的设备类别，为了让其在必要时能正常、良好的状态下使用而进行管理。

第 7 章

生产现场负责人关于安全卫生及人才培养的管理

生产现场不仅被要求能够高效、经济性地进行制造，还要以可以安全、安心地进行生产的车间为基础，使其成为作业人员能够勤勤恳恳、有活力地进行工作的场所。

本章前半部分将介绍生产现场的负责人应知晓的日本劳动安全卫生法和其相关法律法规的基础知识，以及为遵守并发展相关法律知识、减少劳动灾害的发生、安全安心地进行工作，生产现场的负责人应在日常作业中进行的具体方法和推进方法。

后半部分将首先介绍为培养能够应对高端化、复杂化产品的生产的作业人员，生产现场的负责人应知晓的人才培养的基础知识；其次介绍为能够推进员工教育和高活性化的职场，在日常工作中应推进的具体方法和推进方法。

7.1 安全管理是什么

"安全第一",生产现场的负责人应带领作业人员,与相关部门进行合作互助,推进消除潜藏在工作场所中的不安全行动和不安全状态,构筑不让生产现场发生事故和灾害的、令人放心的工作场所至关重要。

1. 安全管理的必要性

在生产现场工作的人的安全高于一切。即便质量再好的东西可以便宜又快捷地制造出来,但是不能确保作业人员的安全的话就不可行了。为了让作业人员安全安心工作,实施安全管理(Safety Management)是必不可缺的。

生产现场的负责人最重要的是不断重复地指导、教育作业人员,安全管理是为了作业人员自身好的。而且在提升作业人员的安全意识的同时,必须构建安全安心工作的环境。不仅要给予安全、安心工作的工作环境,还要与相关部门进行合作互助,用自己的双手完成工作也非常重要。

2. 安全管理业务的具体内容

从 JIS Z8141:2001 的《生产管理术语》来看,安全管理被定义为"在生产现场为了防止事故和灾害发生而制订计划并实施的活动"。另外,作为附注中安全管理的具体业务内容,还有如下内容规定:a)建筑物、设备、作业场所或作业方法有危险时的措施;b)安全装置、防护用具及其他危险防止设施的定期点检及整备;c)对员工的安全教育;d)事故或灾害的原因调查及对策实施;e)消防、避难;f)安全相关重要事项的记录和保存。

在生产设备复杂化、高端化的现在,生产现场的负责人应与相

7.1 安全管理是什么

关部门进行合作互助，不仅是自己，也要让作业人员彻底了解并贯彻这些内容，全员一起致力于实践安全管理的4步骤（见下图），将在工作场所潜伏着的不安全行动*和不安全状态*表面化，相关人员团结一致，依次解决这些问题。此外，在自己负责的生产现场，贯彻以下安全管理业务的具体内容也是非常重要的。

通过推进这些工作，生产现场的负责人能够构建安全、安心工作的生产现场，也就是所谓的安全、安心的工作场所。

安全管理业务的具体内容

- ⓐ 建筑物、设备、作业场所或作业方法有危险情况的措施
- ⓑ 安全装置、防护用具及其他危险防止措施的定期点检及整备
- ⓒ 对员工的安全教育
- ⓓ 事故、灾害的原因调查及对策实施
- ⓔ 消防、避难
- ⓕ 安全相关的重要事项的记录与保存

出自：JIS Z8141：2001《生产管理术语》有改动

安全管理4步骤

- STEP ❶ 正确把握实际情况
- STEP ❷ 发现问题点
- STEP ❸ 制定对策方案
- STEP ❹ 实施对策方案，确认效果

}创造安全、安心的工作场所

生产现场安全管理的具体内容

- 重新评估各自的工作所，排除无法遵守的规则
- 贯彻实施信号，修正联络上的不完备
- 穿戴正确的护具进行作业

安全管理是和墨守成规的斗争

---

* 不安全行动：是指不遵守标准作业导致安全装置失效的行为和行动。
* 不安全状态：是指小停机和设备故障，安全应对不足等的状态。

第7章 生产现场负责人关于安全卫生及人才培养的管理

7.2 遵守劳动安全卫生法及其相关法律

为了确保生产现场的作业人员的安全和健康，创造更加卫生舒适的工作环境，生产现场的负责人要加深对劳动安全卫生法和相关法律的知识的理解，在保护他们的同时，创造和推进舒适的职场建设也至关重要。

1. 工伤的状况

工伤*是由于没有遵守相关规定，或是疏忽大意、考虑不足等原因造成，并在一瞬间发生的。

从日本总务省发行的《日本的统计》来看，日本工伤造成的死亡人数如右图所示逐年递减。按工种来看，建筑业、制造业、交通运输业的劳动者占了大多数。

由此可见，生产现场的负责人为了不让自己的车间发生工伤事故而采取措施是非常重要的，此外，生产现场也要有意识地把"安全"放在第一位，全员参加"零工伤"计划这一步必不可缺。

2. 遵守劳动安全卫生法及其相关法律

劳动安全卫生法是以确保劳动者的安全和健康，促进形成舒适的工作环境为目的，于1972年（昭和47年）6月8日制定的，同年10月1日开始实施。作为相关法律，厚生劳动省令规定的劳动安全卫生法实施令、政令规定的劳动安全卫生规则等很多法律法规，详细规定了经营者和劳动者应该遵守的内容。

各企业应将遵守这些法律作为必要条件来制定就业规则和安全规则等，致力于防止工伤的发生和实施环境对策，在作为社会的一

---

* 工伤：是指因为作业环境和作业动作等，导致劳动者出现疾病、负伤、死亡等灾害的情况，一般也称为劳动伤害。工伤的发生不仅会带来治疗费和停业补偿费等直接的费用，还会带来对策费及生产停止造成的损失等看不见的费用。

7.2 遵守劳动安全卫生法及其相关法律

员发挥作用的同时，为了劳动者的安全与健康，向着创造更卫生[*]、舒适的工作场所的目标而一起努力。

总而言之，生产现场的负责人应能够认识到自己所负责的车间潜藏着意想不到的危险，在此基础上加强劳资协作，加深认知并遵守劳动安全卫生法及其相关法律，打造并推进能够安全、安心工作的卫生舒适的工作环境的建设尤为重要。

工伤导致的死亡人数的推移（摘录）

按工种来看，建筑业、制造业、交通运输业较多

日本总务省统计局编辑《日本的统计2017年版》（日本统计协会）有改动

劳动安全卫生法-企业家的职责范围

劳动安全卫生法（摘录）

（企业家的职责范围）

第3条 企业家不仅需要遵守本法规定的防止工伤的最低标准，同时应该保证舒适的工作环境、通过改善劳动条件确保劳动者的安全与健康。另外，企业家必须协助国家实施防止工伤的有关措施。

2 设计、制造或进口机械、器具设备的人、制造或进口原料的人以及建设或设计建筑物的人必须在设计、制造、进口或建设时努力防止由于这些物品导致工伤的情况。

3 建设工程的订货人等将工作承包给他人的人必须要注意关于施工方法、工期等，不可以附上对安全卫生作业有危险的条件。

第4条 劳动者是为了防止工伤，除了遵守必须的事项以外必须配合企业家及相关人员实施工伤防止措施。

出自日本法务省大臣官房司法法制部编辑《现行日本法规74》（行政）

---

[*] 卫生：从"生"和"卫"出发，增进健康，远离疾病。

7.3 利用海因里希法则对工伤防患于未然

在生产结构越发复杂化、高端化的当下,生产现场的负责人理解海因里希法则并与相关部门协作进行安全巡检,积极推进防止工伤发生的工作显得十分重要。

▶▶ 1. 海因里希法则是什么

海因里希*法则(Heinrich's Law)是指一件重大事故和灾害发生的背后有 29 件轻微事故和灾害的发生,300 件隐患(参阅 7.4 节)的发生,是表示工伤(参阅 7.2 节)发生频率的法则,如右图所示。

这个法则是从众多的灾害统计资料中以概率来表示工伤造成的人员伤亡程度大小。换言之,在同种类的工伤案件中有 300 件不会造成灾害,但有 29 件会伴随轻微的事故和灾害,1 件会造成重大的事故和灾害。这是一条对所有种类的工作都适用的法则,在推进安全对策方面占据非常重要的地位。

换言之,海因里希法则暗示着我们,通过消灭不致灾害的 300 件隐患可以防止潜伏在其背后的 29 件轻微及 1 件重大事故和灾害的发生。

▶▶ 2. 如何将工伤防患于未然?

在这些工伤的底层,在不安全行动和不安全状态混杂的工作环境中工作的情况下,可以说是有以 1:29:300 的比例发生工伤的危险性,为了将工伤的发生防患于未然,可以说生产现场的负责人理解海因里希法则并进行预防措施将会发挥非常大的作用。

为此,生产现场的负责人要和相关部门的工作人员、领导等进行合作互助,实施安全巡视等措施,这是十分有效的。在实施安全

---

* 海因里希:Herbert William Heinrich(1886—1962 年)。在担任美国伤害保险公司的技术调查部副部长时,分析工伤的发生概率,对保险公司经营提供了帮助。

7.3 利用海因里希法则对工伤防患于未然

巡检时，需要以7个思想准备（见下图）巡检各车间，找出存在或潜藏的不安全行动和不安全状态。在实施过程中，预先制作符合本公司实际情况的检查清单（其中一部分参阅1.25节）并运用，或在确定巡检主题后实施将会是十分有效的。然后，针对在安全巡视等中被指出的不安全行动和不安全状态，与生产现场的负责人和安全卫生相关的推进负责人进行合作互助，一个一个地确定对策负责人，切实地采取对策，让所有相关人员都深知建立不发生工伤的、安全且安心的工作环境是非常重要的。

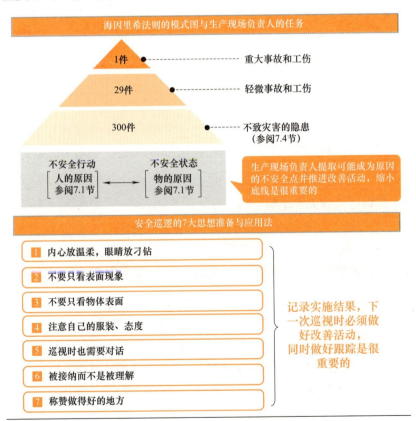

7.4 消灭隐患

隐患和工伤都是在预想不到的状态下、一瞬间发生的。为了防止工伤发生，要以生产现场的负责人为中心，细心找出这些隐患，确保能够一个一个切实地制定对策并消灭他们。

▶▶ 1. 隐患是什么

作业人员等在工作时，虽然没有造成工伤（参阅 7.2 节），但亲身感受到的"可怕"体验被称为"隐患"。换言之，隐患可以说是还没达到受伤程度的作业中事故的预备军。

在这些隐患体验的背后，如 7.3 节所述，生产现场全体人员要认识到车间内混合存在着不安全行动和不安全状态，并将它们仔细地识别出来，一个一个地切实地制定对策并消灭，这是十分重要的。换言之，重要的是不要隐藏失误、失败和隐患，而是要将这些作为该车间的共有财产，以生产现场的负责人为中心，全员一起制定对策，防止其再次发生。

▶▶ 2. 如何建立零灾害车间

为了建立没有受伤和灾害的、能够安全且安心工作的车间，要以生产现场的负责人为中心，同心协力消灭每个作业人员的隐患，这从海因里希法则（参阅 7.3 节）来看也可以说是不可或缺的。为此，在生产现场工作的人们，需要毫无遗漏地申报自己所经历的隐患体验。具体而言，生产现场的负责人和相关部门进行合作互助，为了让作业人员更容易申报，制作"隐患申报书"等表格，并设法将申报简要化，这也是十分重要的。"这种程度的话就没必要申报了吧"，必须严禁诸如此类的随意判断、不申报就了事的情况。接着，

7.4 消灭隐患

一个一个地斟酌申报上来的隐患的内容，同作业人员一起，切实实施必要的对策，其他车间也要水平（横向）展开（参阅 1.24 节），推进车间建设，避免同样的情况再次发生。

换言之，消灭隐患的目的不仅是为了让同一个作业人员不再有相同的体验，还要防止车间的同伴因为同样的原因而发生事故。换言之，这是为了保护自己和同伴安全的活动。

为了建立这样一个零灾害的车间，生产现场的负责人在利用"全国安全周（见下图）"等活动的同时，从平时开始贯彻安全管理和利用早会、会议、可能卡片*等，推进安全意识的提升，这是必不可缺的。没有申报过隐患体验的车间绝对不会是安全的车间。而在生产现场的负责人，有责任以自己负责的车间为首，对周围的安全时刻关注并感知预兆，做好事前对策，避免工伤的发生。

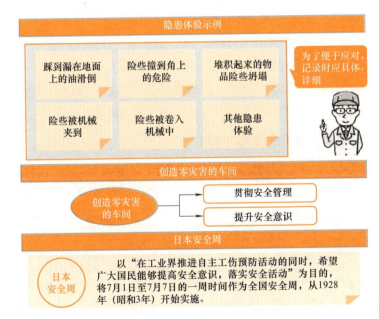

---

* 可能卡片：针对某些事物"可能会怎样"的危险事前预测，促使作业人员事前进行规避行为等的为了提升安全意识所需要时常携带的卡片。

7.5 确保操作机械时的作业人员安全

作为生产现场的负责人,需要在向作业人员充分说明并使其理解操作生产设备等危险的同时,对不安全的地方采取对策,在这些危险中确保作业人员的安全。

1. 操作机械时的注意点

作业人员在操作生产设备等机械时,可能会遇到被机器夹伤或被卷入机器等危险。

生产现场的负责人必须进行事先说明并制定对策,能够从操作这些机械时潜藏的危险性中确保作业人员的安全。因此,生产现场的负责人必须让作业人员遵守如右页所示的规则,同时对作业人员进行安全卫生教育(参阅 7.8 节)。具体而言,需要教育作业人员遵守标准作业,在发生异常时停止设备,向上司报告并接受指示,严格执行信号,实施指差呼称(参阅 7.6 节),严格使用规定的防护用具(参阅 1.25 节)等。然后让作业人员实践,并将结果保留为证据(参阅 7.8 节)。

2. 遵守劳动安全卫生相关的规则

劳动安全卫生规则的第二篇中规定了"安全基准",以便作业人员在操作机器时能够避免危险并安全作业。其构成范围从第一章"防止机械造成的危险"到第十二章"防止泥石流造成的危险",范围广且详尽。

以生产现场的负责人为首,安全卫生相关推进负责人应充分理解这些法令,事先采取预防工伤发生的措施,彻底排除作业人员的不安全行动(参阅 7.1 节)和车间内的不安全状态(参阅 7.1 节),

7.5 确保操作机械时的作业人员安全

这一点至关重要。应切实做到"安全第一"。

此外，在员工数达到一定人数以上规模的企业中，必须选任安全卫生总管理员、安全管理者、卫生管理者或安全卫生推进者等，管理安全卫生相关的技术事项。设置安全委员会和卫生委员会或根据情况设置安全卫生委员会等是由劳动安全卫生法的第三章"安全卫生管理体制"规定的，所以需要生产现场的负责人和相关部门进行合作互助，在符合这些法律规定的情况下，全体员工一起努力确保作业人员的安全。

为了守护作业人员安全的规则示例（从劳动安全卫生规则中摘录）

（运转开始的信号）
第104条　企业在机械开始运转时，对可能给劳动者带来危险的情况下，一定要规定固定信号，指定发信号者，要求相关劳动者执行信号。
　2　劳动者必须要遵守前项的信号。

（佩戴作业帽等）
第110条　劳动者的头发或衣服有可能卷入动力驱动机器中的情况，企业应该要求相应劳动者穿戴作业帽和作业服。
　2　当劳动者被要求穿戴前项的作业帽和作业服时必须要遵守。

（禁止使用手套）
第111条　对于劳动者的手有可能被卷入其中的钻孔机、倒角板等刀刃旋转作业的情况，企业家应该禁止劳动者佩戴手套。
　2　劳动者在前项的情况下被禁止佩戴手套时不应该佩戴手套。

生产现场负责人应该要求作业人员遵守的行为示例

要求作业人员遵守的行为示例：
- 遵守标准作业
- 发生异常时停止设备向上司报告接受指示
- 贯彻信号（尤其是两人作业或多人作业的情况）
- 异常停止时释放回路中的残压*
- 穿着规定的服装进行作业
- 不进行规定作业外的事项（尤其是涉及危险品和设备操作的情况）
- 实施指差呼称
- 暂停修复等情况使用辅助工具
- 佩戴规定的护具、安全带*等
- 其他

* 残压：气动回路中，即使阻断压力源，管道内仍残留的空气压力。
* 安全带：防止高空作业中作业人员坠落导致发生生命危险的带型保护器具。

7.6 通过新 KYT 优先保证车间安全

新 KYT 是在以往进行的危险预知训练 KYT 的基础上增加了指差呼称。很多企业都以生产现场的负责人为中心，提升了危险现象的预知能力，同时也有助于营造安全、安心、易于工作的车间。

▶▶ 1. KYT 是什么

KYT 是住友金属工业公司率先使用的保障安全的具体手段，后经日本中央劳动灾害防止协会的零灾推进部从 1979 年（昭和 54 年）开始正式推广，并广泛使用。KYT 是指事先预知车间等潜藏的危险因子并进行回避危险的训练，也就是所谓的**危险预知训练**，是取危险 K（Kiken）、预知 Y（Yochi）、训练 T（Training）的简称。

换言之，KYT 是指在车间和作业中潜在的危险因素和那些引起危险的现象，在车间单位内实施事先协商提升预知能力和共享危险信息等对策，从而预防危险现象的发生，这是一种可以防止或回避危险的实践性训练方法。在行动的时候，经常有隐患（参阅 7.4 节）或"可能卡片"（参阅 7.4 节），预测危险现象并采取回避行动，这对于优先考虑自己的安全来说是非常重要的。

通过以生产现场的负责人为中心推进这些 KYT 活动，作业人员在自己的车间和作业中提升了危险现象的预知能力，还能与回避动作和对策联系起来，为建立安全的职场做出了巨大的贡献。

▶▶ 2. 新 KYT 是什么

新 KYT 是为了进一步提升危险预知训练 KYT 的效果，从 1982 年（昭和 57 年）开始引入了**指差呼称**[*]（具体例子见右页）。新 KYT 行动时的意识水平比 KYT 更具体、更高，使之能够在集中的状态下行动。

---

[*] 指差呼称：是指为了防止人为失误，手指对象物进行指示并发出声音确认的行为。因为发出声音来确认可以提升注意力，所以重点是意识和行动一致。也称为手指指示确认和手指指示呼称。

7.6 通过新KYT优先保证车间安全

这个指称，例如在巴士司机在巴士站停车后再要发车时，用右手食指分别指向右、左的同时，说"右侧可以了，左侧可以了"，确认左右安全后再发车。诸如此类的例子在实际生活中很常见。

现在很多车间以生产现场的负责人为中心，应用KYT的4R（Round）法（推进方法的示例见下图）等，积极地致力于推进新KYT，排除作业人员的不安全行动（参阅7.1节）和潜藏在工作场所内的不安全状态（参阅7.1节）的同时，也有助于建立安全安心、便于工作的车间。

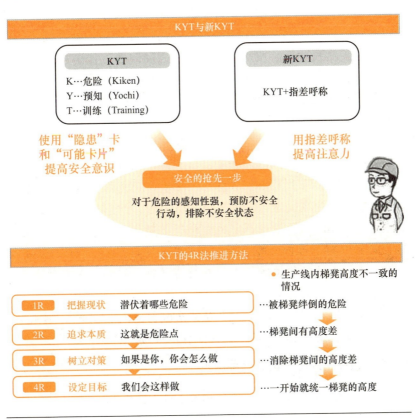

7.7 推进职场（环境）改善

生产现场的负责人等要把自己负责的职场作为生产率高的职场，与相关部门进行合作互助，高效、经济性地改善企业内外的职场（环境）问题，将其改善成更安全、安心、工作轻松的职场环境是非常重要的。

▶▶ 1. 职场（环境）改善的推进方法

我们在各种各样的制约条件下进行生产和服务等企业活动。在这些各种各样的制约条件中，生产现场的负责人等为提升职场的生产率、改善所在职场、便于工作，与相关部门进行合作互助，共同改善职场及其环境。这些改善统称为**职场改善**、**环境改善**。还有企业称为职场环境改善，还包括改善企业周边环境在内的环境改善，本书统一称为职场（环境）改善。

作为职场（环境）改善的推进方法，主要包括以下几点。①要听取自己的职场和周围的环境中有什么样的问题，有什么做得不好之处，实施问卷调查，找出问题点；②整理问题点；③分析问题点的内容；④决定各问题点的优先级；⑤制定、讨论改善方案；⑥确定并实施具体的对策；⑦确认对策取得的效果，如果认可对策取得的效果；⑧留下报告书等记录，并水平（横向）向其他职场展开或加以纠正，以达到效果的最大化并维持下去。如果不认可对策的效果，返回⑤讨论制定改善方案，重新讨论哪里有问题。

这样，生产现场的负责人就要依次改善自己的职场和周围的环境，把环境变成安全、安心、易于工作的职场，这是非常重要的。

▶▶ 2. 推进职场（环境）改善的关键点

在生产现场的负责人等推进职场（环境）改善时，以作业人员

7.7 推进职场（环境）改善

为首的员工是该职场的主角，在这样的意识下，理解并接受要将职场改善到安全、安心且易于工作的环境是非常重要的。为此，生产现场的负责人自己理解并学习劳动安全卫生法（参阅 7.2 节）及其相关法律，并进一步思考自己职场中所需要的角色，不仅是自己，要根据全公司的决定事项，构建全员商量、遵守的氛围，这非常重要。

另外，为了提升对本企业的区域依赖度，职场（环境）改善的对象不仅是企业内部的问题，企业外部影响也必须作为改善的对象。为此，生产现场的负责人要与相关部门进行合作互助，从平时开始就收集周边企业、居民等所发布的负责单位的相关信息和问题点，在问题扩大之前采取对策，这是非常重要的。

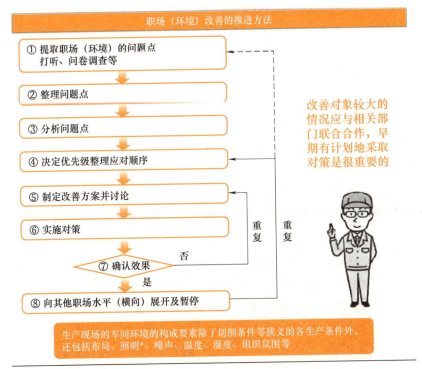

生产现场的车间环境的构成要素除了切削条件等狭义的各生产条件外，还包括布局、照明*、噪声、温度、湿度、组织氛围等

* 照明：JIS Z9110《照明基准总则》详细规定，诸如作为屋内的基本照明条件，按作业的种类分为 9 个阶段。

7.8 记录实施的安全卫生教育

对新雇佣的作业人员和新任班长等进行的安全卫生教育的内容，必须遵守劳动安全卫生法和相关法律，并留下记录。生产现场的负责人在牢记这些内容的同时，灵活运用在自己的业务中是非常重要的。

1. 对新人进行教育

日本的劳动安全卫生法和劳动安全卫生规则规定，新雇佣作业人员或变更作业人员的作业内容时，该企业应对该作业人员实施安全卫生教育。

特别是新雇佣的作业人员，大多数情况下都没有关于让该作业人员负责业务的安全卫生（参阅 7.2 节）相关知识。因此，在劳动安全卫生规则中，要求对新雇佣的作业人员就上述事项进行教育。

对于新雇佣的作业人员和工作内容发生变化的作业人员等进行教育的结果、证据*，需要作为个人能力在各自的教育记录上写上日期、教育内容、教育负责人姓名等，并让接受者签名，作为企业有必要进行保管。

2. 对班长进行教育

在劳动安全卫生法第 60 条（安全卫生教育）和劳动安全卫生规则第 40 条（线长等教育）中，对新上任的班长（线长）和处于指导和监督作业人员地位的人，也就是对生产现场的负责人等应进行的教育内容和最低限度的时间也有规定。

劳动安全卫生规则对具体教育内容规定：
① 关于作业方法的确定及工人的配置。
② 关于对劳动者的指导或监督方法。
③ 调查危险性或有害性等，并根据其结果采取相关措施。

* 证据（Evidence）：是指证明，用于验证结果。这里所指的是某系统实际按照指示进行执行的证明材料和数据。

7.8 记录实施的安全卫生教育

④ 关于异常时期等的措施。
⑤ 其他作为现场监督者应该进行的防止工伤的活动。

可以大致区分，关于各个项目的详细内容和最低限度的时间都有规定（见下图），所以企业要按照规定实施并保存记录是非常重要的。

作为生产现场的负责人，在充分理解自己所接受的安全卫生教育内容的基础上，运用并实践负责的业务是非常重要的。

对新聘用作业人员的教育内容

1. 机械、原材料等危险性、有害性及其使用方法
2. 安全装置、有害物抑制装置*、防护用具的性能及其使用方法
3. 作业顺序
4. 作业开始时的点检
5. 从事某业务时可能发生的疾病的原因及预防
6. 整理、整顿及清洁的保持
7. 事故发生时的应急措施及避难
8. 上述内容之外，与业务有关的安全及卫生的必要事项

劳动安全卫生规则第35条　有改动

对新任领班的教育内容

教育内容	时间
作业方法的决定及劳动者配置 1 作业顺序的决定方法 2 劳动者的最佳配置方法	2小时
对劳动者的指导、监督方法 1 指导、教育方法 2 作业中的监督、指示方法	2.5小时
基于危险性、有害性等的调查及结果开展的措施 1 危险性、有害性等的调查的方法 2 基于危险性、有害性等的调查结果开展的措施 3 设备、作业等的具体改善方法	4小时
异常发生时的措施 1 异常发生时的措施 2 工伤发生时的措施	1.5小时
其他作为现场监督者应该实施的防止工伤活动 1 作业相关设备及作业场所的维修管理方法 2 保持对工伤人员的关心及引导出劳动者独创性的方法	2小时

劳动安全卫生规则第40条第2项　有改动

＊有害物抑制装置：是指局部排气装置，废气处理装置和粉尘去除装置等去除或抑制有害物的装置。

7.9 理解本公司执行的教育体系

把同样职级和经验的人集中在一起进行教育的方法叫作分层教育。生产现场的负责人需要理解本公司进行的教育体系。

▶▶ 1. 分层教育的必要性

从事制造业的人会说"企业就是人""造物也是锻造人"之类的话。在人、物、钱、信息等经营资源中，人是最重要的。之所以这么说，是因为人以外的经营资源的利用程度是由人决定的。

为了提升这些人的能力、增强企业竞争力，作为**人才培养***的各种教育是必需的。但是，企业内有各种各样的职级和经验的人，所以在相同的教育中很难取得预期的成果。因此，为了使教育效果最大化，把包括集团企业在内的具有相同职业级别、经验和工作年数的人组织起来，进行**分层教育**。分层教育也被称为**分级教育**，作为集合教育的一环，以提升组织整体水平为目的的 offJT（参阅 7.11 节）实施的情况越来越多。

要使分层教育有实际成果，管理者和组织以及其成员的理解和合作互助是不可缺少的。例如，在接受进修前，作为组织要刊登对当事人期待的成果，在进修期间要承担业务，在进修后要提供应用进修内容的业务等。通过这些活动，不仅可以提升当事人的进修水平，也可以对该职场全体产生良好影响有所期待。这些分层教育一般是在组织内的职务、作用、立场等发生变化的阶段实施的，其目的是学习新的职务、作用、立场等必要的技能以及激活组织的能力和意识。

▶▶ 2. 分层教育的具体内容

分层教育可以分为新员工进修、新员工指导进修、骨干员工进修、现场负责人进修、新任管理进修、中级管理进修、高级管理职

---

* 人才培养：企业基于长期的角度考虑企业所需要的人，并尽早培训员工。典型的培养方法可以列举 OJT、offJT、自我启发（参阅 7.11 节）等方法。

7.9 理解本公司执行的教育体系

进修等教育种类。在制造商等实际进行的分层教育有定型训练、准定型训练、非定型训练等教育训练项目。

一方面,所谓的定型训练是指预先确定了进修内容和推进方法、教材、老师、手册、时间等的教育巡逻。另一方面,非定型训练指的是根据讲师的裁量而改变训练内容的教育培训,而准定型训练指的是同时具备定型训练和非定型训练中间性质的教育训练。另外,企业进行的教育除了分层教育外,还有销售进修和技术进修等不同职业种类进修,也有其他进修、语言进修、降本进修等不同目的的进修。

7.10 在职场内展开并实践教育内容

在生产现场，作为现场负责人进修而广泛开展的 TWI 等是具有代表性的教育方法。生产现场的负责人需要理解和接受这些教育内容，并在自己的岗位上进行相应的实践，强化生产体质。

▶▶ 1. 定型训练课程的种类

作为对产业界等现场负责人的教育方法被采用的定型训练（参阅 7.9 节）课程，主要有 TWI、MTP、JST（见下述）等方法。这些进修方法被相继引进和开发，被定位为代表日本的管理和监督培训方法，至今仍在广泛开展。

▶▶ 2. 实践 TWI、MTP

TWI* 是以工厂中的一线监督者、班长、线长等生产现场的负责人为对象，为了提升监督能力而进行的正式的定型训练课程，是在生产现场广泛进行的教育训练。TWI 教育的内容，有工作的教育方法、人的教育方法、改善的方法、安全作业的方法的 4 个课程（TWI-4J），分别分为如右页所示的 4 个阶段进行训练。为了安全地实现工厂要求的目标，需要在生产现场的第一线的监管人员、班长、线长等领导能力上承担很大的责任。因此，对第一线的监督者、班长、线长等生产现场的负责人进行 TWI 教育是非常重要的。因此，以 TWI 教育为首，针对新任的班长、线长等，根据劳动方安全卫生法第 60 条（安全卫生教育）中规定，有义务实施教育（具体的教育内容参阅 7.8 节）。这些 TWI 主要被定位在面向监督者的企业内部教育中。

另一方面，MTP* 以 TWI 为基础，在以更高级别的初、中级管理者为对象的定型教育训练课程中，广泛引入管理问题。因此，生

---

* TWI：Training Within Industry 的简称。

* MTP：Management Training Program 的简称。

7.10 在职场内展开并实践教育内容

产现场的负责人也有很多以 MTP 为对象的制造商。MTP 是 1950 年（昭和 25 年）以在美国工作的日本管理者为对象制作的管理者培训课程，也被称为管理者训练计划。上述 TWI 是面向监督者的人才培养项目，而 MTP 则是面向管理者的人才培养项目。此外，以业务部门的中级管理者和监督者为对象的还有 JST*。JST 是人事院监督者进修课程的简称，日本人事院参考 TWI、MTP，于 1951 年（昭和 26 年）面向各省厅的中级管理者和监督者制定的。

接受了这些教育训练的生产现场的负责人，通过理解并吸收教育训练的内容，在自己所负责的职场进行实践，可以强化以生产体质为代表的企业体质。因此，TWI 等分层教育是提升企业竞争能力不可或缺的教育。换言之，要求生产现场的负责人理解并吸收这些教育内容、在自己所负责的职场切实地进行实践并强化生产体质。

TWI-4J的4个阶段的方法

	TWI-JI (Job Instruction 的简称) 工作的教授方法	TWI-JR (Job Relations 的简称) 人的相处方法	TWI-JM (Job Methods 的简称) 改善的方法	TWI-JS (Job Safety 的简称) 安全作业的方法
第1阶段	要求对方做学习准备	抓住事实	分解作业	思考事故原因
第2阶段	说明作业内容	好好思考后做决定	自问每个细节项目	思考并决定对策
第3阶段	让对方尝试	采取行动	展开新方法	实施对策
第4阶段	看教的结果	确认结果	实施新方法	讨论结果

MTP的内容

MTP
- 管理的基础
- 组织的原则
- 部下的培养
- 工作的管理与改善
- 人际关系
- 教育培训的方法
- 其他

→
- 强化管理能力
- 使部下有动力
- 提升生产率

---

* JST：Jinjiin Supervisory Training 的简称。

7.11 推进作业人员教育

在职场，为了更顺利地实现目标，生产现场的负责人应该有计划地教育现场的作业人员，在早期就应培养必需的人才，这是建立起一个强大的职场体质不可或缺的。其中，在生产现场利用在岗培训（OJT）进行人才培养是非常重要的。

▶▶ 1. 什么是作业人员教育

所谓作业人员教育，就是对于作业人员所进行的各式各样的教育与训练。

其中，在生产现场所进行的作业人员教育大致可以分为在职培训（On the Job Training，OJT）与脱产培训（off the Job Training，offJT）这两类。

前者是指，以生产现场的负责人为中心，持有作业指导资格者（参阅 5.9 节）以及新人指导者*等对新人或是新配属的作业人员所进行的一系列教育。其中包括，工作上所必需的知识以及技能等。这是一种通过总结日常工作以及其他部门所获得的经验，有计划的、一对一的教育训练方式。同时也被称为职场内培训。

后者是指，以企业为主体，将新人们聚集起来开展集体教育、进修会、外部研讨会或是线上教育等脱离日常工作而进行的一种教育训练方式。也被称为职场外培训。

以上的两种作业人员教育能够推进作业人员的成长，对于生产现场的负责人而言，也能够更顺利地完成生产目标以及其所处单位的目标，因此显得格外重要。

▶▶ 2. 区分使用 OJT 与 offJT

在生产现场，新作业人员或是新配属的作业人员如果不尽早熟悉工作的话是无法在早期就实现该生产现场的生产目标的。因此对

---

* 新人指导者：是指新作业人员等进入某个职场时，负责其职场整体和作业等的指导人士。

7.11 推进作业人员教育

于新作业人员，通过日常工作高效的对其进行教育训练，并且在早期就开始培养必需的人才是十分重要的。

为此，生产现场的负责人就应当在实施企业教育的基础上，再进行生产现场的教育。将 OJT 与 offJT 相结合，提升教育效果的同时，提升职场的人际关系也是必不可缺的一环。

在生产现场，应当用 OJT 来进行教育的业务内容可以参阅标准作业（参阅 5.3 节）。通过这些 OJT 与分配工作的方式*所进行的人才培养确实能够更为顺利的实现生产目标，并且见效快，所以成了生产现场教育训练的中心。另一方面，作为应当用 offJT 来进行教育的业务内容，可以参阅工作所需的专业知识，TWI（参阅 7.10 节）、MTP（参阅 7.10 节）等这一类分层教育。近期，IT 发展正如火如荼地进行中，例如向设备中组装计算机芯片等，设备的操作技术正在急剧发展。为此，能够教会作业人员这些知识的 offJT 以及自我启发的比重也逐渐变高。自我启发是指，将自己已经具有的知识与技能，自发性的去进一步提升这些能力。

像这样将 OJT、offJT 与自我启发合理地区分使用，能够在最短的教育时间内取得最大的教育成果，近些年来显得越来越重要。

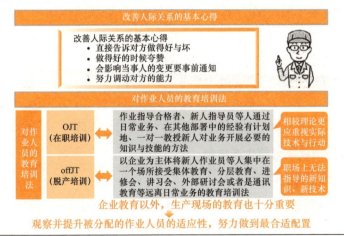

* 分配工作的方式：生产现场的负责人针对作业人员做出长期的规划，给予更高层次的工作指导是非常重要的（参阅 1.6 节）。随着时间的推移，业务执行能力的差距也会显现出来。关于工作的教育方法请参阅 7.10 节。

7.12 在多能工化中构建灵活的生产体制

双色图解生产现场管理实务

随着时代的发展，生产方式也在变化。随着对作业人员所要求的技能水平的变化，生产现场的负责人必须提升作业人员的技能，使其多能工化，从而构建灵活的生产体制。

▶▶ 1. 技能管理是什么

为了推进生产现场比其他公司更有效率、经济性地制造产品，将职场的构成成员、各作业人员所拥有的技能巧妙组合起来生产有竞争力的产品，通过学习不足的技能，以较少人数的方式来生产满足所要求的质量特性的产品，这样就可以合理、灵活地配置作业人员进行生产。为了提升配置上的自由度、实施**技能*管理**、掌握各作业人员所拥有的技能，有计划地培养学习技能是非常重要的。

换言之，技能管理（Skill Management）是指维持、提升作业人员的技能，谋求并有效利用新规则的全部管理活动。

在技能管理的基础上，为了提升作业人员的技能水平（Level of Skill），需要以 OJT（参阅 7.11 节）为主要内容，让生产现场的负责人所负责职场的作业人员获得新的技能。

根据这个技能等级来划分作业人员的话，有可能会有单能工、多能工、万能工等叫法。最近，以一个人为单元的生产方式，即到最终产品为止的工序都由一个人负责，这样的作业人员被特别称为超多能工。

▶▶ 2. 如何构建灵活的生产体制

伴随着消费者需求的多样化和个性化，生产方式也从少种多量生产向多品种少量生产甚至变种变量生产、混流生产（参阅 4.10 节）转变。结果，作业人员所要求的技能水平也从少量多量生产时

* 技能（Skill）：是指应用技术的能力。一般通过 OJT，用身体来记忆的能力居多。

7.12　在多能工化中构建灵活的生产体制

代的单能工到多能工、万能工，需要越来越高的技能水平。

为了应对这种趋势，在生产现场，以生产现场的负责人为中心，制作如下图所示的**技能（技术）学习训练计划表**等，使现有的技能水平可视化，把作业人员从单能工开始，有计划地依次培养成多能工、万能工，推进所谓的多能工化变得非常重要。

如上所述，生产现场的负责人在考虑到各个作业人员的适应性和能力的培养计划基础上推进多能工化，在突然的需求变动（参阅6.4节）和作业人员出现缺勤的情况下，在少人化（参阅5.12节）的情况下，构建灵活的生产体制以便轻松应对，配合人员和部件的需求，改善成本结构。在推进这些多能工化的时候，优先推进相邻工序的作业是理所应当的。

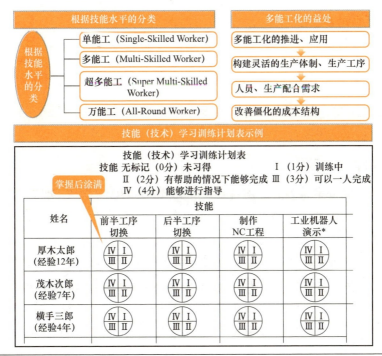

＊ 演示：通过工业机器人等进行操作培训，也被称为"教学"。根据《劳动安全卫生法》，实施该培训的员工有义务接受特别训练。

7.13 推进技师资格的获取和运用

取得技师资格证,通过提升作业人员自身的技能和工作积极性,可以提升企业的业绩。因此,生产现场的负责人要鼓励和帮助自己所负责职场的作业人员取得并有效运用资格证,这是非常重要的。

1. 技师资格是什么

所谓**技师资格**,是指根据日本职业能力开发促进法,考试合格者所获得的资格证。技师一般有5种:特级技师、一级技师、二级技师、三级技师以及单一等级技师*。

在很多企业里,都在推举取得技师资格。在表彰取得资格证书的人的同时,通过进一步提升作业人员自身技能和工作积极性,提升企业业绩。而且可以在工厂的入口等处进行展示,也是对访客等展示了该企业的技术力。因此,生产现场的负责人不仅要帮助自己所负责车间的作业人员完成工作目标,还要作为其一生的资格证来帮助对方取得证书,同时有效地运用资格证,为企业业绩的提升做出贡献,这是非常重要的。

2. 技能鉴定是什么

技能鉴定是为了劳动者开发和提升自己职业所需的能力,在谋求职业稳定和劳动者地位提升的同时,为经济和社会的发展做出贡献而制定并实施的。

其根据是上述的职业能力开发促进法,但是在生产现场,比起法律名称,技师的名称更响亮一些。具体而言,根据该法第44条规定的职业能力开发促进法实施令(1969年政令第258号)第2条规定的工种,按照厚生劳动省令(职业能力开发促进法实施规则第61

---

* 单一等级技师:是指溶射或电路连接等不区分特级、1级、2级、3级的职业技师资格。

7.13 推进技师资格的获取和运用

条）规定的等级来实施。同时，2017年4月，111种职业被认定为鉴定职业。这些鉴定职业种类中的大多数都是将学科考试和实际技能考试进行细分化后实施的。

另外，每年11月为日本的"职业能力开发促进月*"，将举行各种各样的活动。1984年（昭和59年）开始了"公司内部鉴定认定制度"（昭和59年劳动省告示第88号）。该制度是对未实施国家技能鉴定的工种，加上企业的特殊性和独立性，由主管大臣认定无法实施国家鉴定的工种，可以以大企业为中心实施。

在获得这些公司内部鉴定的认可时，将鉴定课题的难易度和实施方法的严正性等作为评价对象进行评审。

如果自公司的工种符合以上条件，生产现场的负责人为了提升作业人员自身的技能和动力，向上层提出技能鉴定的实施方案，为企业业绩的提升做出贡献也非常重要。

职业能力开发促进法的目的
（目的） 第1条　本法律与雇佣对策法（昭和41年法律第132号）相辅相成，致力于职业培训及职业能力鉴定的充实强化和政策的顺利实施，确保劳动者有机会接受与自身职业相关的教育培训及职业能力鉴定，综合性计划促进职业必须的劳动者能力开发提升，致力于职业稳定提升劳动者地位的同时为经济及社会的发展做出贡献。

出自法务省大臣官房司法法制部编辑《现行日本法规76》（行政）

技师的种类和作用

技师的种类：特级技师、一级技师、二级技师、三级技师、单一等级技师、社内审定认定技师

技能审定以外还有各种资格审定，有很多企业同样将技师姓名进行展示

有很多企业将技师名字展示在工厂入口处以提升作业员自身的技能并提升其他员工动力和开展宣传 → 提升企业业绩

* 职业能力开发促进月：为了纪念1970年亚洲首届世界技能大赛的举办，在1971年制定，旨在促进和提升职业能力的开发以及技能振兴。另外，将11月10日定为"技能日"。

7.14 利用 QCC 活动等提升企业活力

小组活动和 QC 小组可以自主解决企业内各自工作岗位中遇到的问题，促进工作环境的改善，有助于提升企业活力。位于生产一线的领导需要积极支持和奖励这一类活动。

1. 小组活动的定义

不同于欧美企业自上而下*的经营模式，日本企业的经营模式是自下而上*的。换言之，与欧美企业相比，日本企业在经营中更重视员工的建议和认同。而类似 QC 小组（详见下述）的小组活动，则很好地契合了日本企业的经营模式。如今，该模式还被其他国家称为日本企业竞争力的源泉。

小组活动一般是指在职场中由不超过十名员工组成并开展活动的形式。这类小集体会和生产一线的领导进行合作互助讨论自己在工作中遇到的问题，自主制定、讨论并实施解决方案，努力改善职场环境并增强企业活力。

2. QC 小组的定义

在上文中提到的小集团活动中，把质量作为活动主题的被称为 QC 小组活动（QCC 活动），自 1962 年（昭和 37 年）起就在日本十分盛行。在 QC 小组本部编写的《QC 小组纲领（修订版）》中，对 QC 小组的定义是"在同一工作现场自主开展质量管理活动的小团体"，而且还规定，"作为公司质量管理活动的一环，该团体通过自我启发和相互启发，灵活运用 QC 思路，不断促进工作环境的管理与完善"。

QC 小组致力于通过使用 QC 新旧七大工具（参阅 3.19 节）以

---

* 自上而下：以董事长为首的公司高层进行决策，然后向下级传递的方法。有指示、命令、通知等方法。

* 自下而上：在组织进行决策时，由基层开始提案向上层审批的决策方式。有报告、陈述、书面请示等方法。

7.14 利用QCC活动等提升企业活力

及QC方法（参阅3.18节）来解决工作中出现的质量问题，还会通过成果展示会、与其他企业乃至外地的QC小组的交流会等形式进行自我启发（参阅7.11节）和相互启发，为其工作单位的质量提升做出重要贡献。

如今的企业活动愈发复杂化、高端化，这些QC小组在解决更复杂的问题方面被寄予厚望。而这也要求生产一线的领导积极支持和奖励这类小组活动，促进其与日常业务相结合，以带领企业提升业绩、增加职场活力。

7.15 运用提案制度，激发车间活力

实行提案制度，不仅能够有效经济地创造附加值、推进优质 QCD 生产，还能使员工和生产单位更具活力。对于生产车间的领导来说，运用提案制度促进负责车间的活性化是非常重要的一件事情。

1. 什么是提案制度

相比其他国家的企业，日本企业更加积极地实行着提案制度。尤其是在生产车间，有越来越多的企业引入提案制度与 QC 小组活动（参阅 7.14 节），并将它们作为员工教育的一环，以此来提升业绩。

一般来说，进行提案活动较活跃的企业，其员工会精力充沛地积极开展自己的工作，车间也充满活力。

这里说的提案制度，指的是让员工提出有关提升产品 QCD 或者安全性的意见和建议的制度。不仅如此，提案事务局还会根据之前公开的评价标准，对员工的提案予以公正的评价，根据实施效果来派发奖金等奖励，以此来不断完善车间的生产。

为了让这种提案制度获得成功，企业应当注意以下 8 个关键点并着力实施，这十分重要。具体而言主要包括①设计好提案用纸的格式，这会让员工提出建议时更加轻松；②想办法尽量让员工多出提案，比如通过小组竞争等方式；③首先从简单的提案开始采用，不要一下子就认可复杂的提案；④就算定了提案数量的指标也不要强制员工去完成；⑤明确评价体系与运作方法；⑥将有效的提案在工作上给予肯定，并明确地以此为基准对其他提案进行减分降级等评价；⑦向其他员工介绍效果很好的提案；⑧不要通过过于直接的方式比较提案好坏，如比较带来了多少金钱收益等。

2. 激发员工的思考能力与独创精神

企业通过实行提案制度，能够提升效率和经济上的附加值，推

7.15 运用提案制度，激发车间活力

进优质 QCD 生产。能够进一步在激发员工思考能力和创意功夫[*]的同时，让员工与车间迸发活力，振奋车间的精神面貌。其结果是，车间生产出在 QCD 上更为优质的产品，作为提升企业竞争力的源泉，为企业业绩的提升做出更大的贡献。

这种提案制度作为日本制造业国际竞争力的源泉正不断取得更大的成果。因此，生产车间的领导要给与提案制度或小团体活动这种自下而上的活动形式以有力的支持，通过稳步地实施这种活动，激发车间活力、提升有形效益和无形效益，进一步提升企业竞争力。这不仅是本公司的期望，也是社会的期望。

提案制度的效果

提案制度的效果

- 提升安全性
- 提升质量
- 降低制造成本
- 提升及时交付率（参阅1.19节）
- 缩短开发周期
- 提升积极性
- 提升企业业绩
- 其他

提案制度成功的8个关键点

1. 制作便于提案的提案用纸
2. 利用小组竞争等手段使提案量增加
3. 最初不需要复杂的提案，允许从简单的提案开始
4. 可以规定最低提案数，但不要强制
5. 确立评价的体系与运营方法
6. 在业务方面有效果的提案要进行表扬，也需要进行明确降级等评价标准
7. 向其他员工介绍效果很好的提案
8. 不要用收益金额等进行直接比较

提案制度的目的是
高效、经济地创造附加价值及激发员工活力

出自《以高品质、低成本、短交付期为目标的〈入门〉外包管理》（KANKI出版）

---

[*] 创意功夫：思考从未有过的方法或创意，并为实现它找出更好的对策方案。

7.16 培养能适应新技术的作业人员

在平日里有意识地预先培养适应每天瞬息万变的技术及产品且对生产充满积极性的作业人员，这已成为生产现场的负责人的重要职责，这样才可以顺利应对下一代新产品的生产。

▶▶ **1. 学习新技术的必要性**

产品研发的技术已经从日新月异到了"秒新分异"，近来更是以所谓 Dog Year* 般的惊人速度飞快发展着。一方面，新产品接连不断地被开发出来并投向市场。另一方面，已结束生产的现有商品也大量存在，产品的生命周期逐渐变得越来越短。

由此可见，在生产现场，除现有产品外，还要负责生产新产品的情况已变得屡见不鲜，向工作岗位引入大量新技术成了必然。因此，这些岗位的作业人员不得不应对**新技术**，从而推进产品的研发。因此作为生产现场的负责人，有必要让这些岗位的作业人员进行新技术的学习。

换言之，在这样的生产现场，一旦作业人员没有掌握生产新产品所必需的新技术，那么将无法顺利应对该生产现场，甚至无法肩负开发企业的下一代的新产品等的生产大业。

生产现场的负责人要时刻谨记此点，力求在生产流程开始前预先培养出能适应新技术的作业人员。

▶▶ **2. 如何学习新技术**

新的流水线启动时是在生产现场学习新技术的最好机会。这是因为随着新的流水线的建立，新产品和不同于以往的生产方式及新设备等都将立刻被投入到生产现场中。

在这种情况下，通常在正式生产开始之前，有关部门会召开关于新产品及其生产方式，以及新设备等的说明会、进修会和讲习会。

---

* Dog Year：类似于狗的 1 岁相当于人的 7 岁的说法，用于表述技术创新等的变化速度之快。最近也出现了人类 1 年相当于老鼠 18 年的 Mouse Year 的称呼。

7.16 培养能适应新技术的作业人员

尤其在引进高端新设备的情况下，设备生产商以生产现场的工作人员为主要对象，召开关于该设备的操作使用、维护保养等标准使用方法的研讨会和讲习会，这样的事例也层出不穷。

作为生产现场的负责人，在此机遇下同生产技术等设备引进部门鼎力协作，或是向设备生产商派遣作业人员，或是令其参加讲习会、研讨会、展示会及商品展览会等，积极利用各种机会，从而有计划地掌握新技术已逐渐变得至关重要。因此，生产现场的负责人在自身关注 IoT*（Internet of Things）等新技术和新生产方式的同时，从平日开始有意识地预先培养对新技术和新生产方式热情高涨的作业人员，将这项能力用于完成自己的职场生产计划、形成活跃的职场体质和树立企业风气已变得不可或缺。

* IoT：Internet of Things 的简称。"物联网"具体指的是家电或汽车等各种各样的产品通过互联网进行连接运用的技术的总称。

东日本大地震的教训——平时的教育及训练的重要性

2011（平成23）年3月11日14时46分18秒，发生了日本周边观测史上最大的9.0级的东北地区太平洋地震。伴随着这次地震，发生了巨大海啸、液化现象以及东京电力公司福岛第一核电站事故等，以日本东北地区为中心遭受了巨大的灾害。因此，这个大范围的受灾整体被统称为东日本大地震。

在东日本大地震发生时的避难行动中，基于两种对照行动，受灾结果产生了很大的差异。具体而言，为应对当天15时20分左右的第一波海啸，太平洋沿岸各地区开始了避难行动。在这样的情况下，位处距海不到500米的釜石东中学从地震前就开始着手防灾教育，在校舍里的212名学生、约20名教职员全部得以安全避难。尽管三层楼（部分为四层）的教学楼全部毁坏及当天缺席的1名女学生死亡，但这也是平日的训练被用于避难的结果。

另一方面，位于距离北上川河口有4km的上游沿岸的石卷市立大川小学，全校学生108人中有74人，教职员13人中有10人死亡或下落不明。据报纸等的报道，该校在地震发生后，人员虽然从教学楼到操场避难了，却一直在操场里停留，足足有50分钟没有移动。之后老师们并未将孩子们带到山上，而是带到了危险的河堤附近的三角地带，从而受灾。

比较这两所学校，釜石东中学会按照平时开始实施的训练来行动，而石卷市立大川小学则是当天教职员在校园里紧急商量后做出的决定，两者有很大区别。也可以说，大概是由于该校所在的石卷市釜谷地区至今为止没有海啸到达的记录，如果是日本三陆大海啸级别的海啸都没有到达该校的话，就不会想着考虑大海啸的应对方式了。

因此，站在组织负责人岗位上的人，为了保护成员的安全，平时就不能疏忽大意，必须要设想不测的事态来制定对策，并进行教育和训练。生产现场的负责人也是如此，必须使作业人员形成在紧急情况下自己保护自己的意识，并提前规划行动体制，实施训练使之切身掌握。

参考文献

- 菅間正二『生産現場の管理手法がよーくわかる本［第2版］』(秀和システム)
- 菅間正二『生産技術の実践手法がよーくわかる本［第2版］』(秀和システム)
- 菅間正二『現場改善の段取り手法がよーくわかる本』(秀和システム)
- 菅間正二『図解　よくわかるこれからの生産管理』(同文舘出版)
- 菅間正二『図解　よくわかるこれからの工程管理』(同文舘出版)
- 菅間正二『「生産管理」の仕事がわかる本』(同文舘出版)
- 日本規格協会編『JIS工業用語大辞典［第5版］』(日本規格協会)
- 日本規格協会編『JISハンドブック(57)品質管理』(日本規格協会)
- 日本規格協会編『JISハンドブック(58)マネジメントシステム』(日本規格協会)
- 新村出編『広辞苑［第4版］』(岩波書店)
- 菅間正二『図解　よくわかるこれからの購買管理』(同文舘出版)
- 菅間正二『高品質・低コスト・短納期をめざす＜入門＞外注管理』(かんき出版)
- 編集代表青山善充、菅野和夫『六法全書［平成17年版］Ⅱ』(有斐閣)
- 朝香鐵一、石川馨、山口襄監修『新版 品質管理便覧［第2版］』(日本規格協会)
- 法務省大臣官房司法法制部編集『現行日本法規』(ぎょうせい)
- 木村吉文著『現場サークルのTPM』(日本プラントメンテナンス協会)
- 総務省統計局編集『日本の統計 2017年版』(日本統計協会)
- 菅間正二『すぐ使える 生産設備類設計ノウハウ集』(アーバン・プロデュース)
- QCサークル本部編『QCサークル綱領（改訂版）』(日科技連出版社)
- 日刊工業新聞 (日刊工業新聞社)
- 朝日新聞 (朝日新聞社)
- 讀賣新聞 (讀賣新聞社)
- 各社ホームページ

作者介绍

菅间正二

中小企业诊断师（1987 年矿工业部门注册）
原 NPO 厚木诊断师协会理事长
一般社团法人神奈川县中小企业诊断协会正式会员

　　宇都宫大学工学部毕业后，在厚木汽车零部件株式会社（现日立汽车系统株式会社）工作，在工机部负责试验机和组装机的设计后，历任制造部、生产技术部、工机部、技术本部、采购本部的管理职务。

● 现在的工作
　　制造业相关中小企业的咨询、技术指导及各种改善业务，撰稿人、研讨会讲师等。

● 主要著作
『生産現場の管理手法がよくわかる本［第 2 版］』（秀和システム）
『生産技術の実践手法がよくわかる本［第 2 版］』（秀和システム）
『現場改善の段取り手法がよくわかる本』（秀和システム）
『図解　よくわかるこれからの生産管理』（同文舘出版）
『図解　よくわかるこれからの工程管理』（同文舘出版）
『図解　よくわかるこれからの購買管理』（同文舘出版）
『「生産管理」の仕事がわかる本』（同文舘出版）
『すぐ使える　生産設備類設計ノウハウ集』（アーバン・プロデュース）
『高品質・低コスト・短納期をめざす＜入門＞外注管理』（かんき出版）
など

● 菅间正二 在线网址
　　http://www.asahi-net.or.jp/~PF2S-SGM/

● 邮箱
　　PF2S-SGM@asahi-net.or.jp